铁路钢轨运输装载加固技术

苏顺虎　编著

中 国 铁 道 出 版 社

2010年·北 京

内 容 简 介

钢轨运输是保证高速铁路和客运专线建设的重要环节，本书系统地总结了我国铁路钢轨装载加固方案设计的理论、技术创新和实践成就，建立和发展了我国铁路钢轨运输装载加固理论与技术体系。主要内容包括：钢轨普通平车运输装载加固方案设计，25 m长钢轨运输，50 m长道岔轨运输，100 m长钢轨运输，500 m长钢轨运输，T11长钢轨运输专用车运输，钢轨运输专用装卸机械及属锁具，国外长钢轨运输简介等。本书适合作为铁路货运相关人员培训用书，也可为其他技术人员提供参考。

图书在版编目(CIP)数据

铁路钢轨运输装载加固技术/苏顺虎编著. —北京：中国铁道出版社，2010.10
ISBN 978-7-113-12088-7

Ⅰ.①铁… Ⅱ.①苏… Ⅲ.①铁路运输—装载—加固 Ⅳ.①U294.25

中国版本图书馆CIP数据核字(2010)第201402号

书　　名：铁路钢轨运输装载加固技术
作　　者：苏顺虎

责任编辑：杨 哲　黄 燕　**电话：**51873094
封面设计：冯龙彬
责任校对：孙　玫
责任印制：陆　宁

出版发行：中国铁道出版社（100054，北京市宣武区右安门西街8号）
网　　址：http://www.tdpress.com
印　　刷：中国铁道出版社印刷厂
版　　次：2010年10月第1版　2010年10月第1次印刷
开　　本：787 mm×1 092 mm　1/16　**印张：**13.75　**字数：**242千
书　　号：ISBN 978-7-113-12088-7
定　　价：66.00元

前　言

根据我国铁路中长期发展规划纲要，到2020年，我国将建成1.6万km以上客运专线及城际铁路，形成世界高速铁路半壁江山。为适应我国大规模铁路建设，特别是高速铁路发展的需要，安全高效地实现钢轨运输，具有重大的理论与实践意义。

为解决高速铁路和客运专线建设的轨道平顺性问题，生产100 m长钢轨并在焊轨基地焊接成500 m长钢轨，是对钢轨的必然要求。在国外，高速铁路长钢轨运输基本都是采用专用车运输。我国也有T11专用车运输方案。由于专用车运输成本相对较高，且T11专用车资源有限，根本不能适应我国高速铁路建设的钢轨运输需要。为此，2003年以来，铁道部多次组织100 m和500 m长钢轨普通平车运输装载加固方案理论研究、技术攻关和科学试验。100 m、500 m长钢轨普通平车运输装载加固方案的应用，解决了我国高速铁路建设的钢轨运输问题，提升了钢轨运输装载加固方案的技术水平，实现了我国钢轨运输装载加固方案系列化、管理规范化，具有较高的安全可靠性，产生了巨大的经济社会效益。

本书旨在系统总结我国铁路钢轨装载加固方案设计的理论、技术创新和实践成就，建立和发展我国铁路钢轨运输装载加固理论与技术体系。鉴于此，本书在内容结构上具有三个特点：

一是解决了我国铁路钢轨普通平车运输装载加固理论与技术体系。运用结构力学方法建立了钢轨高次超静定连续梁垂向力学模型，实现了计算机编程求解、设计钢轨装载方案。创新性地提出了整层钢轨整体锁定的加固方案，建立了基于小挠度理论的钢轨横向力计算方法，并计算作用于钢轨上的力值，验证加固方案的可行性，利用力学基本方法和有限元方法对装载加固装置进行校核、优化。考虑实现预期功能、满足强度和刚度、考虑加工工艺、装配、造型的设计准则，设计了装载加固装置。基于ADAMS软件建立了运输车组动力学模型并求解计算，从车体横向和垂向加速度、轮轴横向力和减载率、车辆脱轨系数的仿真结果解决评价钢轨装载加固方案。建立了标准规范的综合运输试验大纲，从钢轨装载加固性能试验、钢轨运输车组动力学试验、轨道结构小半径曲线及道岔动力响应试验，对钢轨装载加固方案予以试验验证，确保钢轨装载加固方案的运用安全。

二是以系列化、规范化为主线，对 25 m、50 m、100 m、500 m 长钢轨运输装载加固方案、装载加固装置及技术条件、运输管理办法等进行系统分析与介绍。着重介绍了 50 m、100 m、500 m 长钢轨普通平车运输专用装载加固装置的结构、特点和功能，制定了专用装载加固装置在制造、检测、维修、报废等方面的技术条件。阐述了 50 m、100 m 和 500 m 长钢轨普通平车系列装载加固方案、装载加固装置的安装方法及钢轨的装载加固方法，以及装载加固装置管理、装车作业、途中检查、回送检查等方面的运用管理办法。介绍了 T11 专用车，分析了具有代表性的 T11A 和 T11B 型专用车结构以及钢轨装载加固、卸轨和回收旧轨作业方法。

三是运用项目技术经济评价方法，评价了 50 m、100 m、500 m 长钢轨普通平车运输产生的巨大经济效益。分析表明，投入应用的 50 m、100 m、500 m 长钢轨普通平车运输方案平均每年可节省成本约 6 亿元。在社会效益方面，铁路钢轨普通平车运输解决了高速铁路和客运专线建设的钢轨运输问题，提高了钢轨运输安全性，确保了高速铁路的顺利建设。

本书理论联系实际，图文并茂，书中所载大量的图形、表格和公式，是铁路钢轨运输装载加固理论和实践经验的总结，可作为大专院校、科研院所、铁路局、焊轨生产厂家、钢轨生产厂家的从事铁路运输相关工作的研究者、管理者、装卸人员参考，也可作为培训教材。书中所参阅的专业文献、杂志、书籍等均列入参考目录中，如有疏漏敬请原谅。

由于本人能力所限，错误在所难免，敬请读者批评指正。

作　　者

2010 年 7 月

目　录

第一章 概 述

第一节 铁路钢轨

一、铁路钢轨的产生及发展

铁路的兴起，是与煤炭和铁矿石的开采和运输分不开的。16 世纪，英国人为了将煤炭和铁矿石从开采区运到港口，铺了两根平行的木材作为轨道，而这种木质轨便是钢轨最早的形式。但随着车轮的加大和车辆载重的增加，木质轨常常会因磨损折断而影响正常行车。1767 年，英国生铁价格大跌，有人想到将铁熔化，制成 5 英尺长、4 英尺宽、1 英寸多厚的长形铁板，可以钉在木轨上存放，这样就形成了板轨。这种铁轨具有高效、耐用的特点，开始逐步将木质轨换成板轨。在工业革命的推动下，冶金技术迅速发展，为了适应客货列车载重和速度的提高，逐渐将铁轨改用钢材制造，材质的改进推动了铁路运输的发展。

早期使用的板式铁轨，是用很薄的铁片钉在木制的路轨上而成，这种板式铁轨逐渐被设计为凹槽形状，虽然凹槽设计可以防止车轮脱轨，但却容易在凹槽堆积异物。为了解决这个问题，铁轨被做成了上下等宽、中间略窄的形状，但这种铁轨稳定性不好。随后钢轨断面经历了"T"字形、"U"字形轨的发展过程，直到 1831 年，波・奥埃伯设计出"工"字形轨。1864 年，钢轨断面形状固定为工字形，其断面轮廓已接近现代钢轨。

为了满足铁路高速、重载要求，使得对钢轨的性能要求越来越高，一是钢轨断面和单重向重型化方向发展；二是钢轨的定尺向长轨化方向发展；三是钢轨的性能向高强度方向发展。对此，铁路钢轨的断面形状、材质不断得到改进，产生了满足不同要求的铁路钢轨。

二、铁路钢轨的类型

铁路钢轨为工字形结构，由轨头、轨腰、轨底组成，如图 1-1 所示。轨头直接承受车轮压力，做得大而厚实；轨腰要有较大的承载和抗弯能力，因而必须具有一定的高度和足够的厚度。轨底比轨头宽得多，是为了保持钢轨的工作稳定性。

我国最早生产的铁路钢轨是由武汉汉阳铁厂在1894年生产的。新中国成立时，全国铁路的钢轨类型多达百余种，杂乱无章。20世纪60年代初，冶金部对新制钢轨统一规定为3种类型：38 kg/m、43 kg/m、50 kg/m钢轨。为适应铁路运量及速度的提高，1965年我国研制了60 kg/m钢轨。20世纪80年代后期，又制成了75 kg/m钢轨，最早铺设在重载铁路大秦线上。

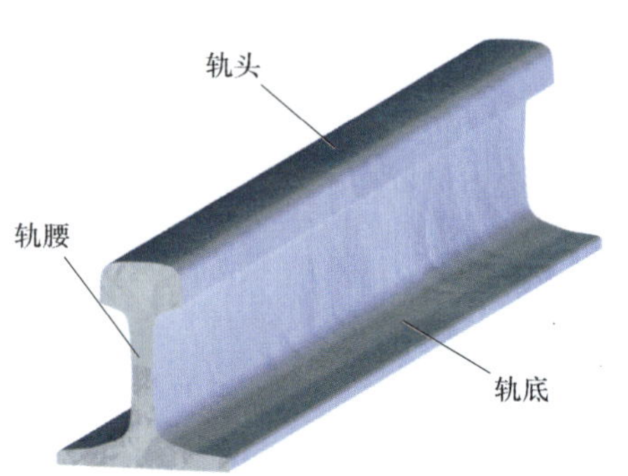

图1-1　铁路钢轨结构

目前，我国现行的标准钢轨类型有50 kg/m、60 kg/m及75 kg/m，38 kg/m钢轨现在已停止使用，43 kg/m钢轨也很少生产，一般线路均以50 kg/m钢轨替代43 kg/m钢轨。随着我国铁路的提速及客运专线的建设，我国的《铁路主要技术政策》中制定了我国客运专线和干线采用60 kg/m钢轨的原则。

按照用途分类，铁路钢轨分为标准钢轨和道岔轨。道岔的作用是使列车变线，是轨道的一个必不可少的关键部件。不同于标准钢轨断面形状，道岔轨的断面复杂，为不对称结构。随着我国高速铁路建设对高速道岔轨定尺长度的新需求，2009年9月，我国试制成功了50 m长定尺高速道岔轨。

三、铁路钢轨的材质

钢轨主要承受车轮的压力，并引导车轮的运动方向，因此钢轨必须具备足够的强度、稳定性和耐磨性。而钢轨的强度、耐磨性以及抗冲击能力，在很大程度上取决于钢轨的材质，即钢材的化学成分、金相组织、生产工艺和热处理质量。钢轨的化学成分，除铁外，还含有碳、锰、硅、硫和磷等。由于钢轨工作条件变得苛刻，因此对钢轨性能及材质提出了更高要求。为满足要求，根据钢种不同开发出了碳素钢轨钢、合金钢轨钢、热处理钢轨钢等。碳素钢轨主要以碳、锰两种元素来提高强度、改善韧性。合金钢轨则以碳素钢轨为基础，添加适量合金元素如钒、钛、铬、钼等，从而提高钢轨的强度和韧性，主要钢种的化学成分及元素含量如表1-1所示。热处理钢轨主要是碳素钢轨通过控制加工中的冷却过程，来改善钢轨金相结构，通过热处理细化晶粒，形成细珠光体组织，从而提高钢轨的强度和高韧性，各主要钢种的力学性能如表1-2所示。

表 1-1 主要钢种的化学成分

标准	钢种	C(%)	Si(%)	Mn(%)	P(%)	S(%)	V(%)
TB/T 2344	U71Mn	0.65～0.76	0.15～0.35	1.10～1.40	≤0.030	≤0.030	0.030
	U75V	0.71～0.80	0.50～0.80	0.70～1.05	≤0.030	≤0.030	0.04～0.12
250 km/h	U71Mn	0.65～0.76	0.15～0.35	1.10～1.40	≤0.025	≤0.025	0.030
	U71Mnk	0.65～0.75	0.10～0.50	0.80～1.30	≤0.025	≤0.025	0.030
	U75V	0.71～0.78	0.50～0.70	0.75～1.05	≤0.025	≤0.025	0.04～0.08
350 km/h	U71Mnk	0.65～0.75	0.10～0.50	0.80～1.30	≤0.025	≤0.025	0.030
	U75V	0.70～0.78	0.50～0.70	0.75～1.05	≤0.025	≤0.025	0.04～0.08

表 1-2 主要钢种钢轨的力学性能

钢牌号	抗拉强度(MPa)	断后伸长率(%)	冲击韧性(J)	轨头踏面硬度(HB)
U71Mn/ U71Mnk	≥880	≥10	≥10	260～300
U75V	≥980	≥10	≥10	280～320
U77MnCr	≥980	≥8	≥10	300～340
PG4	≥1080	≥8	≥10	320～360
U71Mn 热处理轨	≥1180	≥10	≥20	332～391
U75V 热处理轨	≥1230	≥10	≥20	341～401
U77MnCr 或 PG4 热处理轨	≥1280	≥10	≥20	370～430
贝氏体钢轨	≥1200	≥15	≥70	370～430

四、铁路钢轨的长度

钢轨定尺长度不仅反映一个国家的钢轨生产水平，而且反映钢轨使用部门的管理水平。随着炼钢技术的进步，为钢轨的长定尺化创造了条件。为适应铁路的发展要求，国外许多钢厂纷纷进行钢轨长尺化的技术改造。日本钢轨的定尺长度为 25 m 及 50 m，法国为 36 m 及 80 m，奥钢联及德国为 36 m 及 120 m。

增加定尺钢轨的长度，有利于提高其几何尺寸精度、钢轨端头及全长的平直度，同时可以减少焊接接头的数量，不仅对行车安全有利，而且对提高轨道平顺性也有利。定尺长度的确定不仅要考虑生产厂进行技术改造的可行性，而且需要解决一系列技术问题，其中包括长定尺钢轨的运输问题。

我国钢轨的定尺长度，43 kg/m 钢轨为 12.5 m 或 25 m；50 kg/m 及以上钢轨的定尺长度为 25 m、50 m、100 m 三种。此外，还有专门用于道岔生产的 50 m 长的 60AT、60TY、60D40 等高速道岔轨。2003 年初，铁道部确定了客运专线和高速铁路用轨采用 100 m 长定尺(60 kg/m)钢轨,提出了 100 m 长钢轨运输需求。

客运专线和高速铁路为无缝线路,无缝线路是将若干根标准长度的钢轨经焊接成为更长尺寸的焊接轨而铺设的铁路线路,和有缝线路相比,具有较大的优越性,是铁路发展与先进程度的一项重要标志。由于钢轨现场焊接作业流动性大、环境多变、现场条件恶劣,导致钢轨焊接质量得不到保证,因而将钢厂生产出的长定尺钢轨,先运到焊轨基地焊接成更长尺寸焊接钢轨,再将焊接钢轨运到铺轨工地,在现场将其逐根焊接起来铺设。例如,法国 TGV 铁路将 80 m 长定尺钢轨在焊轨基地焊接成 400 m 长钢轨;日本铁路在焊轨基地将 50 m 长定尺钢轨焊接成 300 m 长钢轨;韩国铺设的首尔至釜山高速铁路,将 25 m 定尺钢轨焊接成 300 m 长钢轨后再运输至铺轨现场;印度钢铁厂所供钢轨长度为 65 m(60 kg/m)或 78m(50 kg/m),根据实际需要,运至焊轨厂可分别焊接成 260 m、234 m,之后采用专用车运送至铺轨现场。

为适应我国客运专线和高速铁路的建设需求,我国颁布了《250 km/h、350 km/h客运专线 60 kg/m 钢轨暂行技术条件》等相关文件,铁道部确定无缝线路采用 100 m 长定尺钢轨,在焊轨基地焊接成 500 m 长钢轨运至铺轨现场铺设。根据铁道部部署,依托全国四大钢轨生产企业,在全国建立了 13 个钢轨焊接基地,以满足全国铁路建设的需要,各焊轨基地如表 1-3 所示。钢轨焊轨基地的建设,大大缩短了 100 m 长钢轨的运输距离,加快了 100 m 长钢轨的运输速度,同时提出了 500 m 长钢轨长距离大批量运输需求。

表 1-3　全国焊轨基地分布及发车站

焊轨基地名称	所属铁路局	发车站	焊轨基地名称	所属铁路局	发车站
沈阳南焊轨基地	沈阳铁路局	苏家屯站	红海焊轨基地	广铁集团	石龙站
呼和焊轨基地	呼和浩特铁路局	呼和浩特站	河口南焊轨基地	兰州铁路局	河口南站
石板滩焊轨基地	成都铁路局	石板滩站	桑梓店焊轨基地	济南铁路局	桑梓店站
武昌南焊轨基地	武汉铁路局	武昌南站	郑州焊轨基地	郑州铁路局	小李庄站
北京焊轨厂	北京铁路局	沙河站	茂陵焊轨厂	西安铁路局	茂陵站
芜湖北焊轨基地	上海铁路局	裕溪口站	昆明大修机械段焊轨厂	昆明铁路局	金马村站
向塘焊轨基地	南昌铁路局	向塘站			

五、铁路钢轨的特性

铁路钢轨是一种弹性梁,其刚度与钢轨结构、类型、长度及材质有关。一般来讲,钢轨越重,刚度越大;钢轨越长,越容易产生弯曲变形。由于钢轨断面呈工字形,钢轨的水平轴惯性矩远大于垂直轴惯性矩,因此钢轨在水平方向比竖直方向更易于弯曲变形。由于钢轨采用的材质，其力学性能好，强度高，保证了钢轨在产生较大弯曲变形的条件下不会损坏钢轨。铁路钢轨的这些特性为铁路钢轨装卸、运输创造了基本技术条件。

第二节 中国铁路钢轨运输装载加固技术发展

钢轨运输，特别是长钢轨运输，是铁路运输的一大难题。自新中国成立以来，我国一直在不断研究和完善长钢轨运输技术，制定了一系列钢轨运输装载加固方案。目前，我国铁路钢轨采用普通平车运输和专用车运输。

一、长钢轨专用车运输技术

长钢轨专用车是装卸、运输长钢轨的专用列车组，是铺设无缝线路的大型机械，担负着长钢轨的装轨、运输、卸轨和旧轨的回收任务。我国于 20 世纪 50 年代末期开始无缝线路的铺设，提出了长钢轨运输问题。研究初期，有关铁路局曾用一般平车进行简单改装来运输长钢轨，这些运输方案仅是单层钢轨的运输，大多采用人力操作，不仅劳动强度大、运输效率极低，而且容易损伤钢轨。为此，各铁路局自行改装了多种不同类型的长钢轨车组。北京铁路局首先于 1964 年改装了第一列长钢轨列车组。广州铁路局于 1965 年 11 月开始双层长钢轨运输的试验研究，设计可装运两层 175 m 长的 50 kg/m 长钢轨列车，并于 1966 年 10 月开始试验。为了提高钢轨装载量，广州铁路局又于 1971 年至 1978 年多次进行四层长钢轨试运，还同时进行了长钢轨运输列车与普通货物列车连挂，以及提高长钢轨运输列车运行速度等一系列试验，为 400 m 以及更长钢轨的多层运输研究创造了前期条件。由于铁路建设过程中钢轨轨重的增加，1985 年广州铁路局开始试运可装载 175 m 长、60 kg/m 钢轨的三层长钢轨专用列车，并于同年通过评审投入生产。

沈阳机车车辆厂于 1965 年研制了第一列长钢轨专用运输车 SYH1，该车可装运两层 250 m 长的 50 kg/m 钢轨，共计 28 根。在 SYH1 基础上，分别于 1966 年和 1970 年设计了可装载 32 根 125 m 或 250 m 长钢轨的 SYH2 及 SYH3 型长钢轨专用列车，并可完成自动收卸钢轨。

1981 年铁道部组织沈阳机车车辆厂和北京铁路局，研制新型长钢轨列车。1983 年 11 月开始，沈阳机车车辆厂于 1986 年 6 月完成了 12 种车型 24 辆车的试制任务，组成了 250 m 长钢轨列车，1986 年 11 月又生产出第二批 18 辆车，完成了全列车的试制任务。1988 年 2 月至 8 月，这列长钢轨列车在曲线、坡道等线路进行了动力学试验和列车装、运、卸等多功能试验，运用试验获得成功。同年 10 月通过了铁道部技术鉴定。之后，沈阳机车车辆厂先后研制了 T11 型、T11A 型、T11B 型、T11BK 等系列产品，并成为主流长轨运输专用车。T11BK 型长钢轨列车组是该公司在 2003 年开始研制开发的新型长钢轨列车组，2005 年完成了该车的设计和试制工作，如图 1-2 所示。该列车组主要由宿营车、发电车、安全车、运轨车、锁定车、作业首车、作业中车、作业尾车等 13 种车型 43 辆车组成，按装载轨型可分为 50 kg/m、60 kg/m 和 75 kg/m 长钢轨车组；按装轨长度分可分为 200 m、250 m、500 m 长钢轨车组；按装车层数可分为二层、四层长钢轨车组；按动力性能可分为人力输送、机械输送、液压输送和微机控制自动输送长钢轨车组。T11 运轨专用车的最大特点是车组本身具备作业车，可卸铺轨和装载废旧钢轨。

图 1-2　T11 长钢轨运输专用车

二、普通平车装钢轨运输技术

（一）采用转向架装载加固技术

20 世纪 50 年代前，我国铁路主要使用 12.5 m 长钢轨。由于钢轨长度较短，正好满足普通货车长度，因此利用一辆平车或敞车进行钢轨运输，钢轨在平车或敞车上散装或成捆装载。自 20 世纪 60 年代初，我国铁路开始逐步推广使用长度为 25 m 长钢轨。

早期，25 m 长钢轨采用 40t 或 60t 平车 2 辆跨装、4 支点运输，使用基本垫木、转向垫木和滑动垫木装载加固(用 30t 平车 5 辆装两组跨装运输时，采用 5 个支点，使用基本垫木和滑动垫木装载加固)。这种方法需要消耗大量优质木材，且不能克服较大的货物挠度及振动，通过曲线时转向也较困难。1973 年铁道、冶金两部对 25 m 长钢轨改用钢枕代替木枕，采用了转向架方式、六支点承重的装载加固方法，经过试运，于 1974 年制定了重轨运输办法。该重轨运输办法施行以来，对保证重轨运输起到一定作用，但在执行中转向架的材质、规格和强度存在一定问题。1978 年，针对试运过程中出现的问题，铁道、冶金两部经过改进 25 m 钢轨装载加固方案后又组织了试运。

目前，25 m 长定尺钢轨主要采用 2 辆普通平车跨装方式运输，使用工具主要是六支承专用转向架。六支承转向架除支承钢轨外，其主要作用是当车辆通过曲线和道岔时，可以带动被运输的钢轨相对车辆转动，钢轨本身并不产生弯曲变形。钢轨在转向架上分层装载，每层钢轨正反扣摆放以增加钢轨运量，层与层之间采用隔木分开，最后由盘条将钢轨捆为一体。

25 m 长钢轨运输六支承转向架装载加固方案自运用以来，为 25 m 长钢轨运输发挥了应有作用。但在运用中也存在一些问题，主要有：①车辆存在集重、偏重问题；②钢轨稳定性差，易发生纵向窜动；③采用大量盘条加固，成本高，劳动强度大。这些问题，仍需要在今后的研究攻关中予以解决。

（二）采用专用座架装载加固技术

为了适应我国高速铁路建设的需要，2003 年 6 月，铁道部组织有关科研单位和铁路局，对 100 m 长定尺（60 kg/m）钢轨采用普通平车运输的可行性进行研究攻关。2003 年 8 月，铁道部组织论证了采用普通平车加装可拆卸的专用装载加固装置并辅以相应的捆绑加固措施后运输 100 m 长钢轨完全可行。在随后的一年多时间里，参照国际铁路联盟推荐的 36～150 m 长钢轨运输方法，经过反复论证，制定了 100 m 长钢轨梯形装载加固方案。

该方案为 8 辆 13 m 长普通平车跨装运输，采用专用座架对钢轨整体捆绑锁定。钢轨装载 4 层，共装载 50 根。钢轨层与层之间加垫隔木，锁定座架通过下压紧固器将钢轨整体压紧在锁定座架的底架上，增加钢轨与锁定座架的摩擦力，起到在座架三个位移方向锁定钢轨的作用。滑动座架通过滑枕内小槽钢的滑动、转动使被运输的钢轨相对车辆，在纵向、横向有一定的移动量，同时保持一定的转动角度。锁定座架和滑动座架上方用专用拉紧器拉牵，距钢轨两端各 1 000 mm 处、端部的两支点中间及对应 5 个滑枕附近用钢丝绳对钢轨整体捆绑。

2005 年 6 月和 12 月，铁道部对此方案分别组织了成渝线综合试验和攀枝花至茂陵扩大运输试验，如图 1-3、图 1-4 所示。试验发现该方案的长钢轨装载加固方法和专用装置存在缺陷。由于滑动座架、专用滑枕可以在较大范围内自由滑动、旋转，及各层钢轨通过隔木相互影响，造成锁定座架纵向锁定功能失效，同时由于各层钢轨层间的隔木没有定位，造成隔木随意窜动、位移超限，不能满足车辆的运行安全要求。

图 1-3　2005 年 6 月 100 m 长钢轨普通平车运输综合试验

图 1-4　2005 年 12 月 100 m 长钢轨普通平车运输综合试验

为了解决前两次试验表现出的钢轨纵、横向位移等问题，铁道部又组织相关科研单位，通过理论与技术创新，从以下几方面重新提出了 100 m 长钢轨普通平车运输新方案：①采用分层水平横向整体紧固，与垂向下压紧固器相比，有效防止了钢轨的纵向和横向位移，并且减少了螺栓用量、方便装拆操作、提高了生产效率；②各层钢轨用隔梁支撑并分割，解决了因隔木窜动造成的位移超限问题；③滑动座架不需捆绑加固，节约了捆绑材料，减少操作时间，提高了生产效率；④长钢轨装载加固装置体积小、重量轻，结构简单，便于制造。2006 年 6 月，铁道部组织了攀枝花至茂陵 100 m 长定尺钢轨普通平车梯形装载加固新方案运输试验，如图 1-5 所示。试验取得圆满成功。普通平车运输 100 m 长定尺钢轨技术，填补了我国使用普通平车运输超长钢轨的空白，开启了我国普通平车运输超长钢轨新的一页。

为提高钢轨焊接质量，完全满足我国高速铁路建设的需要，铁道部统一设立了 13 个焊轨基地，将 100 m 定尺钢轨焊接为 500 m 长钢轨。这样 500 m 长钢轨的运输问题必须予以解决。由于专用车专列编组运输方式存在着投资成

图 1-5 2006 年 6 月 100 m 长钢轨普通平车运输综合试验

本大、运能不足、运输成本高等问题，500 m 长钢轨专用车运输不能满足我国高速铁路建设的需要。

我们组织相关科研单位，通过借鉴 100 m 长钢轨普通平车运输方案和 T11 运轨专用车的成功经验，通过相关的理论计算与仿真验算和专用座架设计，提出了 500 m 长钢轨普通平车装载加固方案。为了满足纵向卸轨要求和减小座架装卸时的劳动强度，该方案对座架结构做了新的设计，一是钢轨支承面用滚轮代替聚甲醛塑料板，二是将座架做成转梁式整体结构。通过在铁路普通平车的基础上安装专用座架，以解决从焊轨厂到铺轨施工现场的钢轨运输问题。2008 年 7 月，铁道部在南昌铁路局组织了运输综合试验，如图 1-6 所示。试验成功后，随即投入试运。500 m 超长定尺钢轨运输问题的普通平车解决方案，创造了我国铁路使用普通平车连挂车辆最多和运输货物最长的纪录，为高速铁路及客运专线建设提供了坚实可靠的技术支撑。

图 1-6 2008 年 7 月 500 m 长钢轨普通平车运输综合试验在南昌铁路局进行

随着我国高速铁路和客运专线建设高速发展，100 m 长钢轨需求量剧增。既有 100 m 长钢轨普通平车运输方案仅适用于换长 1.3 普通平车连挂运输，造成车辆来源相对不足，不能满足钢轨运输需求，因此，制定换长 1.5 普通平车装载加固方案已十分迫切。同时针对既有 100 m 钢轨普通平车运输方案存在限速 80 km/h、隔梁装卸不便、隔梁容易丢失等问题，2009 年 3 月制定了 100 m 长钢轨换长 1.3 普通平车运输梯形装载加固优化方案和换长 1.5 普通平车运输梯形装载加固方案。2009 年 5 月，铁道部在沈阳铁路局组织了运输试验，并取得成功，如图 1-7 所示。两个新制定的方案配合使用，可充分利用普通平车资源，提高了运输效率，同时由于专用座架结构的优化，减轻了工人劳动强度，提高了钢轨的装卸效率。

图 1-7　2009 年 5 月 100 m 长钢轨普通平车运输综合试验在沈阳局进行

道岔是限制列车速度的关键设备，50 m 长 60D40、60AT、60TY 系列道岔轨就是我国自主研发、用于高速铁路建设的高速道岔轨。为适应 50 m 长高速道岔轨的运输需要，针对 60D40、60AT、60TY 钢轨的长度和截面特性，制定了普通平车运输的装载加固方案。与此同时，为了提高 100 m 长钢轨运输效率，制定了 100 m 长定尺(60 kg/m)钢轨普通平车矩形装载加固方案，与原有方案相比，在运输条件不变的条件下，增加了 6 根钢轨的运量。2009 年 9 月，铁道部在成都铁路局和西安铁路局组织了运输试验，并取得试验成功，如图 1-8、图 1-9 所示。

从 2003 年起到 2009 年，我国铁路经过 6 年多的科研攻关与运输综合试验，先后成功制定了 50 m、100 m、500 m 等长钢轨装载加固方案。超长钢轨普通平车运输技术的创新，实现了设计技术标准化，装载加固方案系列化，为我国铁路建设钢轨运输提供了安全、可靠、经济的保障。

图 1-8　2009 年 9 月 50 m 长 60TY 高速道岔轨普通平车运输综合试验在成都铁路局、西安铁路局进行

图 1-9　2009 年 9 月 100 m 长钢轨普通平车运输矩形方案综合试验在成都铁路局、西安铁路局进行

第三节　铁路钢轨运输装载加固技术的应用概况

2004 年，国务院公布了国家《中长期铁路网规划》，提出了中国未来十多年的发展蓝图，2008 年又批准了《中长期铁路网调整规划》，进一步加大了铁路建设力度。根据《中长期铁路网规划》和《中长期铁路网调整规划》，到 2020 年，全国铁路营业里程将达到 12 万 km 以上，复线率达到 50%以上，电气化率达到 60%以上，主要繁忙干线实现客货分线运行，基本形成布局合理、结构清晰、功能完善、衔接顺畅的铁路网络，运输能力满足国民经济和社会发展需要，主要技术装备达到或接近国际先进水平。

为了实现 2020 年铁路发展规划，要新建、完善路网布局，形成西部铁路网骨架，完善中、东部铁路网结构，建设新线约 4.1 万 km；加强既有线的扩能改造，提高路网既有通道能力，规划既有线增建二线 1.9 万 km。其中最为重要的是客运专线的建设，到 2020 年，客运专线及城际铁路达到 1.6 万 km 以上，建设“四纵四横”共 8 条客运专线和 3 个城际客运系统，形成一个以北京、上海、广州、武汉、成都、西安为中心的快速客运网络。根据规划，到 2010 年，全国铁路运营里程达到 9 万 km 以上，其中客运专线约 7 000 km，复线、电气化率均达到 45% 以上。

客运专线建设及既有线的大面积改造，使钢轨的需求量呈迅速的增长态势。据统计，2008 年 25 m 钢轨发货量为 1 713 316 t，2009 年为 1 912 114 t，增长了 198 798 t；2008 年 100 m 长钢轨发货量为 1 382 473 t，2009 年为 2 575 088 t，增长了近 1 倍，如表 1-4、表 1-5 所示。

表 1-4　25 m 钢轨发货量　　单位：t

钢厂 / 日期	鞍钢	包钢	攀钢	武钢
2008 年	429 255	636 393	640 000	7 668
2009 年	471 597	742 837	610 000	87 680

表 1-5　100 m 钢轨发货量　　单位：t

钢厂 / 日期	鞍钢	包钢	攀钢	武钢
2008 年	204 356	308 000	121 200	21 816
2009 年	327 456	572 264	363 600	250 278

目前，100 m 长定尺钢轨基本采用普通平车运输，50 m 高速道岔轨全部采用普通平车运输；500 m 长钢轨采用 T11 型钢轨专用车、500 m 长钢轨普通平车专列两种方式运输。T11 钢轨专用车不仅用于新线建设，而且用于既有线改造，而 500 m 长钢轨普通平车专列全部用于新线建设。截至 2009 年底，500 m 长钢轨普通平车已运输钢轨 513 列，共计 769 500 t。2010 年 4 月，铁道部运输局已向各铁路局下发了《关于 100 m 长钢轨专用座架有关事宜的通知》(运营货管电〔2010〕1145 号)，将 100 m 长定尺钢轨普通平车运输新梯形方案和矩形方案投入使用。

第二章　钢轨普通平车运输装载加固方案设计

第一节　钢轨运输装载加固方案设计方法概述

钢轨装载加固方案设计涉及车辆工程、机械工程、轨道工程、计算力学、车辆动力学、数值分析方法及计算机仿真等多个学科领域，学科交叉性强。对这样复杂的问题，需要从理论模型、数值仿真和现场试验三方面入手，采用理论与试验相结合的研究方法，以理论分析为主设计钢轨装载加固方案，并通过数值仿真加以评价，从而尽可能减少昂贵的铁路现场试验，而对于理论分析模型在工程实际中的具体应用研究则必须经过最终的现场试验检验。

长钢轨运输属于铁路超长货物运输，与其他超限、集重、超长货物一样，如何确定作用于货物的力值，是装载和加固中的基本问题，直接关系到货物的运输安全。作用于货物上的力值，包括：垂向力值、纵向力值、横向力值、摩擦力和风力值等。与集重货物运输不同，风力值在钢轨运输中是可以忽略的次要问题，而垂向力值、纵向力值和横向力值是主要问题，摩擦力值是一个特殊问题。

由于长钢轨运输的特殊性和复杂性，进行钢轨、车辆、轨道相互作用的力学分析时必须要借助于计算机进行数值计算。对于大型复杂系统来说，计算机数值分析具有很大的优越性，被广泛应用于现代工程实践领域。首先，数值分析可以用较少的成本获取复杂问题的详细数值解答，这就有效地减少了对大量昂贵试验的依赖，对钢轨装载加固方案研究而言，其意义更为重大，因为线路现场实车试验不仅规模大而且影响铁路正常运营，所需费用极高，一旦出现翻车脱轨等重大事故，其经济损失更为惨重。而数值分析研究方便易行，还可对诸如提速、钢轨增载以及小半径曲线线路等极端情形进行模拟，不冒任何风险。其次，数值分析能够迅速地进行系统参数研究或灵敏度分析，易于实现钢轨装载加固方案的最优参数设计。因此，一旦计算机理论分析模型得到试验校核的支持，可以在很大程度上减少甚至取代许多中间试验，节约巨大研究开支，缩短工程设计时间。

实现钢轨装载加固方案设计分析，其关键是：一是建立合理的力学模型，以反映钢轨、车辆、轨道相互作用的物理本质；二是选择有效的计算方法，以适应这种复杂系统的非线性分析。

在钢轨装载加固方案的设计过程中，通常是首先确定总体运输方案，包括专用装置基本结构和运输方式；建立钢轨、车辆相互作用模型，根据《铁路货物装载加固规则》对车辆的技术要求，确定钢轨装载方案；计算作用于货物上的力值，确定加固方案，计算加固强度，并利用力学基本计算方法和有限元方法对装载加固装置进行校核和优化；利用车辆动力学仿真技术对重车运输车组进行仿真验证，最后通过综合试验验证其可行性。本章以 100 m 长钢轨换长 1.5、1.3 普通平车混编矩形装载加固方案为例，说明钢轨装载加固方案的设计过程。

第二节　钢轨运输装载方案设计

一、钢轨装载方案设计原理

货物装载的基本技术要求是：使货物均衡、稳定、合理地分布在货车上，不超载、不偏载、不偏重、不集重。

所谓超载，是指货车装载的货物重量（包括货物包装、防护物、装载加固材料及装置）超过其容许载重量。当超载严重时，容易使车辆切轴，造成车辆脱轨、翻车等事故。

所谓偏重是指装车后，任何一个车辆转向架所承受的货物重量超过货车容许载重量的二分之一，或两转向架承受重量之差大于 10 t。偏重严重时，使车辆一端车钩翘起，容易在线路有坡度时两连接车辆车钩脱钩，使车辆溜溢，造成列车冲突、撞车。

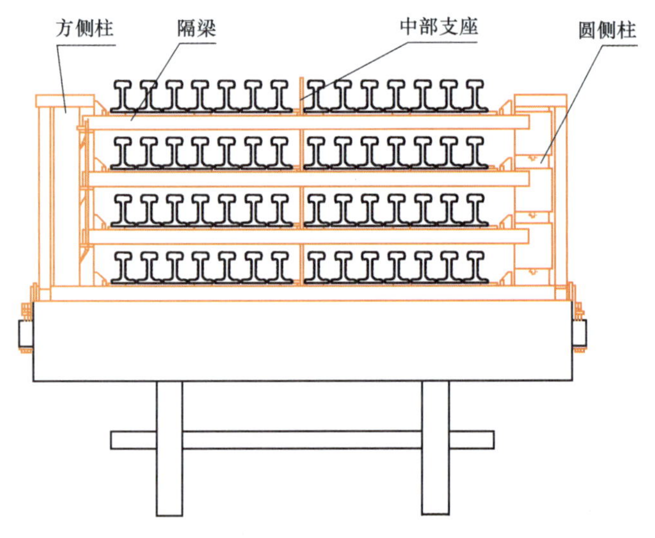

图 2-1　钢轨矩形装载结构

所谓偏载，是指装车后货物总重心横向偏移超过 100 mm。偏载严重时，当列车高速行经曲线时，容易造成车辆侧翻、脱轨。

为了使钢轨均衡、稳定、合理地分布在普通平车上，不超载、不偏载、不偏重、不集重，关键是选择合适的车辆、合理地确定钢轨的装载结构、合理布置支撑钢轨的座架在车辆上的位置及设计可靠的加固方案。

（一）座架的设计

为了达到不偏载的技术要求，座架在设计时确保钢轨沿车辆纵中心线对称装载。由图 2-1 可知，钢轨分层装载，层与层之间相互独立，互不影响。设计时座架中部支座中心线与车辆纵中心线重合，钢轨沿座架中部支座两侧对称装载。钢轨装载后，每层钢轨的重量通过座架隔梁经方侧柱、圆侧柱、中部支座传递到座架底梁上，再由底梁传递到车底板上。

（二）座架的布置

为满足不超载、不偏重、不集重的技术要求，座架在安装时，要求：①沿运输车组横中心线对称布置；②运输车组的中部车辆沿车辆横中心线对称布置 2 个座架，如图 2-2 所示。当中部车辆为次端车时，L_c 为次端车转向架中心距，L_2 为次端车 2 支点距离；中部车辆不为次端车时，L_0 为转向架中心距，L_1 为 2 支点距离。

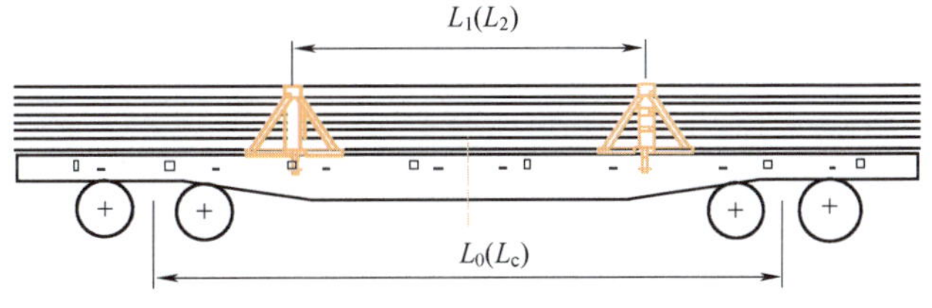

图 2-2　中部车辆对称安装 2 个座架

端车座架的安装数目及位置由端车上的钢轨装载长度确定，可归结为端车安装 1 个座架和端车安装 2 个座架，如图 2-3 所示，L_d 为端车转向架中心距。当端车安装 1 个座架时，a、b 为座架到两转向架距离；当端车安装 2 个座架时，a、b 为 2 座架到车辆转向架的距离。当运输车组车辆选定的条件下，参数 a、b、L_1 及 L_2 决定了座架的安装位置。

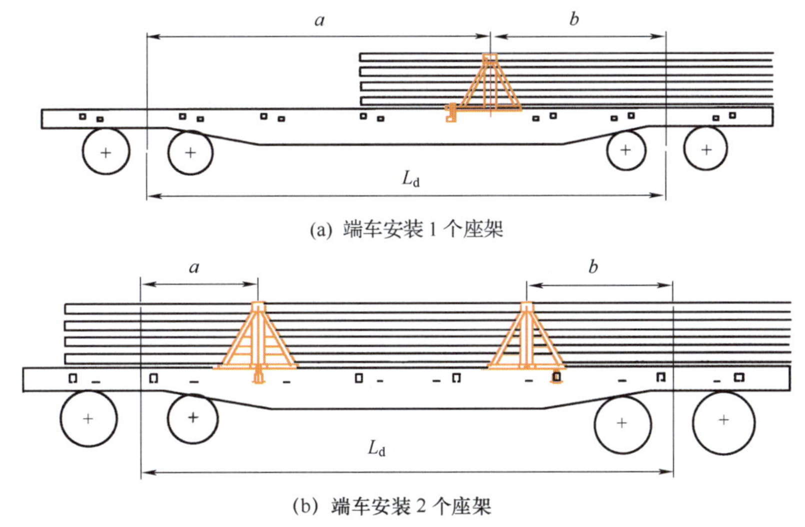

图 2-3　端车座架的安装

为了确定参数 a、b、L_1 及 L_2 值，确保车辆承重满足《铁路货物装载加固规则》技术要求，建立了钢轨、车辆相互作用模型，并依据结构力学中的力法原理，推导出连挂车辆垂向力计算方程，并编制相应的计算机程序求解。计算结果可为方案的可行性、座架设计、车辆动力学仿真分析奠定理论基础。

二、垂向力学模型

所谓垂向力学模型即钢轨垂直方向力学模型。将钢轨视为连续梁，座架承载力的计算属于高次超静定问题。假设钢轨由 n 个支点支撑，支点反力由（P_1，P_2，…，P_n）表示，计算支点反力时考虑车辆转向架的悬挂弹簧，如图 2-4 所示，O 为坐标系原点，钢轨左右侧悬臂长度为 l_1、l_{n+1}，x_i 为支点 i 到支点 1 的距离，L 为支点 n 到支点 1 的距离。本文根据结构力学中力法原理，建立位移协调方程，并与力的基本平衡方程联立，求解 n 个支点反力（P_1，P_2，…，P_n）。计算时采用以下主要假定：①车体为刚体，承载后不产生变形；②所有车辆转向架悬挂弹簧刚度相等。

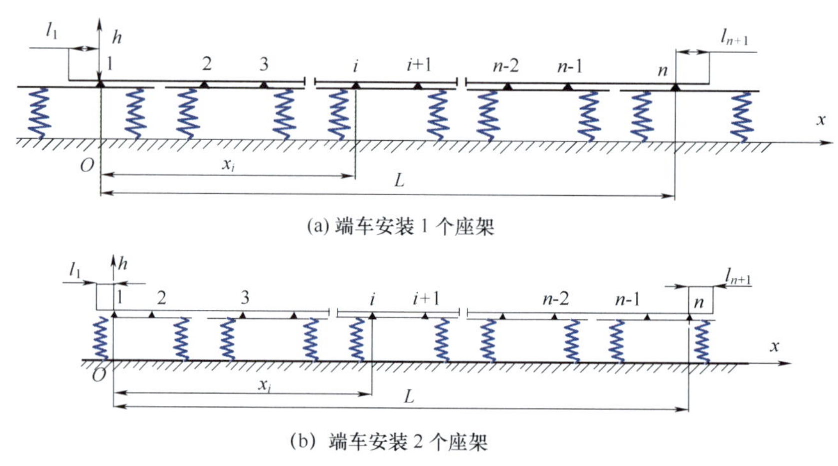

(a) 端车安装 1 个座架

(b) 端车安装 2 个座架

图 2-4 垂向力学模型

（一）静力平衡方程

根据静力学平衡方程，有垂向力平衡方程：

$$\sum_{i=1}^{n} P_i = q(l_1 + l_{n+1} + L) \tag{2-1}$$

对支点 1 求矩，建立力矩平衡方程：

$$\sum_{i=2}^{n-1} P_i x_i + P_n L = q(l_1 + l_{n+1} + L)\left[\frac{1}{2}(l_1 + l_{n+1} + L) - l_1\right] \tag{2-2}$$

式中 q——单位长度的钢轨自重。

（二）车辆受力分析

1. 承载后，确定首端车支点高度

(1)首车安装 1 个座架

图2-5为第 1 车受力示意图，记 $\lambda=b/L_d$，$\mu=a/L_d$，根据力矩平衡，转向架承重为：

$$Q_1=bP_1/L_d=\lambda P_1 \tag{2-3}$$

$$Q_2=aP_1/L_d=\mu P_1 \tag{2-4}$$

承载后车辆悬挂弹簧高度为：

$$Y_1=H_1-Q_1/ke=H_1-\lambda P_1/k_e \tag{2-5}$$

$$Y_2=H_2-Q_2/ke=H_2-\mu P_1/k_e \tag{2-6}$$

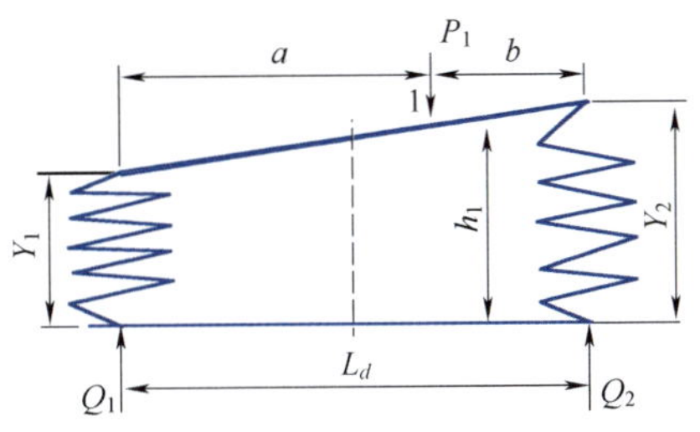

图 2-5　第 1 车受力分析

式中　k_e——悬挂弹簧等效刚度；

H_1、H_2——承载前车辆左右悬挂弹簧高度。

根据图 2-5 的几何关系，支点 1 的高度为：

$$h_1=Y_1+(Y_2-Y_1)\mu=\lambda H_1+\mu H_2-(\lambda^2+\mu^2)P_1/ke \tag{2-7}$$

(2)首车安装 2 个座架

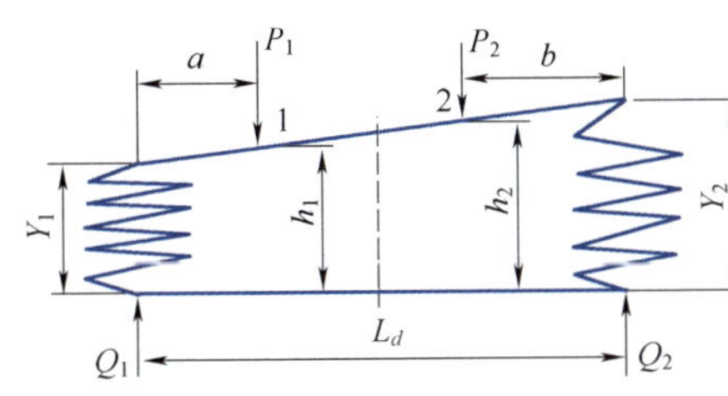

图 2-6　第 1 车受力分析

图 2 6 为第 1 车受力示意图，记 $\lambda=b/L_d$，$\mu=a/L_d$，根据力矩平衡，转向架承重为：

$$\begin{aligned}Q_1&=(L_d-a)P_1/L_d+bP_2/L_d\\&=(1-\mu)P_1+\lambda P_2\end{aligned} \tag{2-8}$$

$$\begin{aligned}Q_2&=aP_1/L_d+(L_d-b)P_2/L_d\\&=\mu P_1+(1-\lambda)P_2\end{aligned} \tag{2-9}$$

承载后车辆悬挂弹簧高度为：

$$Y_1=H_1-Q_1/ke=H_1-(1-\mu)P_1/ke-\lambda P_2/ke \tag{2-10}$$

$$Y_2=H_2-Q_2/ke=H_2-\mu P_1/ke-(1-\lambda)P_2/ke \tag{2-11}$$

根据图 2-6 的几何关系，支点 1、2 的高度为：

$$\begin{aligned}h_1&=Y_1+(Y_2-Y_1)\mu\\&=(1-\mu)H_1+\mu H_2-[(1-\mu)^2+\mu^2]P_1/ke-[\lambda(1-\mu)+(1-\lambda)\mu]P_2/ke\end{aligned} \tag{2-12}$$

$$\begin{aligned}h_2&=Y_1+(Y_2-Y_1)(1-\lambda)\\&=\lambda H_1+(1-\lambda)H_2-[\lambda(1-\mu)+(1-\lambda)\mu]P_1/ke-[(1-\lambda)^2+\lambda^2]P_2/ke\end{aligned} \tag{2-13}$$

2. 承载后，确定中部联挂车辆支点高度

当端车安装 1 个座架时，则 i 为偶数，中部车辆受力如图 2-7 所示。记 $\alpha=(L_0+L_1)/(2L_0)$，$\beta=(L_0-L_1)/(2L_0)$，根据力矩平衡，转向架承重为：

$$Q_{i+1}=(L_0+L_1)P_i/(2L_0)+(L_0-L_1)P_{i+1}/(2L_0)=\alpha P_i+\beta P_{i+1} \tag{2-14}$$

$$Q_{i+2}=(L_0-L_1)P_i/(2L_0)+(L_0+L_1)P_{i+1}/(2L_0)=\beta P_i+\alpha P_{i+1} \quad (2\text{-}15)$$

承载后悬挂弹簧高度为：

$$Y_{i+1}=H_{i+1}-Q_{i+1}/ke=H_{i+1}-(\alpha P_i+\beta P_{i+1})/ke \quad (2\text{-}16)$$

$$Y_{i+2}=H_{i+2}-Q_{i+2}/ke=H_{i+2}-(\beta P_i+\alpha P_{i+1})/ke \quad (2\text{-}17)$$

根据图 2-7 的几何关系，支点 i、$i+1$ 的高度为：

$$h_i=\alpha Y_{i+1}+\beta Y_{i+2}=\alpha H_{i+1}+\beta H_{i+2}-(\alpha^2+\beta^2)P_i/ke-2\alpha\beta P_{i+1}/ke \quad (2\text{-}18)$$

$$h_{i+1}=\beta Y_{i+1}+\alpha Y_{i+2}=\beta H_{i+1}+\alpha H_{i+2}-2\alpha\beta P_i/ke-(\alpha^2+\beta^2)P_{i+1}/ke \quad (2\text{-}19)$$

当端车安装 2 个座架时，则 i 为奇数，中部车辆受力如图 2-8 所示。根据力矩平衡，转向架承重为：

$$Q_i=(L_0+L_1)P_i/(2L_0)+(L_0-L_1)P_{i+1}/(2L_0)=\alpha P_i+\beta P_{i+1} \quad (2\text{-}20)$$

$$Q_{i+1}=(L_0-L_1)P_i/(2L_0)+(L_0+L_1)P_{i+1}/(2L_0)=\beta P_i+\alpha P_{i+1} \quad (2\text{-}21)$$

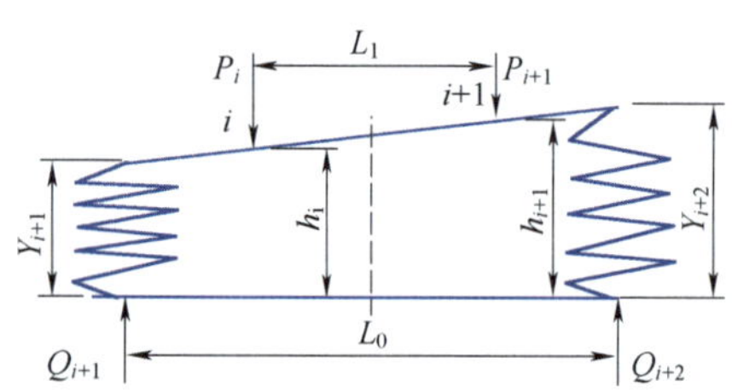

图 2-7　当 i 为偶数时，中部车辆受力分析

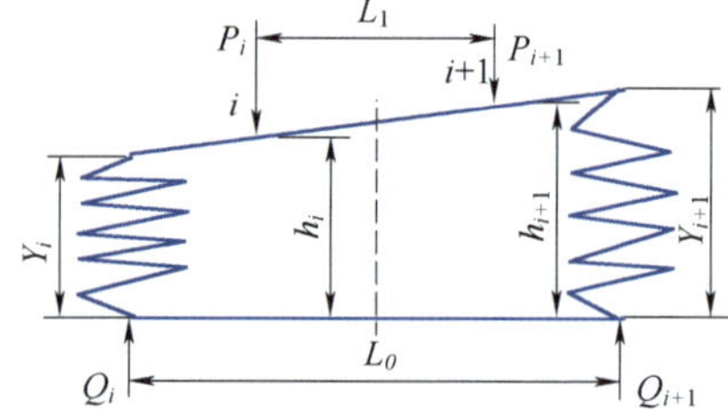

图 2-8　当 i 为奇数时，中部车辆受力分析

承载后悬挂弹簧高度为：

$$Y_i=H_i-Q_i/ke=H_i-(\alpha P_i+\beta P_{i+1})/ke \quad (2\text{-}22)$$

$$Y_{i+1}=H_{i+1}-Q_{i+1}/ke=H_{i+1}-(\beta P_i+\alpha P_{i+1})/ke \quad (2\text{-}23)$$

根据图 2-8 的几何关系，支点 i、$i+1$ 的高度为：

$$h_i=\alpha Y_i+\beta Y_{i+1}=\alpha H_i+\beta H_{i+1}-(\alpha^2+\beta^2)P_i/ke-2\alpha\beta P_{i+1}/ke \quad (2\text{-}24)$$

$$h_{i+1}=\beta Y_i+\alpha Y_{i+1}=\beta H_i+\alpha H_{i+1}-2\alpha\beta P_i/ke-(\alpha^2+\beta^2)P_{i+1}/ke \quad (2\text{-}25)$$

3. 承载后，确定末端车支点高度

(1)末端车安装 1 个座架

图 2-9 为末端车安装 1 个座架时受力示意图，根据力矩平衡，转向架承重为：

$$Q_{n+1}=aP_n/L_d=\mu P_n \quad (2\text{-}26)$$

$$Q_{n+2}=bP_n/L_d=\lambda P_n \quad (2\text{-}27)$$

承载后悬挂弹簧高度为：

$$Y_{n+1}=H_{n+1}-Q_{n+1}/ke=H_{n+1}-\mu P_n/ke \quad (2\text{-}28)$$

$$Y_{n+2}=H_{n+2}-Q_{n+2}/ke=H_{n+2}-\lambda P_n/ke \quad (2\text{-}29)$$

根据图 2-9 的几何关系，支点 n 的高度为：

$$h_n = Y_{n+1} + (Y_{n+2} - Y_{n+1})\lambda = \mu H_{n+1} + \lambda H_{n+2} - (\lambda^2 + \mu^2) P_n / ke \quad (2\text{-}30)$$

(2)末端车安装 2 个座架

图 2-10 为末端车安装 2 个座架时受力示意图，根据力矩平衡，转向架承重为：

$$Q_{n-1} = (L_d - b) P_{n-1} / L_d + a P_n / L_d = (1-\lambda) P_{n-1} + \mu P_n \quad (2\text{-}31)$$

$$Q_n = b P_{n-1} / L_d + (L_d - a) P_n / L_d = \lambda P_{n-1} + (1-\mu) P_n \quad (2\text{-}32)$$

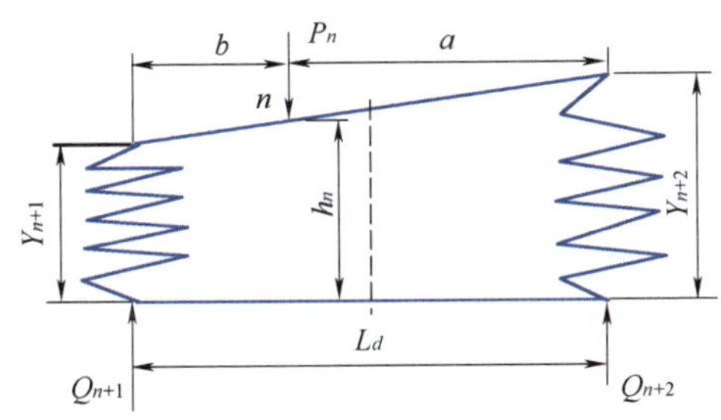

图 2-9　末端车安装 1 个座架时受力分析

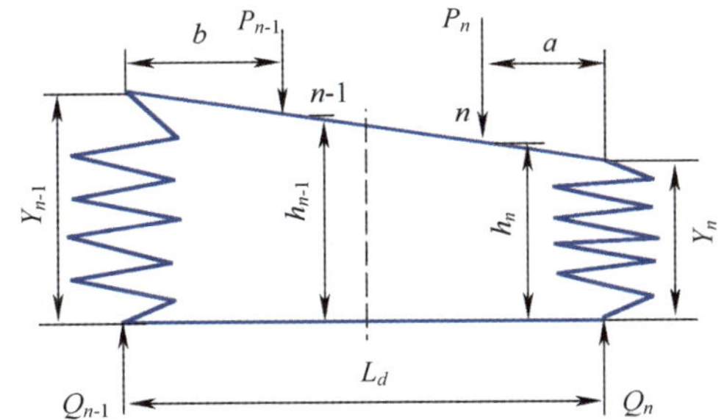

图 2-10　末端车安装 2 个座架时受力分析

承载后悬挂弹簧高度为：

$$Y_{n-1} = H_{n-1} - Q_{n-1}/ke = H_{n-1} - (1-\lambda) P_{n-1}/ke - \mu P_n / ke \quad (2\text{-}33)$$

$$Y_n = H_n - Q_n/ke = H_n - \lambda P_{n-1}/ke - (1-\mu) P_n/ke \quad (2\text{-}34)$$

根据图 2-10 的几何关系，支点 n 的高度为：

$$\begin{aligned} h_{n-1} &= Y_{n-1} + (Y_n - Y_{n-1})\lambda \\ &= (1-\lambda) H_{n-1} + \lambda H_n - [\lambda^2 + (1-\lambda)^2] P_{n-1}/ke - [\lambda(1-\mu) + (1-\lambda)\mu] P_n/ke \end{aligned} \quad (2\text{-}35)$$

$$\begin{aligned} h_n &= Y_{n-1} + (Y_n - Y_{n-1})(1-\mu) \\ &= \mu H_{n-1} + (1-\mu) H_n - [\lambda(1-\mu) + (1-\lambda)\mu] P_{n-1}/k_e - [\mu^2 + (1-\mu)^2] P_n / k_e \end{aligned} \quad (2\text{-}36)$$

(三)位移协调方程

图 2-11 为支点竖向位移计算示意图。为了方便计算，假设钢轨不承受自重及支点反力($P_2, P_3, \cdots, P_{n-1}$)的作用，则钢轨在 1、$n$ 支点支撑下不发生变形，i_0 为支点位置，此时支点 i 的高度为：

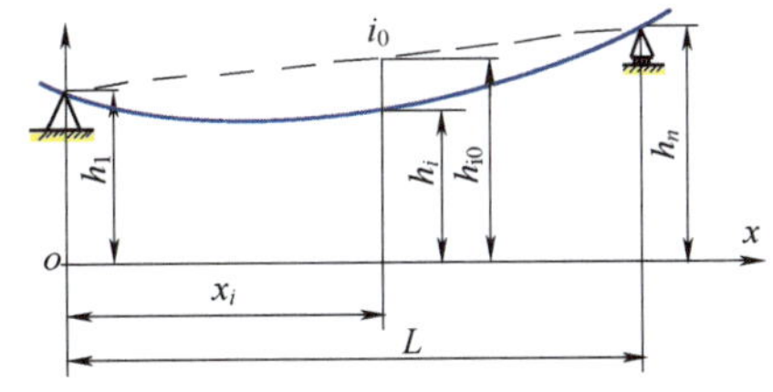

图 2-11　支点竖向位移计算示意图

$$h_{i0} = h_1 + \frac{h_n - h_1}{L} x_i = \left(1 - \frac{x_i}{L}\right) h_1 + \frac{x_i}{L} h_n \quad (2\text{-}37)$$

钢轨在其自重及支点反力($P_2,P_3,\cdots,P_{n-1}$)作用下发生弯曲变形,支点 i 的高度为 h_i。设 $A_i=1-\dfrac{x_i}{L}$,$B_i=\dfrac{x_i}{L}$,则支点 i 在变形前后的位移为:

$$F_i=h_i-h_{i0}=h_i-A_ih_1-B_ih_n \tag{2-38}$$

支点 i 的位移 F_i 是由于钢轨自重、支点反力($P_2,P_3,\cdots,P_{n-1}$)共同作用下产生的,支点 i 的位移协调方程为:

$$F_i=F_{qi}+F_{Pi}\quad (i=2,3,\cdots,n-1) \tag{2-39}$$

式中 F_{qi}——钢轨单位自重 q 在支点 i 处产生的位移;

F_{Pi}——支点反力($P_2,P_3,\cdots,P_{n-1}$)在支点 i 处产生的位移之和。

以下为 F_{qi}、F_{Pi} 的计算方法。

1. 钢轨自重产生的位移

查阅《机械设计手册》简支梁挠度公式,推导出钢轨在自重均布力 q 作用下支点 i 处的挠度为:

$$F_{qi}=-\frac{qL^4}{24EI}\left(\frac{x_i}{L}-\frac{2x_i^3}{L^3}+\frac{x_i^4}{L^4}\right)-\frac{x_i}{6EIL}[(M_1-M_2)x_i^2-3M_1Lx_i+(2M_1+M_2)L^2]\quad (i=2,3,\cdots,n-1) \tag{2-40}$$

$$M_1=-ql_1^2/2,M_2=-ql_{n+1}^2/2$$

式中 E——钢轨弹性模量;

I——单根钢轨惯性矩;

M_1——装载钢轨后左侧悬臂在支点 1 引起的弯矩;

M_2——装载钢轨后右侧悬臂在支点 n 引起的弯矩。

2. 支点反力产生的位移

计算支点位移时,以 1、n 支点为支撑,在支点反力($P_2,P_3,\cdots,P_{n-1}$)共同作用下,第 i 个支点的位移等于支点反力($P_2,P_3,\cdots,P_{n-1}$)在第 i 支点引起的位移之和,即

$$F_{Pi}=\sum_{k=2}^{n-1}f_{ki}P_k\quad (i=2,3,\cdots,n-1) \tag{2-41}$$

设 F_{ki} 为第 k 个支点反力在第 i 支点产生的位移,则 F_{ki} 表示为:

(1)若 $k\geqslant i$,则

$$F_{ki}=\frac{x_k^2(L-x_k)^2}{6EIL}\left[\frac{2x_i}{x_k}+\frac{x_i}{L-x_k}-\frac{x_i^3}{x_k^2(L-x_k)}\right]P_k=f_{ki}P_k \tag{2-42}$$

其中, $$f_{ki}=\frac{x_k^2(L-x_k)^2}{6EIL}\left[\frac{2x_i}{x_k}+\frac{x_i}{L-x_k}-\frac{x_i^3}{x_k^2(L-x_k)}\right]$$

(2)若 $k<i$,则

$$F_{ki}=\frac{x_k}{6EIL}[(L-x_k)(L+x_k)(L-x_i)-(L-x_i)^3]P_k=f_{ki}P_k \quad (2\text{-}43)$$

其中，$f_{ki}=\dfrac{x_k}{6EIL}[(L-x_k)(L+x_k)(L-x_i)-(L-x_i)^3]$

3. 端车安装1个座架时位移协调方程

式(2-7)、式(2－18)、式(2－19)、式(2-30)代入式(2-39)，支点 i 的位移协调方程为：

(1)当 i 为偶数时

$$-\frac{A_i(\lambda^2+\mu^2)}{ke}P_1+f_{2i}P_2+f_{3i}P_3+\cdots+f_{n-1,i}P_{n-1}-\frac{B_i(\lambda^2+\mu^2)}{ke}P_n+\frac{\alpha^2+\beta^2}{ke}P_i+\frac{2\alpha\beta}{ke}P_{i+1}=-F_{qi}+\alpha H_{i+1}+\beta H_{i+2}-A_i\lambda H_1-A_i\mu H_2-B_i\mu H_{n+1}-B_i\lambda H_{n+2} \quad (2\text{-}44)$$

(2)当 i 为奇数时

$$-\frac{A_i(\lambda^2+\mu^2)}{ke}P_1+f_{2i}P_2+f_{3i}P_3+\cdots+f_{n-1,i}P_{n-1}-\frac{B_i(\lambda^2+\mu^2)}{ke}P_n+\frac{2\alpha\beta}{ke}P_{i-1}+\frac{\alpha^2+\beta^2}{ke}P_i=-F_{qi}+\beta H_i+\alpha H_{i+1}-A_i\lambda H_1-A_i\mu H_2-B_i\mu H_{n+1}-B_i\lambda H_{n+2} \quad (2\text{-}45)$$

4. 端车安装2个座架时的位移协调方程

式(2－12)、式(2－13)、式(2－24)、式(2－25)、式(2－35)、式(2－36)代入式(2－39)，支点 i 的位移协调方程为：

(1)当 i=2 时

$$\frac{[\lambda(1-\mu)+(1-\lambda)\mu]-A_2[(1-\mu)^2+\mu^2]}{ke}P_1+\left\{f_{22}+\frac{[(1-\lambda)^2+\lambda^2]-A_2[\lambda(1-\mu)+(1-\lambda)\mu]}{ke}\right\}P_2+f_{32}P_3+Lf_{n-2,2}P_{n-2}+\left\{f_{n-1,2}-\frac{B_2[\lambda(1-\mu)+(1-\lambda)\mu]}{ke}\right\}P_{n-1}-\frac{B_2[(1-\mu)^2+\mu^2]}{ke}P_n=-F_{qi}+\lambda H_1+(1-\lambda)H_2-A_2(1-\mu)H_1-A_2\mu H_2-B_2\mu H_{n-1}-B_2(1-\mu)H_n \quad (2\text{-}46)$$

(2)当 $i=n-1$ 时

$$-\frac{A_{n-1}[(1-\mu)^2+\mu^2]}{ke}P_1+\left\{f_{2,n-1}-\frac{A_{n-1}[\lambda(1-\mu)+(1-\lambda)\mu]}{ke}\right\}P_2+f_{3,n-1}P_3+Lf_{n-2,n-1}P_{n-2}+$$

$$\left\{f_{n-1,n-1}-\frac{B_{n-1}[\lambda(1-\mu)+(1-\lambda)\mu]+[(1-\lambda)^2+\lambda^2]}{ke}\right\}P_{n-1}+$$

$$\frac{[\lambda(1-\mu)+(1-\lambda)\mu]-B_{n-1}[\mu^2+(1-\mu)^2]}{ke}P_n=-F_{q,n-1}+$$

$$(1-\lambda)H_{n-1}+\lambda H_n-A_{n-1}(1-\mu)H_1-A_{n-1}\mu H_2-$$

$$B_{n-1}\mu H_{n-1}-B_{n-1}(1-\mu)H_n \qquad (2\text{-}47)$$

(3)当 $3\leqslant i\leqslant n-2$，且 i 为奇数时

$$-\frac{[\mu^2+(1-\mu)^2]}{ke}P_1+\left\{f_{2i}-\frac{A_i[\lambda(1-\mu)+(1-\lambda)\mu]}{ke}\right\}P_2+$$

$$f_{3i}P_3+L+f_{n-2,i}P_{n-2}+\left\{f_{n-1,i}-\frac{B_i[\lambda(1-\mu)+(1-\lambda)\mu]}{ke}\right\}P_{n-1}-$$

$$\frac{B_i[\mu^2+(1-\mu)^2]}{ke}P_n+\frac{(\alpha^2+\beta^2)}{ke}P_i+\frac{2\alpha\beta}{ke}P_{i+1}=-F_{qi}+\alpha H_i+$$

$$\beta H_{i+1}-A_i(1-\mu)H_1-A_i\mu H_2-B_i\mu H_{n-1}-B_i(1-\mu)H_n \qquad (2\text{-}48)$$

(4)当 $3<i\leqslant n-2$，i 为偶数时

$$-\frac{[\mu^2+(1-\mu)^2]}{ke}P_1+\left\{f_{2i}-\frac{A_i[\lambda(1-\mu)+(1-\lambda)\mu]}{ke}\right\}P_2+f_{3i}P_3+$$

$$L+f_{n-2,i}P_{n-2}+\left\{f_{n-1,i}-\frac{B_i[\lambda(1-\mu)+(1-\lambda)\mu]}{ke}\right\}P_{n-1}-$$

$$\frac{B_i[\mu^2+(1-\mu)^2]}{ke}P_n+\frac{2\alpha\beta}{ke}P_{i-1}+\frac{(\alpha^2+\beta^2)}{ke}P_i=-F_{qi}+\beta H_{i-1}+$$

$$\alpha H_i-A_i(1-\mu)H_1-A_i\mu H_2-B_i\mu H_{n-1}-B_i(1-\mu)H_n \qquad (2\text{-}49)$$

三、垂向力值求解

1. 式(2-1)、式(2-2)、式(2-44)、式(2-45)联立建立 n 维线性方程组，该方程组适用于100 m长定尺钢轨(60 kg/m)换长 1.5 普通平车装载加固方案、100 m长定尺钢轨(60 kg/m)NX_{70}、NX_{70H}型共用平车矩形装载加固方案、100 m 长定尺钢轨(60 kg/m)70 t 共用平车矩形装载加固方案及 50 m 长 60D40、60AT、60TY 道岔轨装载加固方案的垂向力计算。

2. 式(2-1)、式(2-2)、式(2-46)～式(2-49)联立建立 n 维线性方程组，该方程组适用于500 m长定尺(60 kg/m)钢轨装载加固方案，100 m 长定尺钢轨(60 kg/m)普通平车装载加固方案，100 m 长定尺钢轨(60 kg/m)换长 1.3 普通平车装载加固方案及100 m长定尺钢轨(60 kg/m)换长 1.5、1.3 普通平车矩形装载加固方案的垂向力计算。

n 维线性方程组通过 Matlab 编程求解，求出支点反力(P_1，P_2，…，P_n)。根

据支点反力，求出车辆转向架承重、车辆承重及转向架承重差。

根据力学模型计算结果，判断车辆承重是否满足《铁路货物装载加固规则》来确定座架位置控制参数 a，b，L_1 和 L_2，座架位置计算流程如图 2-12 所示。

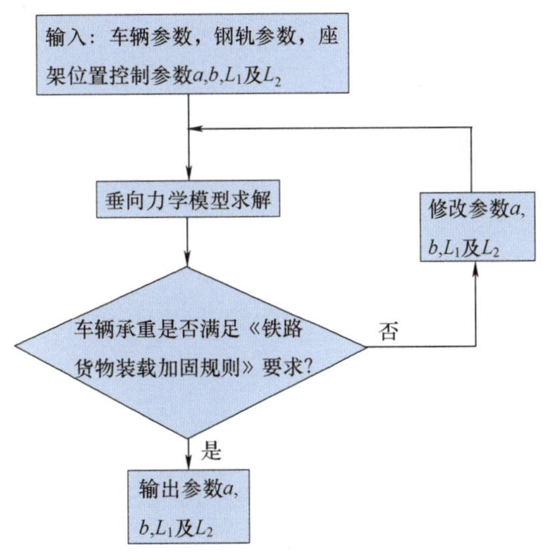

图 2-12　座架位置计算流程

四、装载方案设计实例

采用普通平车连挂和专用座架，矩形装载，运输 56 根 100 m 长定尺钢轨(60 kg/m)，总重 336 t。

(一)车辆选择

目前，按照我国普通平车长度，主要分为 13 m 长普通平车和 15.4 m 长普通平车。在选择车辆时，应尽量选择具有相同长度的平车，以便于编组，或当相同长度的平车连挂不能满足钢轨运输的技术要求时，应尽可能少地选择不同长度的平车配挂。

根据选择车辆的原则，100 m 长钢轨运输可行的车辆组合为：8 辆 13m 长普通平车连挂(总长约 110.566 m)，或 7 辆 15.4 m 长普通平车连挂(总长约 113.428 m)，或 5 辆 13 m、2 辆 15.4 m 长普通平车连挂(总长约 101.484 m)，或 5 辆 15.4 m、2 辆 13 m 长普通平车连挂(总长约 108.628 m)。

以上车辆组合除了 8 辆 13 m 普通平车连挂外，均可制定出可行的 100 m 长钢轨运输矩形装载方案，而尤以 5 辆 13 m、2 辆 15.4 m 普通平车连挂装载方案的力学指标最佳。因此，以 5 辆 13 m、2 辆 15.4 m 普通平车连挂装载方案为例，确定车辆编组顺序、座架的布置位置，计算座架及车辆承重。

(二)装载方案的确定

根据垂向力值计算结果，确定车辆的编组为次端车换长 1.5、载重 70 t 平车，其余车辆为换长 1.3、载重 60 t 平车。每车布置 2 个座架，方案共使用 14 个座架，确定座架位置最优控制参数为 $a=1.977$ m，$b=2.477$ m，$L_1=5.047$ m，$L_2=7.459$ m。

根据确定的装载方案，计算在 3 种典型工况下座架及车辆承重。3 种典型工况为车辆等高、无纵向偏移；第 3 车比相邻车辆高 15 mm、钢轨向后纵向偏移 200 mm；第 1 车比相邻车高 15 mm、钢轨向前纵向偏移 200 mm。计算参数为 $q=588$ N/m，

钢轨弹性模量 $E=2.06\times10^{11}$ Pa，钢轨水平惯性矩 $I=3.219\times10^{-5}$ m^4，$L_c=10.92$ m，$L_d=9$ m，$L_0=9$ m，座架个数 $n=14$。

表 2-1　车辆等高工况各座架承重和各车辆承重　　单位：t

车辆序号	支点序号	车辆等高，无纵向偏移			
		支点承重	车辆承重	转向架承重	转向架承重差
1	1	18.62	41.61	20.86	0.10
	2	22.99		20.75	
2	3	28.99*	56.54*	28.76*	0.98*
	4	27.55		27.78	
3	5	22.84	46.46	23.03	0.39
	6	23.62		23.42	
4	7	23.39	46.79	23.39	0.00
	8	23.40		23.40	
5	9	23.60	46.46	23.42	0.38
	10	22.86		23.04	
6	11	27.54	56.53*	27.77	1.00*
	12	29.00*		28.77*	
7	13	22.98	41.61	20.75	0.11
	14	18.62		20.86	

注：标记“*”的数值为最大值。

表 2-2　第 3 车高工况各座架承重和各车辆承重　　单位：t

车辆序号	支点序号	第 3 车高 15 mm，向后纵向偏移 200 mm			
		支点承重	车辆承重	转向架承重	转向架承重差
1	1	20.15	41.68	21.65	1.62
	2	21.53		20.03	
2	3	32.36*	53.48	30.58*	7.67*
	4	21.13		22.91	
3	5	26.29	54.20	26.69	0.82
	6	27.91		27.51	
4	7	14.73	43.26	18.14	6.98
	8	28.53		25.12	

续上表

车辆序号	支点序号	第 3 车高 15 mm,向后纵向偏移 200 mm			
		支点承重	车辆承重	转向架承重	转向架承重差
5	9	22.78	45.94	22.87	0.19
	10	23.16		23.06	
6	11	27.52	56.46*	27.74	0.97
	12	28.94		28.72	
7	13	23.58	40.98	20.91	0.84
	14	17.41		20.07	

注:标记“*”的数值为最大值。

表 2-3　第 1 车高工况各座架承重和各车辆承重　　单位:t

车辆序号	支点序号	第 1 车高 15 mm,向前纵向偏移 200 mm			
		支点承重	车辆承重	转向架承重	转向架承重差
1	1	13.39	44.68	19.06	6.56*
	2	31.29*		25.62	
2	3	22.49	53.38	23.82	5.74
	4	30.89		29.56*	
3	5	21.96	45.91	22.45	1.01
	6	23.95		23.46	
4	7	23.34	46.76	23.36	0.04
	8	23.42		23.40	
5	9	23.60	46.46	23.42	0.37
	10	22.87		23.05	
6	11	27.51	56.58*	27.76	1.06
	12	29.07		28.82	
7	13	22.35	42.22	20.56	1.10
	14	19.88		21.66	

注:标记“*”的数值为最大值。

表 2-1～表 2-3 为座架承重和车辆承重计算结果,由表可知,车辆承重最大值为 56.58 t,车辆转向架承重最大值为 30.58 t,车辆转向架承重差最大值为 7.67 t,符合《铁路货物装载加固规则》的技术要求。

（三）试验验证

车组通过轨道衡称重，其数值如表 2-4 所示。由表 2-4 可知，车辆最大承重为 58 t，车辆转向架承重差最大为 4.69 t，偏载最大为 32 mm，符合《铁路货物装载加固规则》的技术要求，验证了所设计装载方案的可行性。

表 2-4　车组轨道衡称重

序号	自重(t)	标重(t)	总重(t)	净重(t)	偏载(mm)	偏重(t)
1	19.3	60	64.6	45.3	右 0	前 0.18
2	23.8	70	80	56.2	左 32*	后 2.31
3	19.3	60	69.9	50.6	左 25	后 2.40
4	19.3	60	71.4	52.1	左 22	后 4.69*
5	22.4	60	67.4	45	左 29	后 1.53
6	23.8	70	81.8*	58*	左 32*	后 2.51
7	19.3	60	64.3	45	左 27	后 2.27

注：标记“*”的数值为最大值。

第三节　钢轨运输加固方案设计

由于钢轨长度从 25 m 增加到 50 m、100 m、500 m 等系列长度，每根长钢轨的重量从几吨增加到几十吨，运输时钢轨产生较大的纵向惯性力，而且当通过曲线时，钢轨在座架上滑动，并产生横向弯曲变形，产生较大的摩擦力和横向力，因此如何将长钢轨紧固在列车上，保持钢轨装载稳定性，是影响安全的一个十分重要的因素。

由于长钢轨通过曲线时的弹性弯曲变形、上下坡及紧急制动惯性力的影响是长钢轨窜动的主要因素，因此钢轨加固方案设计的主要工作包括：钢轨加固方式的选择，计算作用于钢轨上的纵向力、横向力、摩擦力、坡道力及加固装置承受的力，确定加固强度。

一、钢轨加固方式

（一）加固点的选择

钢轨加固点的选择应考虑钢轨在通过曲线时伸缩量的均衡及锁紧力的分散。

当长钢轨跨装在平车上，通过曲线时由于内外侧钢轨的弯曲半径不等，产生的弯曲变形不同，如图 2-13 所示。内侧钢轨向车辆端部延伸，外侧钢轨远离

车辆端部收缩，其半径差值为

$$\Delta = R_2 - R_1 \approx Bn$$

式中 B——轨底宽度；

n——钢轨根数。

$$\widehat{b}_0 = R_0 \frac{\pi\varphi}{180} = 0.0174\ 4R_0\varphi$$

$$\widehat{b}_1 = R_1 \frac{\pi\varphi}{180} = 0.0174\ 4R_1\varphi$$

$$\widehat{b}_2 = R_2 \frac{\pi\varphi}{180} = 0.0174\ 4R_2\varphi$$

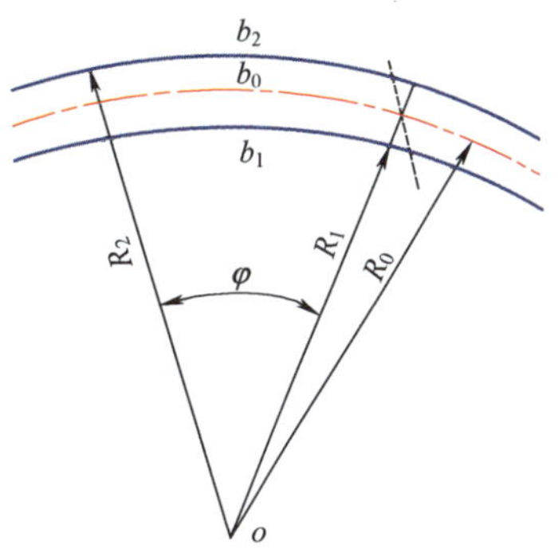

图 2-13 钢轨伸缩示意图

以 100 m 定尺钢轨为例计算内外侧钢轨伸缩量，钢轨类型为 60 kg/m，$B=150$ mm，$n=14$，曲线半径 $R=150$ m，则 $\varphi=38.218\ 5°$，内侧钢轨的总伸长量约为：

$$\widehat{b}_0 - \widehat{b}_1 = 0.0174\ 4\varphi Bn/2 \approx 0.7(\text{m})$$

外侧钢轨的总收缩量约为：

$$\widehat{b}_2 - \widehat{b}_0 = 0.0174\ 4\varphi Bn/2 \approx 0.7(\text{m})$$

当加固点位于钢轨一端时，钢轨另一端的最大伸缩量约为 0.7 m；当加固点位于车组中部时，钢轨向两端伸缩，最大伸缩量约为 0.35 m。因此，为了使长钢轨向两端的伸缩量均衡及端车的负荷变化最小，各层长钢轨的加固点应选在车组中部车位。

由于钢轨采用分层加固，每层钢轨均有加固点，设计时加固点的位置应分布在不同锁定座架上，避免锁紧力集中。

(二)紧固装置设计

T11 型运轨专用车考虑到现场卸轨的需求，选择单根钢轨锁定方式。与 T11 不同，钢轨普通平车运输时采用紧固装置将每层钢轨加固为一体。紧固装置采用隔离块、夹板螺栓连接结构，用六根螺栓将同一层钢轨捆绑为一单元，通过夹板的卡槽将钢轨与锁定座架的隔梁(或底梁)固结。紧固装置在紧固位置处同时固定轨底和轨头，将同一层钢轨紧固为稳定的长方体，限制了钢轨纵、横向位移，防止了钢轨侧向翻转。在横向，各层钢轨分别由底梁或隔梁两端的挡铁限制移动，固定了各层钢轨在横向的相对位置。

二、纵向力计算

钢轨纵向力的确定与长钢轨的规格尺寸有关。对于 25 m 长以下钢轨，一般采用两车跨装或单车运输形式，钢轨的纵向惯性力可按《铁路货物装载加固规则》中货物纵向惯性力的计算公式计算，其计算公式为：

$$T=t_0\times Q \tag{2-50}$$

式中 t_0——每吨货物的纵向惯性力，kN/t；

Q——货物重量，t。

1. 采用刚性加固时，

$$t_0=26.69-0.13Q_{总} \quad (kN/t) \tag{2-51}$$

式中 $Q_{总}$——重车总重，t；当 $Q_{总}>130$ t 时，按 130 t 计算。

2. 采用柔性加固时，

$$t_0=0.0012Q_{总}^2-0.32Q_{总}+29.85 \quad (kN/t) \tag{2-52}$$

跨装运输时，按跨装车组总重计算。

长度大于 25 m 钢轨的纵向加速度值根据实际工程经验确定。对于 25～50 m 长钢轨，钢轨纵向加速度取 0.4 g。100～500 m 长钢轨，钢轨纵向加速度取 0.07 g。

三、摩擦力计算

摩擦力的大小不仅与装载的稳固性有关，而且与合理使用加固材料有关。设计紧固装置时，采取加大长钢轨阻力的方法，以保证足够的摩擦力值，控制长钢轨的纵向位移。同时，为了使长钢轨在运输过程中自由伸缩，应减小钢轨与隔梁表面的摩擦力。

50 m、100 m 长钢轨运输专用座架的隔梁表面铆接耐磨减摩的聚甲醛板，以减小摩擦系数，从而减小摩擦力，耐磨减摩的聚甲醛板与钢轨的摩擦系数为 0.25。为便于卸轨，500 m 长钢轨运输专用座架的隔梁上安装滚轮，滚轮的摩擦系数为 0.17。

四、横向力计算模型

由于受地理环境制约，我国铁路轨道线路复杂，小曲线半径多。长钢轨运输中，当通过轨道小曲线半径时，长钢轨在座架约束下产生横向弯曲变形，从而对座架产生横向作用力。该横向力对于座架的强度校核、车辆动力学计算至关重要。刘进媛在《200 米长钢轨在运输中侧向力的计算》中探讨了 200 m 长钢轨运输时的横向力计算问题，文中采用铁路线路缓和曲线近似钢轨弯曲的挠曲线方程的方法，用以计算钢轨的横向力，该文献不足之处在于：①铁路线路缓和曲线与钢轨挠曲线的形成明显不同，两种曲线误差大；②忽略了钢轨的装载加固方式对钢轨横向力的影响。为了较为准确地计算钢轨横向力，根据长钢轨普通平车运输方案装载加固方式，基于小挠度理论建立力学模型，提出了一种钢轨横向力计算方法。

（一）横向力学模型

长钢轨的横向受力情况与长钢轨装载加固方式及弯曲变形有关。长钢轨普通平车运输方案采用钢轨分层装载、各层整体加固的方式。长钢轨的这种装载加固方式使得长钢轨在锁定座架加固点处被分为左、右侧两部分，每一部分均相当于在锁定座架处固支、另一端铰支的超静定连续梁。

图 2-14 为车组在直线轨道时长钢轨的力学模型，在这种情况下钢轨在水平平面内没有弯曲变形，不产生横向力。当长钢轨运输车组进入曲线轨道时，钢轨则发生弯曲变形。在刚进入缓和曲线时，由于曲率逐渐增大，因而横向力不是最大；当车组进入圆曲线轨道后，曲率最大，长钢轨的弯曲变形达到最大。本文就是根据车组通过圆曲线时钢轨的弯曲变形来进行静力分析，通过建立三弯矩方程组进行求解。

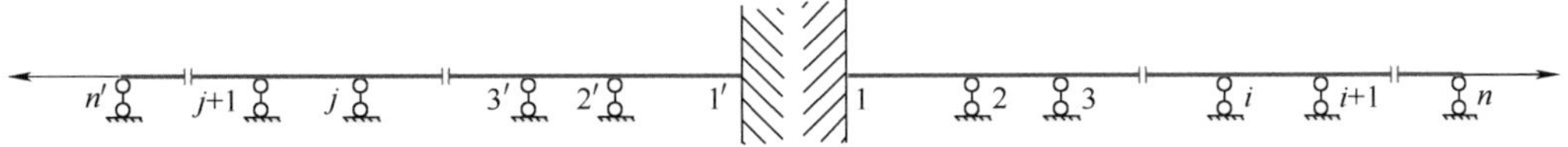

图 2-14　长钢轨横向力学模型

（二）三弯矩方程组

根据材料力学理论，相距无限近的两个铰支座具有固定端的约束性质。因此，对于图 2-14 的连续梁，固定端用一跨度 l_0 为无限小的简支梁代替，于是，图 2-14 的等效力学模型如图 2-15 所示。同时在所有中间支座处将梁切开，并换为铰链连接，即基本系统为一系列简支梁。在每个简支梁上，仅承受两端的支点弯矩作用，如图 2-16 所示。考虑图 2-16 所示支点 i 处的左、右两跨简支梁，在左跨（即第 i 跨）简支梁上，作用有支点弯矩 M_{i-1} 与 M_i；在右跨（即第 $i+1$ 跨）简支梁上，作用有支点弯矩 M_i 与 M_{i+1}。

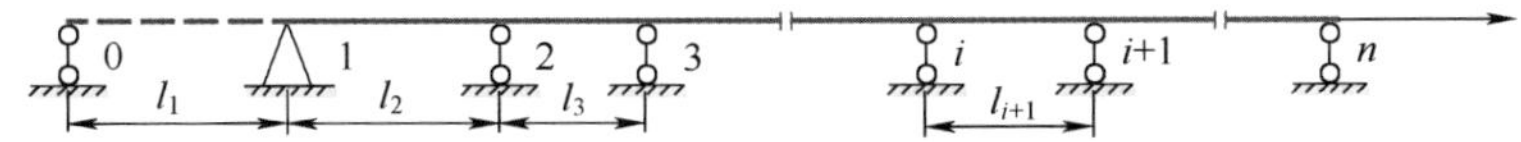

图 2-15　长钢轨等效力学模型

首先分析并确定左跨简支梁上右端截面 i 处的转角 θ'_i。θ'_i 由左、右跨简支梁未连接时支点偏差产生的初始转角 α'_i（见图 2-17），以及左跨梁上的支点弯矩 M_i 与 M_{i-1} 产生的转角 θ'_{iM} 组成。因此，左跨简支梁截面 i 的总转角为：

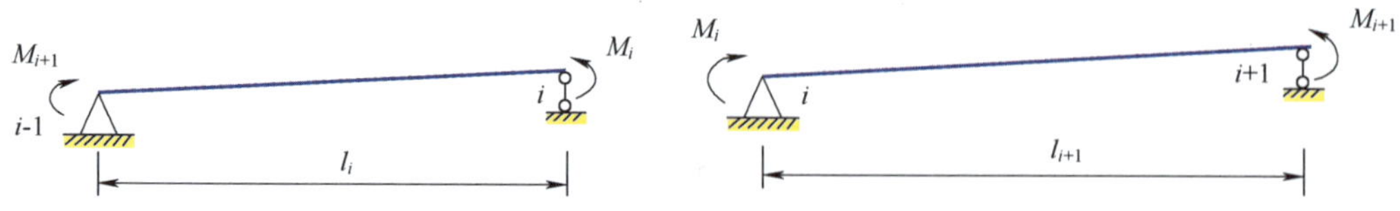

图 2-16　i 支点处的左、右跨简支梁

$$\theta'_i=\alpha'_i+\theta'_{iM} \tag{2-53}$$

式(2-53)中，　$\alpha'_i=\dfrac{\delta_i-\delta_{i-1}}{l_i},\theta'_{iM}=\dfrac{M_{i-1}l_i}{6EI}+\dfrac{M_il_i}{3EI}$

同理，右跨简支梁左端截面 i 的总转角为：

$$\theta''_i=\alpha''_i+\theta''_{iM} \tag{2-54}$$

式(2-54)中，　$\alpha''_i=\dfrac{\delta_{i+1}-\delta_i}{l_{i+1}},\theta''_{iM}=-\dfrac{M_il_{i+1}}{3EI}-\dfrac{M_{i+1}l_{i+1}}{6EI}$

在中间支点 i 处，左、右相连两截面的转角相同(图 2-17)，即

$$\theta'_i=\theta''_i \tag{2-55}$$

将式(2-53)、式(2-54)代入式(2-55)，得三弯矩方程为：

$$M_{i-1}l_i+2M_i(l_i+l_{i+1})+M_{i+1}l_{i+1}=-6EI(\alpha'_i-\alpha''_i)\quad(i=1,2,\cdots,n-1) \tag{2-56}$$

对于支点 0 和支点 n，其弯矩为：

$$M_0=M_n=0 \tag{2-57}$$

图 2-15 所示的连续梁具有 $n-1$ 个中间支点，根据式(2—56)，即可建立具有 $n-1$ 个方程的线性方程组，求解该线性方程组即可求出 $n-1$ 个未知的支点弯矩。

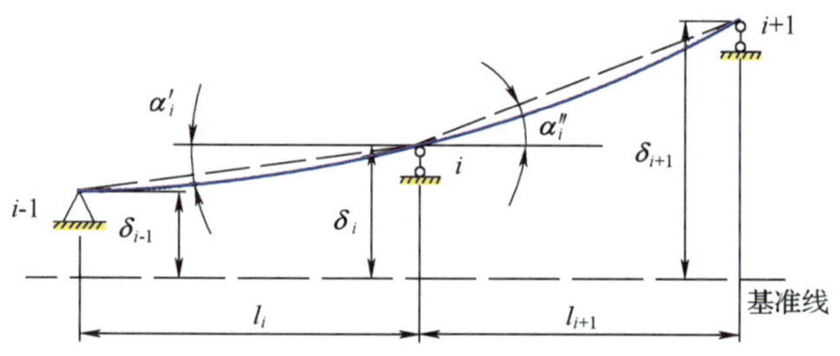

图 2-17　支点偏差引起的初始转角

(三)横向力计算

支点弯矩确定后，可求出各简支梁的支反力，并计算相邻简支梁在共同支座处的支反力的代数和，即得连续梁的支反力。

以图 2-18 为例，计算连续梁在支点 i 处的支反力 F_i。根据力矩平衡，对支点 $i-1$ 处求力矩，有

$$F'_i=(M_{i-1}-M_i)/l_i \tag{2-58}$$

对支点 $i+1$ 处求力矩，有

$$F''_i=(-M_i+M_{i+1})/l_{i+1} \tag{2-59}$$

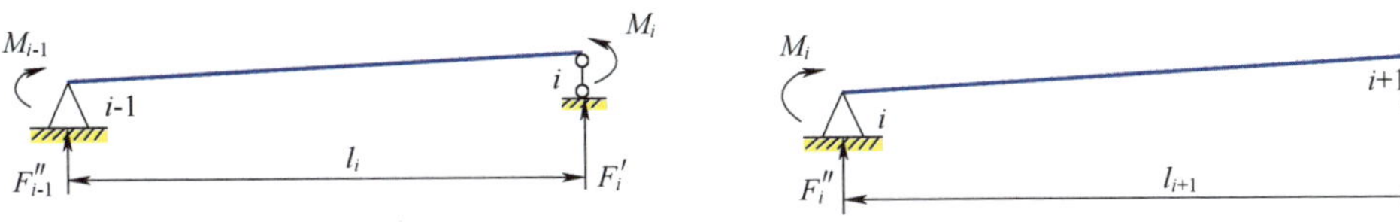

图 2-18　i 支点处的左、右跨简支梁受力分析

连续梁支点 i 处支反力为：

$$F_i = F'_i + F''_i = \frac{M_{i-1}}{l_i} - M_i\left(\frac{1}{l_i} + \frac{1}{l_{i+1}}\right) + \frac{M_{i+1}}{l_{i+1}} \quad (i=1,2,\cdots,n-1) \tag{2-60}$$

对于支点 1 和支点 n，其支反力分别为：

$$F_n = M_{n-1}/l_n \tag{2-61}$$

$$F_1 = -\sum_{j=2}^{n} F_j \tag{2-62}$$

（四）计算工况

分 2 种工况计算钢轨横向力：车组锁定座架位于圆曲线开始点（即 O 点）和车组锁定座架位于 S 曲线 O 点，如图 2-19 所示。根据轨道小曲线半径的几何关系，确定支点处钢轨的挠度 δ_i 及 δ_j，$i=1,2,\cdots,n$，$j=1',2',\cdots,n'$。

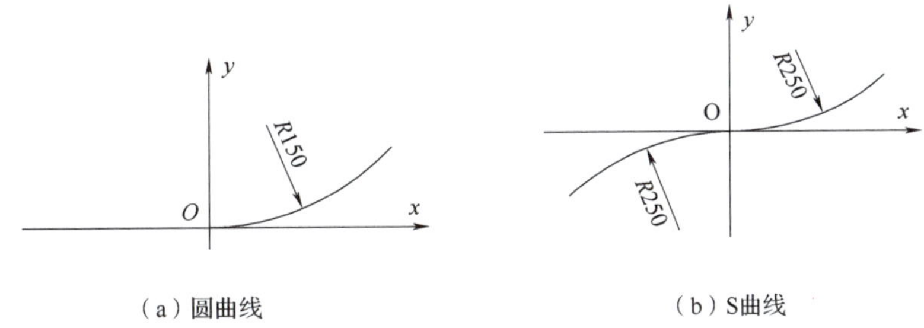

图 2-19　轨道小半径曲线

对于图 2-19(a)曲线的左侧部分，支点 j 的钢轨挠度为：

$$\delta_j = 0 \tag{2—63}$$

对于图 2-19(a)曲线的右侧部分，支点 i 的钢轨挠度为：

$$\delta_i = R_1[1-\cos(\textstyle\sum_{k=1}^{k=i} l_k/R_1)] \tag{2—64}$$

对于图 2-19(b)S 曲线的左侧部分，支点 j 的钢轨挠度为：

$$\delta_j = -R_2[1-\cos(\textstyle\sum_{k=1}^{k=j} l_k/R_2)] \tag{2—65}$$

对于图 2-19(b)S 曲线的右侧部分，支点 i 的钢轨挠度为：

$$\delta_i = R_2[1-\cos(\textstyle\sum_{k=1}^{k=i} l_k/R_2)] \tag{2—66}$$

五、加固方案设计实例

本章第二节确定了 100 m 长钢轨采用 5 辆换长 1.3、2 辆换长 1.5 普通平车混编矩形装载方案，为了保证钢轨装载稳定性，须设计加固方案。

(一)加固点的选择

加固点设在车组中部第 3、4 车，锁定座架 1、2、3、4 分别锁定第 1、2、3、4 层钢轨，如图 2-20 所示。当加固点在锁定座架 1 时，车组通过 $R150$ m 曲线半径，钢轨端部的最大伸缩量为 0.46 m，这时钢轨距车端的最小距离为 0.28 m，满足安全要求。

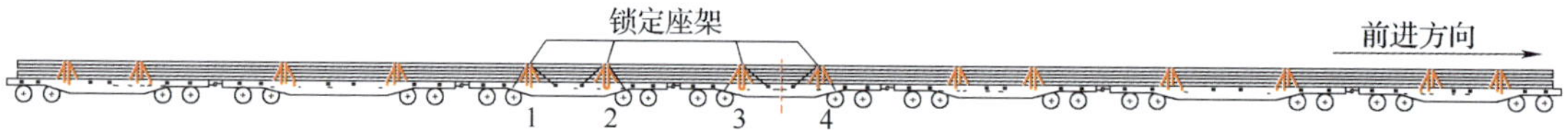

图 2-20　100 m 长钢轨换长 1.5、1.3 普通平车混编矩形装载加固方案示意图

(二)横向力计算

计算基本参数为：钢轨弹性模量 $E=2.06\times10^{11}$ Pa，钢轨垂向惯性矩 $I=5.247\times10^{-6}$ m^4，钢轨装载数 56 根，圆曲线轨道半径 $R_1=150$ m，S 曲线轨道半径 $R_2=250$ m，$l_1=10^{-5}$ m。

图 2-21 为横向力计算结果，图中座架编号 1′(1)表示锁定座架，横向力负值表示力的方向与坐标轴负向相同。从图 2-21 可知，当车组锁定座架位于圆曲线开始点(即 O 点)和车组锁定座架位于 S 曲线 O 点时，各层钢轨产生的横向力值接近，且车组端部的 3 个座架的横向力值大，其中车组端部第 2 座架力值最大，第 1 座架次之，第 3 座架最小。车组在圆曲线轨道时，第 4 层钢轨产生的横向力最大值最大，为－27.53 kN；车组在 S 曲线轨道时，第 1 层钢轨产生的横向力最大值最大，为－11.10 kN。

表 2-5 为钢轨弯曲对锁定座架的锁定隔梁施加的弯矩值，弯矩方向为顺时针方向。由表 2-5 可知，当车组在圆曲线轨道时，锁定座架紧固装置处的右侧钢轨在锁定座架处产生弯矩，弯矩最大值为 100.91 kN·m；当长钢轨车组通过 S 曲线轨道时，锁定座架左、右侧钢轨产生的弯矩在锁定座架处叠加，弯矩最大值为 121.20 kN·m。

表 2-5　锁定座架的锁定隔梁弯矩值

	弯矩(kN·m)			
	第 1 层	第 2 层	第 3 层	第 4 层
圆曲线	100.88	100.91	100.90	100.87
S 曲线	120.64	121.20	121.05	121.05

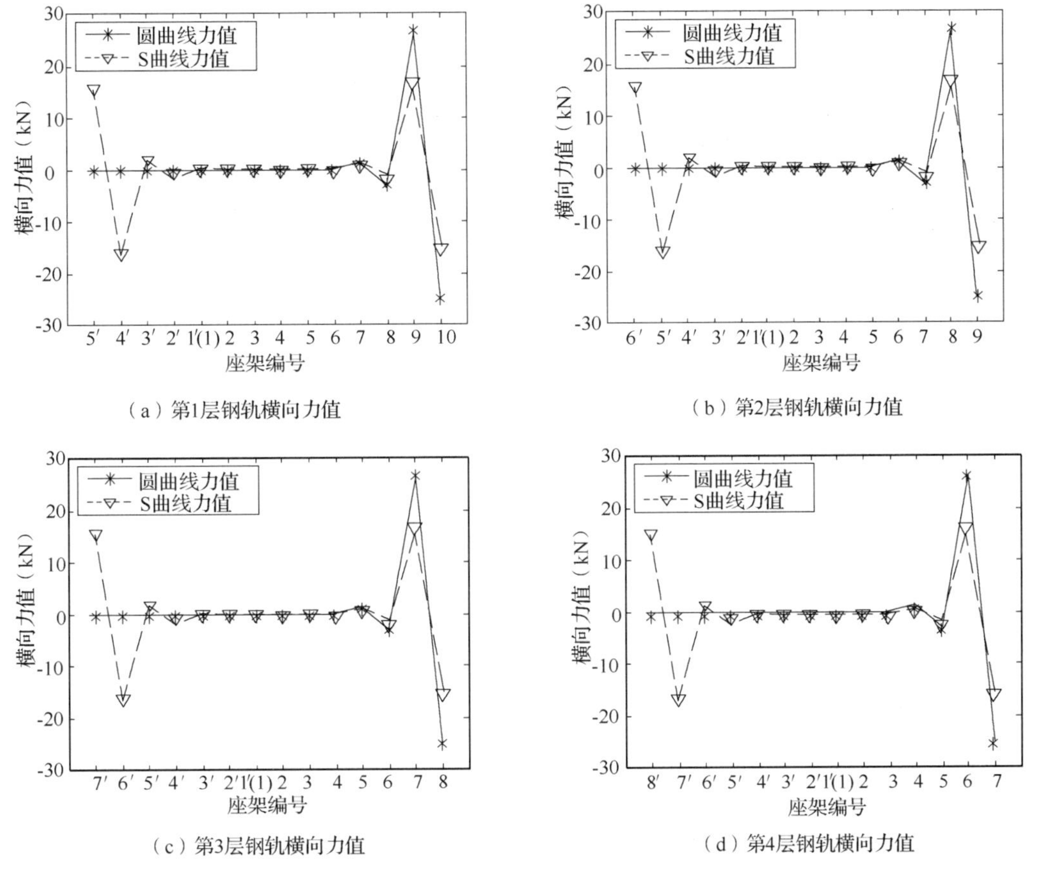

（a）第1层钢轨横向力值

（b）第2层钢轨横向力值

（c）第3层钢轨横向力值

（d）第4层钢轨横向力值

图 2-21　100 m 长钢轨换长 1.5、1.3 混编矩形方案横向力计算结果

（三）钢轨纵向稳定性

在钢轨的纵向惯性力以及车辆过坡道时钢轨的坡道力作用下，钢轨可能纵向移动，为了保证钢轨在座架上的相对位置，须计算钢轨的纵向稳定性。

钢轨分层紧固，每层一个紧固点，依靠紧固装置的螺栓预紧力锁固钢轨。紧固装置的螺栓材质选用 45 号钢，$\sigma_s=340$ MPa，则紧固螺栓的许用应力为：

$$[\sigma]=\sigma_s/1.2=283(\text{MPa})$$

螺栓直径 $d=24$ mm，根据《机械设计手册》，螺栓螺纹应力截面积 $s=353$ mm^2。考虑螺栓预紧系数 $k=1.2$，则单根螺栓的许用预紧力为：

$$[N_0]=[\sigma]s/k=283\times353/1.2=83\ 249(\text{N})$$

当预紧力矩为 320 N·m、拧紧力矩系数 $K=0.28$ 时，单根螺栓的预紧力为：

$$N'_0=\frac{T}{Kd}=\frac{320}{0.28\times0.024}=47\ 619(\text{N})$$

由于 $N'_0<[N_0]$，则螺栓预紧力矩满足螺栓强度的使用要求。

紧固装置采用 6 根螺栓紧固，则螺栓总预紧力为：

$$N=6N'_0=6\times 47\ 619=285\ 714(\mathrm{N})$$

紧固装置与钢轨的摩擦系数 $\mu_1=0.3$，每层钢轨的纵向加固力为：

$$F_{加固}=2N\mu_1=2\times 285\ 714\times 0.3=171\ 428(\mathrm{N})$$

钢轨的纵向加速度取 0.07 g，则每层钢轨产生的纵向惯性力为：

$$F_{纵}=100\times 60\times 14\times 0.07\times 9.8=57\ 625(\mathrm{N})$$

钢轨与耐磨减摩的聚甲醛板的摩擦系数为 0.25，考虑动载系数 1.4，则每层钢轨产生的最小摩擦力为：

$$f_{\min}=100\times 60\times 14\times 9.8\times 0.25/1.4=147\ 000(\mathrm{N})$$

考虑线路坡度为 $\delta=0.03$，每层钢轨的坡道力为：

$$F_{坡}=\delta nmg=0.03\times 14\times 60\times 100\times 9.8=24\ 696(\mathrm{N})$$

由于

$$F_{加固}+f_{\min}=318\ 428>F_{纵}+F_{坡}=82\ 321(\mathrm{N})$$

由此判断，每层一个锁定点时，紧固装置对每层钢轨的纵向加固强度满足纵向稳定性要求。

（四）座架稳定性

座架稳定性计算是为了保证座架在使用过程中稳定可靠，根据座架的类型分别计算。锁定座架须计算扭转稳定性、纵向移动稳定性和倾覆稳定性；普通座架须计算其倾覆稳定性及纵向移动稳定性。

1. 锁定座架扭转稳定性

当车辆进入曲线行驶时，锁定座架随车辆的方向偏转、相对钢轨转动，座架在钢轨摩擦力矩、钢轨的转动力矩作用下可能发生偏转。为了保证座架在车辆上的相对位置，须计算锁定座架的扭转稳定性。

当第 1 车高 15 mm，向前纵向偏移 200 mm，锁定座架最小垂向力值 $F_{垂\min}=144.35$ kN。设车体宽度为 w，则锁定座架与车地板的稳定摩擦力矩为：

$$M_{摩}=\frac{w}{2}F_{垂\min}\mu/1.4=1.5\times 144.35\times 1\ 000\times 0.4/1.4=61\ 864(\mathrm{N\cdot m})$$

根据横向力计算结果，车辆通过半径为 250 m 的 S 曲线时，钢轨产生的转动力矩为：

$$M_{扭}=121\ 200(\mathrm{N\cdot m})$$

钢轨与聚甲醛板的摩擦系数为 0.25，85、235、…、985 分别为钢轨到座架中部支座的距离，则钢轨的摩擦力矩为：

$$M'_{扭}=F_{垂\min}/1.4/56\times 0.25\times(85+235+385+535+685+835+985)\times 2\times 4$$

$=13\ 791(\mathrm{N\cdot m})$

由于 $M_{扭}+M'_{扭}>M_{摩}$，因此需要对锁定座架进行加固，且需要加固的单根纵向力不小于(121 200＋13 791－61 864)/3＝24.4(kN)。

在每个锁定座架两侧，用 ϕ12.5 mm 钢丝绳 2 股各拉牵一个八字形，则

$$F_{纵}=2\times 40.52\times\frac{1\ 096}{\sqrt{1\ 096^2+1\ 356^2}}=50.90>24.4(\mathrm{kN})$$

因此，加固强度满足要求。

2. 锁定座架倾覆稳定性

锁定座架不仅要承受自身的纵向力，还要承受整列车的锁定纵向力。锁定座架在这两种力的作用下可能前后移动或倾覆，须计算锁定座架的移动和倾覆稳定性。

钢轨与隔梁表面聚甲醛板的摩擦系数为 0.25，锁定座架最小垂向载荷为 144.35 kN，则第一、二、三、四层钢轨的摩擦力均为 9.02 kN。

锁定座架稳定力矩为：

$$144.35\times 670=96\ 715(\mathrm{N\cdot m})$$

锁定座架倾覆力矩为：

$$9.02\times(102+422+738+1\ 058)=20\ 926(\mathrm{N\cdot m})$$

锁定座架抗倾覆稳定系数为：

$$96\ 715/20\ 926=4.6$$

锁定座架的抗倾覆稳定系数为 4.6，大于《铁路货物装载加固规则》规定的 1.25，满足要求。

3. 锁定座架纵向移动稳定性

锁定座架与钢轨的摩擦力为：

$$f_{轨1}=F_{锁垂\min}\times\mu_1/1.4=144.35\times 0.25/1.4=25.78(\mathrm{kN})$$

锁定座架与车地板的摩擦力为：

$$f_{地1}=F_{锁垂\min}\times\mu_2/1.4=144.35\times 0.4/1.4=41.24(\mathrm{kN})$$

锁定座架纵向移动稳定系数为：

$$\eta=\frac{f_{地1}}{f_{轨1}}=\frac{41.24}{25.78}=1.6$$

锁定座架的纵向移动稳定系数为 1.6，大于《铁路货物装载加固规则》规定的 1.25，满足要求。

4. 普通座架倾覆稳定性

普通座架的倾覆稳定性与座架的承载状况有关，其最不利工况为座架承受

最小垂向载荷时，车钩发生收缩或伸长，钢轨与隔梁表面摩擦产生纵向推拉力。普通座架在这种力作用下可能倾覆，须计算其倾覆稳定性。

根据垂向力值计算结果，座架最小垂向力值为 131.22 kN，则第一、二、三、四层钢轨的摩擦力均为 8.2 kN。

普通座架的稳定力矩为：

$$131.22\times1\ 340/2=87\ 917(\text{N})$$

图 2-22 为普通座架纵向力简图，则倾覆力矩为：

$$8.2\times(102+422+738+1\ 058)=19\ 024(\text{N})$$

普通座架的倾覆稳定系数为：

$$87\ 917/19\ 024=4.6$$

普通座架的抗倾覆稳定系数为 4.6，大于《铁路货物装载加固规则》规定的 1.25，满足要求。

座架的抗纵向移动稳定系数为 1.6，大于《铁路货物装载加固规则》规定的 1.25，满足要求。

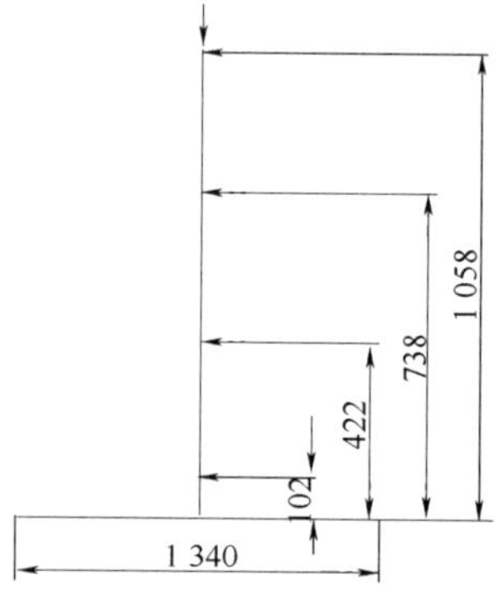

图 2-22 普通座架纵向力简图（单位：mm）

5. 普通座架纵向移动稳定性

普通座架与钢轨的摩擦力为：

$$131.22\times0.25=32.81(\text{kN})$$

普通座架与车地板的摩擦力为：

$$131.22\times0.4=52.5(\text{kN})$$

普通座架纵向移动稳定系数为：

$$\frac{52.5}{32.81}=1.6$$

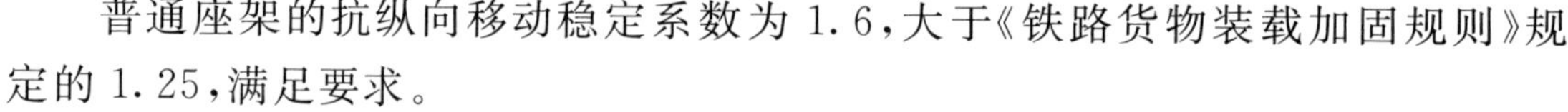
普通座架的抗纵向移动稳定系数为 1.6，大于《铁路货物装载加固规则》规定的 1.25，满足要求。

（五）座架强度计算

1. 隔梁强度计算

(1)普通座架隔梁强度计算

隔梁采用 Q235 槽钢和钢板焊接而成，其材料的许用应力$[\sigma]=160$ MPa，结构尺寸如图 2-23 所示，隔梁截面的惯性矩为 $I_x=3\ 892\ 255\ \text{mm}^4$，$I_y=30\ 022\ 081\ \text{mm}^4$，隔梁截面的质心坐标为 $x_{\max}=110.0$ mm，$y_{\max}=40.6$ mm。

14 根钢轨的自重载荷分布在隔梁上，如图 2-24 所示，由垂向力值可知，在最不利工况下，座架承重 $Q_{\max}=32.36$ t，钢轨对隔梁的垂向载荷线密度为：

$$q_1=\frac{Q_{\max}\times9.8\times14\times1\ 000}{56\times2\ 200}=36.04(\text{N/mm})$$

$$\begin{cases}N_1+N_2+N_3=2q_1 l \\ \dfrac{q_1 l^3(L_1-l)}{6EI}+\dfrac{q_1 l^4}{8EI}=\dfrac{N_1 L_1^3}{3EI} \\ \dfrac{q_1 l^3(L_2-l)}{6EI}+\dfrac{q_1 l^4}{8EI}=\dfrac{N_3 L_2^3}{3EI}\end{cases} \tag{2-67}$$

式中　N_1, N_2, N_3——隔梁支点支反力，N；

L_1——中部支座距方侧柱方向隔梁端部距离，mm；

L_2——中部支座距圆侧柱方向隔梁端部距离，mm；

l——隔梁一侧受钢轨压力的长度，mm。

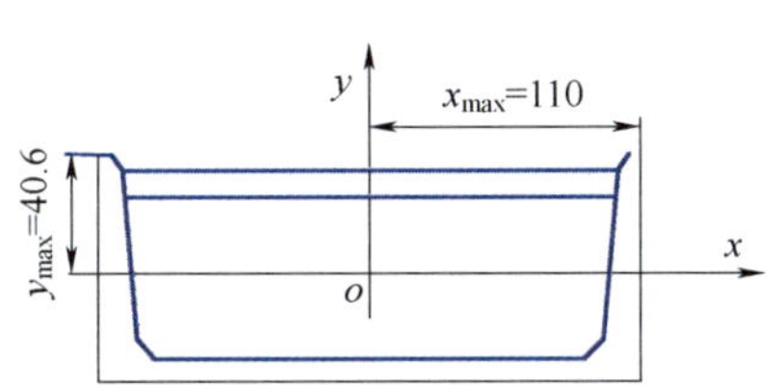

图 2-23　隔梁截面简图(单位：mm)

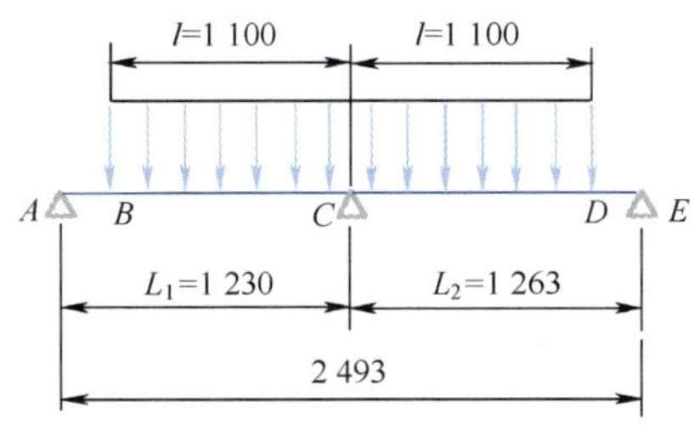

图 2-24　隔梁受力简图(单位：mm)

根据式(2—67)，求得：$N_1=12\ 305$ N，$N_2=55\ 212$ N，$N_3=11\ 758$ N。

弯矩计算

$$\begin{cases}AB: M_x=N_1 x \\ BC: M_x=N_1 x-q(x-L_1+l)^2/2 \\ CD: M_x=N_1 x+N_2(x-L_1)-q(x-L_1+l)^2/2 \\ DE: M_x=N_1 x+N_2(x-L_1)-ql(x-L_1)\end{cases} \tag{2-68}$$

由式(2—68)计算可知，隔梁中部弯矩最大，考虑动载系数 1.4，则

$$M_{\max}=|M_x|\times1.4=6\ 672\ 700\times1.4=9\ 341\ 800(\text{N}\cdot\text{mm})$$

根据 $M_{\max}$，计算隔梁最大弯曲应力

$$\sigma_{\max}=\frac{M_{\max}y_{\max}}{I_x}=\frac{9\ 341\ 800\times36.04}{3\ 892\ 255}=86.5(\text{MPa})<[\sigma]$$

因此，普通座架隔梁强度满足设计要求。

(2)锁定座架隔梁强度计算

锁定座架隔梁的结构尺寸与普通座架相同，14 根钢轨的自重载荷分布在隔梁。最不利工况下，座架承重 $Q_{\max}=32.36$ t，钢轨对隔梁的垂向载荷线密度为 $q_1=36.04$ N/mm。

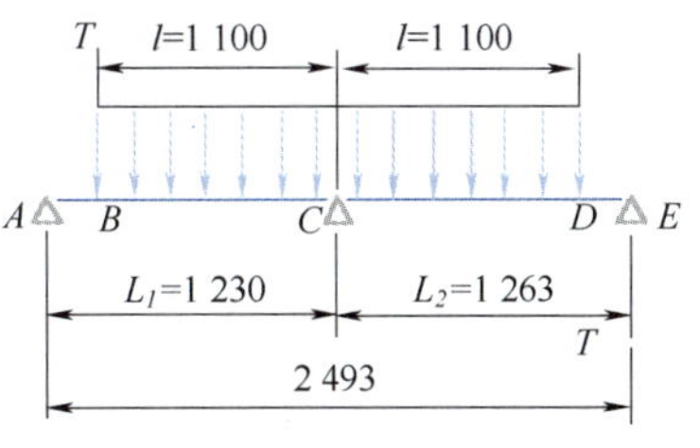

图 2-25　锁定隔梁的水平扭力简图(单位：mm)

由横向力计算可知，车组通过 $R250$ 的小曲

线半径时，产生的扭力最大值为 $T_{max}=55\ 100$ N，锁定隔梁的水平扭力简图见图 2-25。

扭转弯矩计算

$$\begin{cases} AB:M_{扭转x}=\dfrac{2lT\cdot x}{L_1+L_2} \\ BD:M_{扭转x}=T(L_1-l)-\dfrac{T\cdot x(L_1-L_2)}{L_1+L_2} \\ DE:M_{扭转x}=-2Tl+\dfrac{2lT\cdot x}{L_1+L_2} \end{cases} \tag{2-69}$$

考虑动载荷系数 1.4，最大弯曲应力为：

$$\sigma_{max}=\max\left[\sqrt{\left(\frac{M_{垂}\ y_{max}}{I_x}\right)^2+\left(\frac{M_{扭转}\ x_{max}}{I_y}\right)^2}\right]$$

式(2-67)、式(2-68)联立，求得 $\sigma_{max}=96.5$ MPa，满足设计要求。

2. 底架强度计算

(1)圆侧柱强度计算

圆侧柱采用无缝钢管制造，其外径 $D=194$ mm，内径 $d=174$ mm，壁厚 $\delta=10$ mm，则抗弯截面系数为：

$$W=\frac{\pi}{32D}(D^4-d^4)=\frac{3.14}{32\times194}\times(194^4-174^4)=252\ 943(\text{mm}^3)$$

圆侧柱的材质为 20 号钢，许用应力为$[\sigma]=188$ MPa。

计算工况：在 $R150$ m 曲线半径上，座架受最大钢轨横向力为 $F_{横max}=110.12$ kN，座架最小垂向载荷取 $F_{垂min}=131.22$ kN，座架隔梁下表面与支座间摩擦系数取 $\mu_1=0.3$，动载系数取 1.4。

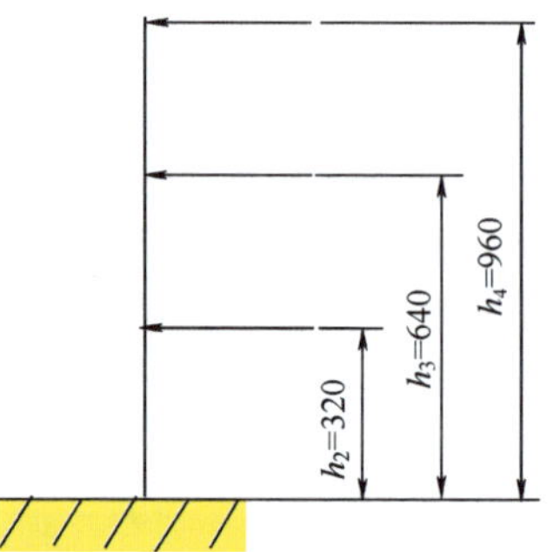

图 2-26　圆侧柱受力简图

(单位：mm)

圆侧柱、方侧柱与中部支座共同承受钢轨重量，计算圆侧柱的横向力时扣除隔梁与中部、方侧柱支点的摩擦力。根据圆侧柱受力简图，如图 2-26 所示，第二、三、四层圆侧柱处所受横向力均为：

$$F_{侧横}=\left(F_{横max}-\frac{N_1+N_2}{N_1+N_2+N_3}F_{垂min}\mu_1\right)/4$$

$$=(110\ 120-0.851\ 6\times131\ 220\times0.3)/4=19\ 149(\text{N})$$

圆侧柱根部的最大弯矩为：

$$M=F_{侧横}\times(320+640+960)=36\ 766\ 080(\text{N}\cdot\text{mm})$$

圆侧柱最大弯曲应力为：

$$\sigma=\frac{M}{W}=\frac{36\ 766\ 080}{252\ 943}=145.4(\text{MPa})$$

计算得出，圆侧柱根部受到的3层钢轨的最大压力为49 817.8 N，则圆侧柱由于钢轨重力产生的侧柱压应力：

$$\sigma_1=\frac{N}{s}=\frac{49\ 817.8\times4}{3.14\times(194^2-174^2)}=8.6(\text{MPa})$$

圆侧柱最大合成压应力：

$$\sigma_{合}=\sqrt{\sigma^2+\sigma_1^2}=\sqrt{145.4^2+8.6^2}=145.7(\text{MPa})<[\sigma]$$

因此，圆侧柱强度满足设计要求。

(2)端挡剪切强度计算

端挡采用Q235钢板，厚度20 mm，长度l=80 mm，则剪切面积为：

$$s=\delta\cdot l=20\times80=1\ 600(\text{mm}^2)$$

许用剪应力为：

$$[\tau]=0.7[\sigma]=0.7\times160=112(\text{MPa})$$

计算工况：端部座架受最大钢轨弯曲变形横向力$F_{横\max}$=110.12 kN，最小垂向载荷$F_{垂\min}$=131.22 kN，钢轨横向惯性力52.86 kN。动载系数1.4，座架与车地板摩擦系数为μ_2=0.4。

端部座架端挡剪切力为：

$$T=110.12+52.86-131.22\times0.4/1.4=125.5(\text{kN})$$

端挡剪应力为：

$$\tau=\frac{T}{s}=\frac{125\ 500}{1\ 600}=78.44(\text{MPa})<[\tau]。$$

因此，端挡剪切强度满足设计要求。

(3)支座抗压强度计算

支座的承压面积为：

$$s=bh=20\times220=4\ 400(\text{mm}^2)$$

计算工况：座架承受最大载荷，动载系数1.4，计算中部支座的抗压强度。

中部支座承受3层钢轨的压力为：

$$N=62\ 346\times3\times1.4=261\ 853(\text{N})$$

支座压应力为：

$$\sigma=\frac{N}{s}=\frac{261\ 853}{4\ 400}=59.5(\text{MPa})<[\sigma]$$

因此，支座抗压强度满足设计要求。

3. 座架整体有限元分析

座架整体有限元计算采用大型通用有限元分析软件 MSC. Patran/Nastran，在不影响座架受力的情况下，为便于计算，略去滑动座板和隔梁栓等零部件，建立座架整体模型，如图 2-27 所示，均采用梁单元，共划分为 22 120 个梁单元，在底梁两端固支，座架底部其余部分限制垂向位移。

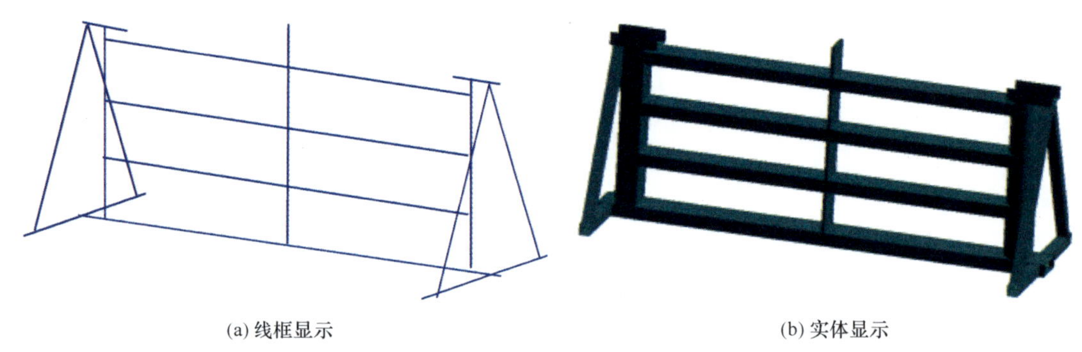

(a) 线框显示　　(b) 实体显示

图 2-27　座架整体模型

(1)受力情况分析

根据实际受力情况，考虑如下四种受力工况。

工况 1：列车在直线上匀速运行时，座架各隔梁承受垂向载荷，如前计算，各支点所受的最大垂向力为 32.36×1 000×9.8=317 128(N)，分布在底梁、隔梁 1、隔梁 2、隔梁 3 上均为 79 282 N。

工况 2：列车经过曲线时，在锁定座架锁定隔梁处承受扭转力偶，在底梁、隔梁 1、隔梁 2、隔梁 3 上的力值大小均为 55 091 N，分别作用在各锁定隔梁与两端夹板的连接处，大小相等，方向相反。

工况 3：列车在加速和制动时，钢轨因有纵向窜动的趋势而对隔梁产生的纵向摩擦力，钢轨与滑动座板的摩擦系数为 0.25，结合工况一，底梁、隔梁 1、隔梁 2、隔梁 3 所受的最大摩擦力均为 19 821 N。

工况 4：列车经过曲线时，在普通座架每层隔梁上的钢轨挡板处承受横向力，经力学计算，在底梁、一层隔梁、二层隔梁、三层隔梁上的最大横向力均为27 530 N。

(2)座架有限元分析

根据受力情况分析，按不同座架确定 5 种最大受力情况，如表 2-6 所示，计算时，考虑垂向动载系数 1.4。

表 2-6 各种座架的最大受力情况表

	普通座架	锁定座架 1	锁定座架 2	锁定座架 3	锁定座架 4
工况 1	+	+	+	+	+
工况 2	—	+	+	+	+
工况 3	+	+	+	+	+
工况 4	+	+	+	+	+

注:"+"表示承受此工况;"—"表示不承受此工况。

普通座架的最大受力情况是同时承受最大垂向力、摩擦力和横向力,其应力和位移云图如图 2-28 和图 2-29 所示,从图中可以看出,在隔梁中部承受最大压应力,大小为 139.1 MPa,隔梁最大变形为 1.62 mm。

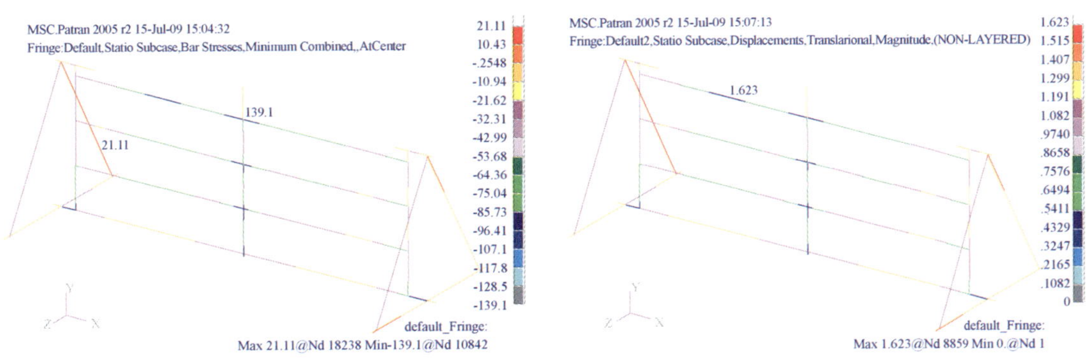

图 2-28 普通座架组合应力云图　　图 2-29 普通座架组合位移云图

锁定座架 1 是在底梁上安装锁紧装置,其最大受力情况是同时承受最大垂向力、摩擦力和列车经过曲线时锁紧装置对隔梁的扭转力偶,其应力和位移云图如图 2-30 和图 2-31 所示,从图中可以看出,在隔梁中部承受最大压应力,大小为 139 MPa,隔梁最大变形为 1.62 mm。

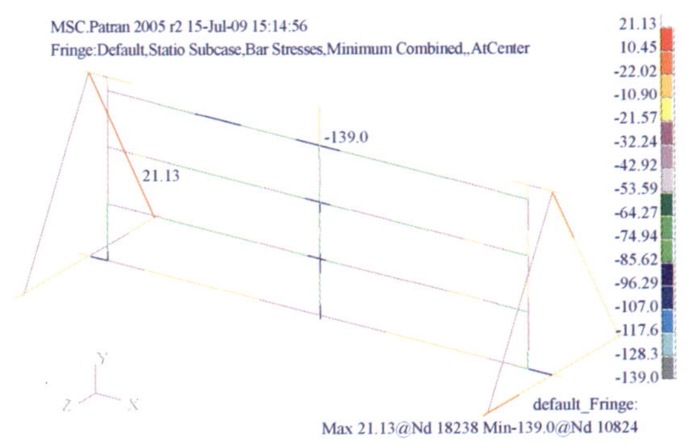

图 2-30 锁定座架 1 组合应力云图

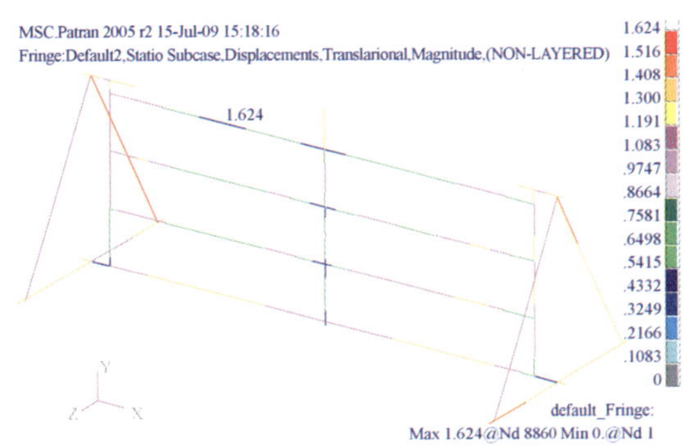

图 2-31 锁定座架 1 组合位移云图

锁定座架 2 是在隔梁 1 上安装锁紧装置，其最大受力情况是同时承受最大垂向力、摩擦力和列车经过曲线时锁紧装置对隔梁 1 的扭转力偶，其应力和位移云图如图 2-32 和图 2-33 所示，从图中可以看出，在隔梁中部承受最大压应力，大小为 139.3 MPa，隔梁最大变形为 1.6 mm。

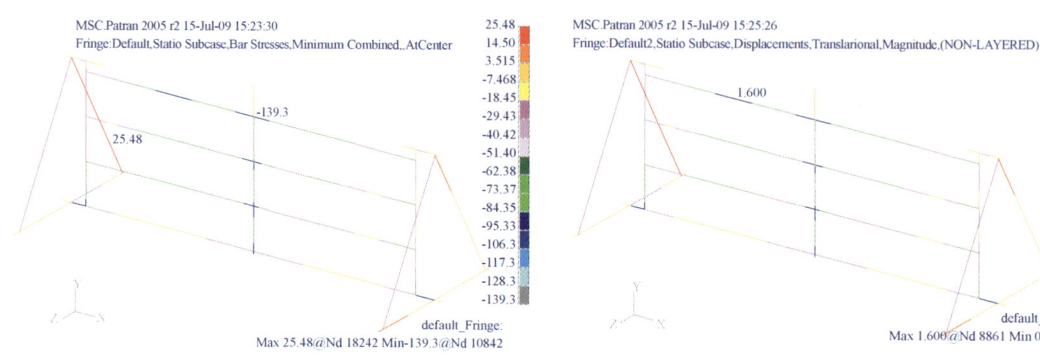

图 2-32　锁定座架 2 组合应力云图　　　　图 2-33　锁定座架 2 组合位移云图

锁定座架 3 是在隔梁 2 上安装锁紧装置，其最大受力情况是同时承受最大垂向力、摩擦力和列车经过曲线时锁紧装置对隔梁 2 的扭转力偶，其应力和位移云图如图 2-34 和图 2-35 所示，从图中可以看出，在隔梁中部承受最大压应力，大小为 139.8 MPa，隔梁最大变形为 1.57 mm。

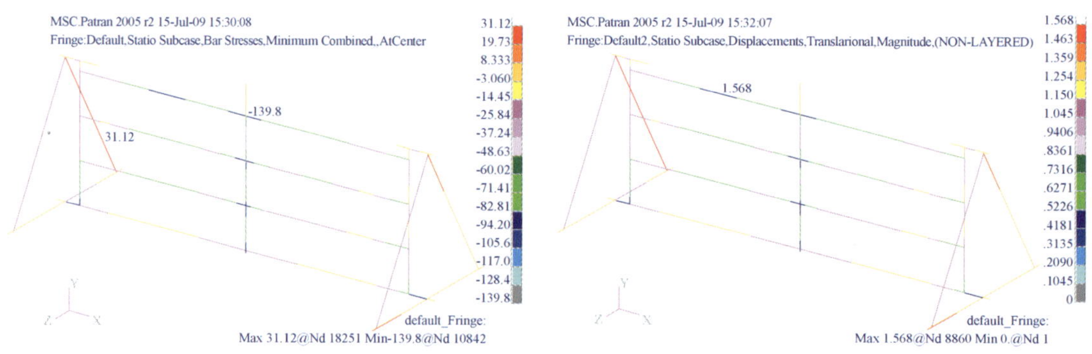

图 2-34　锁定座架 3 组合应力云图　　　　图 2-35　锁定座架 3 组合位移云图

锁定座架 4 是在隔梁 3 上安装锁紧装置，其最大受力情况是同时承受最大垂向力、摩擦力和列车经过曲线时锁紧装置对隔梁 3 的扭转力偶，其应力和位移云图如图 2-36 和图 2-37 所示，从图中可以看出，在隔梁中部承受最大压应力，大小为 138.9 MPa，在隔梁 3 左侧位移最大，为 2.45 mm。

综合以上各种情况，在隔梁 3 中部的压应力最大，大小为 139.8 MPa，小于材料的许用应力 160 MPa。

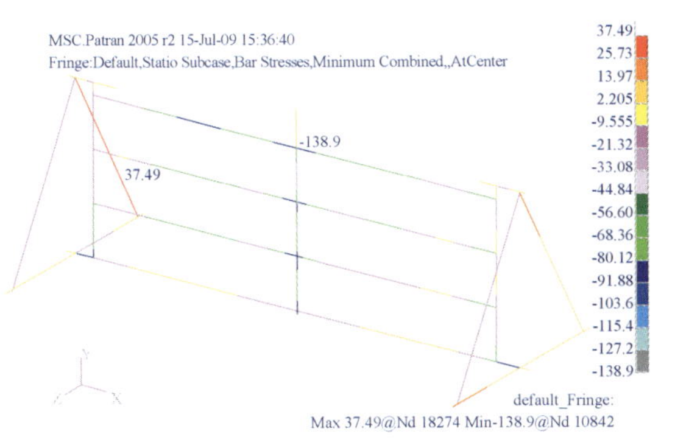

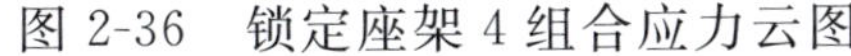
图 2-36　锁定座架 4 组合应力云图

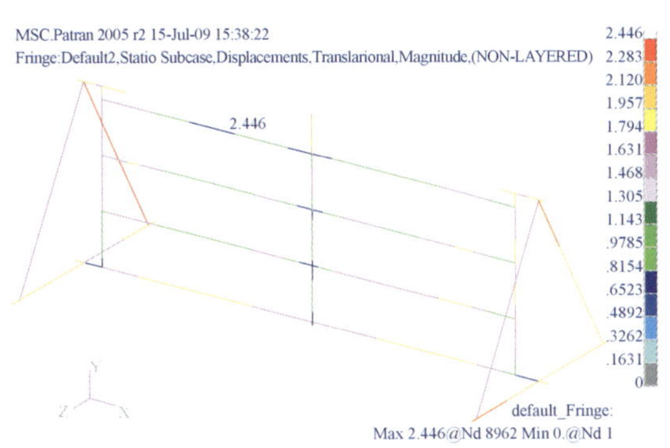

图 2-37　锁定座架 4 组合位移云图

第四节　装载加固装置设计

装载加固装置设计属于机械产品设计的范畴。在产品设计阶段要全面确定整个产品的结构、规格和生产系统的布局。如果设计产品缺乏生产工艺性，那么在制造产品时必须调整工艺装备、物料和劳动力，造成极大浪费。相反，优良的产品设计，不仅功能优越，便于制造，生产成本低，而且能够提高产品的综合竞争力。在市场竞争中，众多优势企业十分注意产品设计细节，其产品造价低，功能独特。许多工业发达国家的公司都把设计视为战略手段，设计出的优良产品是赢得顾客的关键。

产品设计的结果是以最佳的结构形式来完成产品功能，按其结构进行加工、装配，制造成最佳产品。所以，机械结构设计应满足产品要求，即功能性、可靠性、工艺性、经济性和外观造型等。此外，在零件结构设计时还应考虑其受力情况，即如何提高它的强度、刚度、精度和寿命。因此，机械结构设计是一项综合性的技术工作。装载加固装置设计过程中应考虑如下的结构设计准则。

一、实现预期功能的设计准则

产品设计的主要目的是为了实现预定的功能要求，因此实现预期功能的设计准则是结构设计首先考虑的问题。要满足功能要求，必须做到以下几点。

1. 明确功能

装载加固装置设计是根据其在整个装载加固方案中的功能和此装置与钢轨、车体相互的连接关系，确定参数尺寸和结构形状。零部件主要的功能有承受载荷、传递运动和动力，以及保证或保持有关零件或部件之间的相对位置或运动轨迹等。设计的结构应能满足从方案整体考虑对它的功能要求。例如，100 m 钢轨运输装载加固装置的功能是能够保证钢轨能够合理装载，锁紧牢固，保证装载安全和运输安全，因此设计成如图 2-38 所示的转梁式结构，可以实现对钢轨的分层装载和横向锁紧。

2. 功能合理的分配

装载加固装置设计时，有必要将任务进行合理的分配，即将一个功能分解为多个分功能。每个分功能都要有确定的结构承担，各部分结构之间应具有合理、协调的联系，以达到总功能的实现。多结构零件承担同一功能可以减轻零件负担，延长使用寿命。例如，100 m 钢轨运输装载加固装置的功能可分为装载功能和加固功能，所以装载加固装置相应的也分为座架和紧固装置两大结构，座架实现钢轨装载的功能，紧固装置实现对钢轨加固的功能。

3. 功能集中

为了简化装载加固装置的结构，降低加工成本，便于安装，在某些情况下，可由一个零件或部件承担多个功能。功能集中会使零件的形状更加复杂，但要有度，否则反而影响加工工艺、增加加工成本，设计时应根据具体情况而定。例如，座架的斜撑既可以增加座架的稳定性，又可以限制隔梁的转动范围。

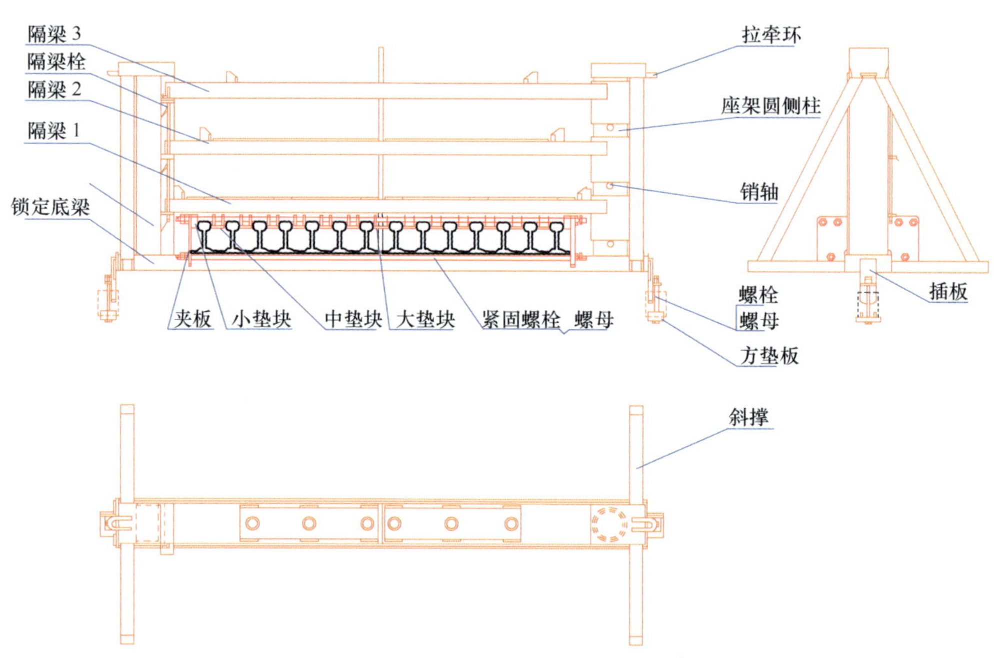

图 2-38　100 m 长钢轨运输梯形转梁式装载加固装置结构图

二、满足强度要求的设计准则

1. 等强度准则

零件截面尺寸的变化应与其内应力变化相适应，使各截面的强度相等。按等强度原理设计的结构，材料可以得到充分的利用，从而减轻了重量、降低成本。如鱼腹梁、阶梯轴的设计等。

2. 合理力流结构

为了直观地表示力在机械构件中怎样传递的状态，将力看作犹如水在构件中流动，这些力线汇成力流。表示这个力的流动在结构设计考察中起着重要的作用。力流在构件中不会中断，任何一条力线都不会突然消失，必然是从一处传入，从另一处传出。力流的另一个特性是它倾向于沿最短的路线传递，从而在最短路线附近力流密集，形成高应力区。其他部位力流稀疏，甚至没有力流通过，从应力角度上讲，材料未能充分利用。因此，若为了提高构件的刚度，应该尽可能按力流最短路线来设计零件的形状，减少承载区域，从而累积变形越小，提高整个构件的刚度，使材料得到充分利用。

3. 减小应力集中结构

当力流方向急剧转折时，力流在转折处会过于密集，从而引起应力集中，设计中应在结构上采取措施，使力流转向平缓。应力集中是影响零件疲劳强度的重要因素。结构设计时，应尽量避免或减小应力集中，如采用增大过渡圆角、卸载结构等。

三、满足结构刚度的设计准则

为保证零件在使用期限内正常地实现其功能，必须使其具有足够的刚度，例如，座架的主要受力部件均采用箱型梁结构。

四、考虑加工工艺的设计准则

机械零部件结构设计的主要目的是：保证功能的实现，使产品达到要求的性能。但是，结构设计的结果对产品零部件的生产成本及质量有着不可低估的影响。因此，在结构设计中应力求使产品有良好的加工工艺性。所谓好的加工工艺指的是零部件的结构易于加工制造，任何一种加工方法对某种零部件都有局限性，或生产成本很高，或达不到质量要求，或根本不能加工某种零件。在实际中，零部件结构工艺性受到诸多因素的制约，如生产批量的大小会影响坯件的生成方法；生产设备的条件可能会限制工件的尺寸；此外，造型、精度、热处理、成本等方面都有可能对零部件结构的工艺性有制约作用。因此，结构设计中应充分考虑上述因素对工艺性的影响，例如，座架结构均采用常用的钢板和结构型钢焊接而成，加工简单，制作方便。

五、考虑装配的设计准则

装配是产品制造过程中的重要工序，零部件的结构对装配的质量、成本有直接的影响。有关装配的结构设计准则简述如下。

1. 合理划分装配单元

结构整体应能分解成若干可单独装配的单元(部件或组件)，以实现平行且专业化的装配作业，缩短装配周期，并且便于逐级技术检验和维修。例如，整个座架可分为底梁、隔梁、方侧柱、圆侧柱和斜撑等装配单元。

2. 使零部件得到正确安装

保证零件准确的定位，避免双重配合，防止装配错误。

3. 使零部件便于装配和拆卸

在结构设计中，应保证有足够的装配空间，如扳手空间；避免过长配合以免增加装配难度，使配合面擦伤，如有些阶梯轴的设计；为便于拆卸零件，应给出安放拆卸工具的位置，如紧固装置中的螺栓长度不宜过长。

六、考虑造型设计的准则

产品的设计不仅要满足功能要求，而且还应考虑产品造型的美学价值，使之对人产生吸引力。技术产品的社会属性是商品，在买方市场的时代，设计一个能吸引顾客的产品外观是一个重要的设计要求；同时造型美观的产品可使操作者减少因精力疲惫而产生的误操作。外观设计包括三个方面：造型、颜色和表面处理。考虑造型时，应注意下述 3 个问题。

1. 尺寸比例协调

在结构设计时，应注意保持外形轮廓各部分尺寸之间均匀协调的比例关系，应有意识地应用“黄金分割法”来确定尺寸，使产品造型更具美感。

2. 形状简单统一

机械产品的外形通常由各种基本的几何形体(长方体、圆柱体、锥体等)组合而成。结构设计时，应使这些形状配合适当，基本形状应在视觉上平衡，接近对称又不完全对称的外形易产生倾倒的感觉；尽量减少形状和位置的变化，避免过分凌乱。在钢轨运输座架中均采用槽钢、圆钢管、方钢管、矩形管等型钢和钢板焊接而成，形状简单，各零部件搭配合理。

3. 色彩、图案的支持和点缀

在机械产品表面涂漆，除具有防止腐蚀的功能外，还可增强视觉效果。恰当的色彩可使操作者眼睛的疲劳程度降低，并能提高对设备显示信息的辨别能力。单色只使用于小构件。大的特别是运动构件如果只用一种颜色就会显得单调无层次，一个小小的附加色块会使整个色调活跃起来。在多个颜色并存的情况下，应有一个起主导作用的底色，和底色相对应的颜色叫对比色。但在一个产品上，不同色调的数量不宜太多，太多的色彩会给人一种华而不实的感觉，100 m 长钢轨和 500 m 长钢轨运输座架均采用橘红色，50 m 长道岔轨运输座架采用黑色。

综合以上设计原则，钢轨运输装载加固装置设计成如图 2-38 的结构形式，各种座架和锁紧装置的详细介绍分别在以下各章节介绍。

第五节 长钢轨运输车组动力学分析

在铁路长钢轨运输中，车辆是主要的载运工具，车辆在运行过程中既受到轮轨相互作用力又受到长钢轨产生的货物惯性力和曲线时的弯曲力，以及其他外力等，尤其是长钢轨产生的作用力对车辆的运行安全有较大的影响。判断长钢轨运输安全的一个重要指标是车辆的运行安全性，因此研究长钢轨运输车组重车动力学性能是长钢轨运输装载加固方案制订中的一个重要环节。目前车辆动力学性能计算方法大多通过对车辆系统进行简化，建立数学模型描述系统，根据系统受到的外部条件求解系统运动及作用力，从而对车辆动力学性能进行分析和研究。长钢轨运输系统在简化时既要考虑车辆系统的简化又要考虑长钢轨模型的简化和加固方式的简化。

目前，车辆系统动力学研究中最活跃的当属车辆多体动力学仿真研究，长钢轨运输重车车辆动力学计算手段就是采用多体动力学仿真技术。

一、多体动力学基本理论

所谓多体系统，是指系统中有若干个（n 个）物体，通过一系列的几何约束联结，以完成预期动作的一个整体。如果将系统中的每一个物体都视为刚体，则该系统称为多刚体系统，若系统中一些物体必须考虑其变形的影响，则称之为多柔体系统或柔性多体系统。

多体系统动力学包括多刚体系统动力学和多柔体系统动力学，是在经典力学的基础上发展起来的，在发展过程中，结合了运动生物力学、航天器控制、机器人学、车辆设计、机械动力学等学科，已成为一门具有广泛用途的新兴力学分支。

多刚体系统动力学的研究对象一般为比较复杂的多体系统，其结构和连接方式也是多种多样。多刚体系统动力学研究方法主要有工程中常用的经典力学方法(以牛顿一欧拉方程为代表的矢量力学方法和以拉格朗日方程为代表的分析力学方法)、图论(R-W)方法,凯恩方法、变分方法、旋量方法。多体系统的动力学方程多为高阶非线性方程,因此动力学方程的建立和求解都必须由计算机去完成。目前多体系统动力学分析软件种类繁多,在车辆动力学研究中应用得较多的软件有美国 MSC 公司的 ADAMS、美国 CADSI 公司的 DADS、德国 InTec 公司的 SIMPACK、北美铁路协会的 NUCARS 等。本书中的计算采用的多体系统动力学分析软件为 ADAMS 软件中的铁路分析模块 ADAMS/Rail。

二、ADAMS 的计算方法

通常进行动力学分析和计算主要包括以下几个步骤:坐标系的选取,动力学方程的建立,动力学方程的求解等,下面介绍 ADAMS 软件在进行车辆动力学求解时采用的计算方法。

1. 广义坐标的选择

动力学方程的求解速度在很大程度上取决于广义坐标的选择,ADAMS 软件建模时采用笛卡尔坐标,对于 N 个刚体作平面运动的多刚体系统,首先在系统的运动平面上定义一个惯性基,记作 $e=(x,y)^T$,分别在各个刚体上过其质心建立一连体基坐标,将该刚体的质心相对于惯性基的坐标记为(x_i,y_i),连体基的矢量与惯性基的矢量正向夹角记为 φ_i,它们将唯一确定刚体的位置。这些参数构成描述刚体的笛卡尔坐标系,记为

$$\boldsymbol{q}_i=(x_i,y_i,\varphi_i)^T \quad (i=1,2,\cdots,N) \tag{2-70}$$

这 N 个列阵组集构成了描述多刚体系统的笛卡尔坐标列阵:

$$\boldsymbol{q}=(\boldsymbol{q}_1^T,\boldsymbol{q}_2^T,\cdots,\boldsymbol{q}_N^T)^T \quad (i=1,2,\cdots,N) \tag{2-71}$$

同样,对于 N 个作空间运动的多刚体系统,可在刚体上过质心作一连体坐标系,质心相对于惯性基的坐标(x_i,y_i,z_i)与连体基相对于惯性基的角坐标$(\alpha_i,\beta_i,\gamma_i)$构成描述刚体的笛卡尔坐标阵:

$$\boldsymbol{q}_i=(x_i,y_i,z_i,\alpha_i,\beta_i,\gamma_i)^T \quad (i=1,2,\cdots,N) \tag{2-72}$$

同理,这 N 个列阵组集构成了描述空间多刚体系统的笛卡尔坐标列阵:

$$\boldsymbol{q}_i=(\boldsymbol{q}_1^T,\boldsymbol{q}_2^T,\cdots,\boldsymbol{q}_N^T) \quad (i=1,2,\cdots,N) \tag{2-73}$$

整个系统的笛卡尔坐标阵中的坐标个数记为 n,对于平面多刚体系统 $n=3N$,而对于空间多刚体系统 $n=6N$。

2. 动力学方程的建立

ADAMS 程序采用拉格朗日乘子法建立系统运动方程:

$$\begin{cases}\dfrac{\mathrm{d}}{\mathrm{d}t}\left(\dfrac{\partial T}{\partial \dot{q}}\right)^{T}-\left(\dfrac{\partial T}{\partial q}\right)^{T}+\varphi_{q}^{T}p+\theta^{T}\dot{q}\mu-Q=0\\\varphi(q,t)=0\\\theta(q,\dot{q},t)=0\end{cases}\tag{2-74}$$

式中　T——系统能量，$T=\dfrac{1}{2}[\boldsymbol{v}^{T}\cdot\boldsymbol{M}\cdot\boldsymbol{v}+\boldsymbol{w}^{T}\cdot\boldsymbol{I}\cdot\boldsymbol{w}]$；

$\boldsymbol{q}$——广义坐标列阵；

$\boldsymbol{Q}$——广义力列阵；

$\boldsymbol{p}$——对应于完整约束的拉氏乘子列阵；

$\boldsymbol{\mu}$——对应于非完整约束的拉氏乘子列阵；

$\boldsymbol{M}$——质量列阵；

$\boldsymbol{v}$——广义速度列阵；

$\boldsymbol{I}$——转动惯量列阵；

$\boldsymbol{w}$——广义角速度列阵；

$\varphi(\boldsymbol{q},t)=0$——完整约束方程；

$\theta(\boldsymbol{q},\dot{\boldsymbol{q}},t)=0$——非完整约束方程。

重新改写上式成一般形式：

$$\begin{cases}F(\boldsymbol{q},\boldsymbol{v},\dot{\boldsymbol{v}},\lambda,t)=0\\\boldsymbol{G}(\boldsymbol{v},\dot{\boldsymbol{q}})=\boldsymbol{v}-\dot{\boldsymbol{q}}=0\\\boldsymbol{\varphi}(\boldsymbol{q},t)=0\end{cases}\tag{2-75}$$

式中　$\boldsymbol{q}$——广义坐标列阵；

$\dot{\boldsymbol{q}}$——广义速度列阵；

λ——约束反力及作用力列阵；

F——系统动力学微分方程及用户定义的微分方程；

φ——描述完整约束的代数方程列阵；

$\boldsymbol{G}$——描述非完整约束的代数方程列阵。

3. 方程的求解

ADAMS/Rail 为用户提供了 4 种数值积分方法，分别为：Gear（Gstiff）方法、改进的 Gear（Wstiff）方法、DASSL（Dstiff）方法和 ABAM 方法，其中前 3 种方法是针对刚性系统方程的求解，ABAM 方法是针对柔体系统的求解。对于刚性的系统，一般采用 Gear 方法进行系统方程的求解，Gear 方法是使用最为广泛的一种积分求解方法，它是一种隐式向后差分的数值积分方法，具有求解速度快、计算精度比较高以及易于控制等优点，能够对刚性系统进行快速、精确的求解。

三、运输车组动力学模型

考虑一辆或一组沿轨道运行的装载货物的货车，整个系统包括多个物体：如货物、车体、装载加固装置、侧架、摇枕、轮对等。通常情况下，它们可看作刚体，需要时也可以考虑柔体。对于不同的车辆，不同的货物装载加固方案，可以针对不同的分析要求对系统作相应的简化处理，不同简化后的分析系统包含的物体数目可以不同，并且需要考虑的物体的自由度数目也可以不同，对长钢轨进行简化时，必须考虑其本身的弹性变形对运输安全的影响。

目前，我国铁路货车配备的转向架多为三大件式结构，主要有转 Z8A 转向架和转 K 型转向架(转 K2 转向架、转 K4 转向架和转 K6 转向架)。其中转 Z8A 转向架构造速度为 80 km/h，转 K2 转向架、转 K4 转向架、转 K5 转向架和转 K6 转向架构造速度为 120 km/h。货车提速后，时速 120 km/h 的货车将全部采用转 K 型转向架。

(一)车辆模型

车辆模型主要包括转向架和车体，而转向架模型是车辆建模的重点，它由左右两个侧架、前后两个轮对、四个轴箱承载鞍、四个摩擦式楔块减振器、减振弹簧、弹性旁承以及其他弹性元件等组成。进行系统动力学性能分析的关键是各部件自由度的确定和各部件之间连接单元的正确选取，下面对如何简化车辆动力学数学模型作详细的说明。

1. 轮对与承载鞍

轮对与承载鞍之间通过滚动轴承连接，运动形式为轮轴在轴承内转动，两部件之间只有相互转动，这种相对运动方式只需在建模时采用转动副连接即可。转动副约束两部件之间的 5 个相对运动自由度，仅允许两部件相互转动。

2. 承载鞍与侧架

承载鞍和侧架之间采用垂向、横向和纵向定位刚度对轴箱处一系悬挂进行建模，其中，定位刚度设定时，考虑了承载鞍和侧架之间纵向、横向之间的间隙，同时考虑承载鞍与侧架之间的纵向和垂向摩擦力。刚度参数的定义方法见下图 2-39，当承载鞍与侧架之间的运动关系在间隙范围内($\pm\delta$)时，承载鞍与侧架之间的力为摩擦力，当横或纵方向上间隙为 0 时，则在对应方向上会受到近乎刚性的接触力。

3. 侧架与摇枕

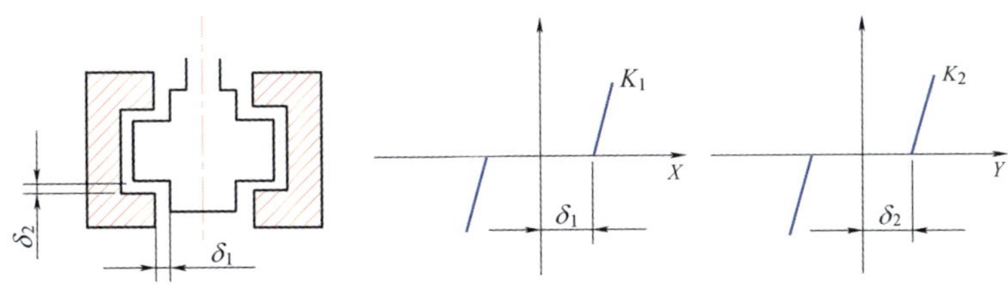

图 2-39　承载鞍和侧架之间刚度定义方法

每侧侧架与摇枕之间为螺旋弹簧连接，通过输入弹簧的横向刚度、垂向刚度、纵向刚度对悬挂单元进行建模。

4. 楔块与侧架、摇枕

楔块与侧架之间的相互作用有两个部分组成：一是楔块与侧架上磨耗板之间的摩擦，二是每个楔块下方有一组双圈弹簧与侧架连接。

楔块与摇枕之间的作用为楔块与摇枕之间的摩擦作用。

对铁路三大件式货车车辆进行建模时，对楔块减振器的建模是重点。根据变摩擦式减振器运动的几何位移关系，由楔块运动时的受力图 2-40 得出下式：

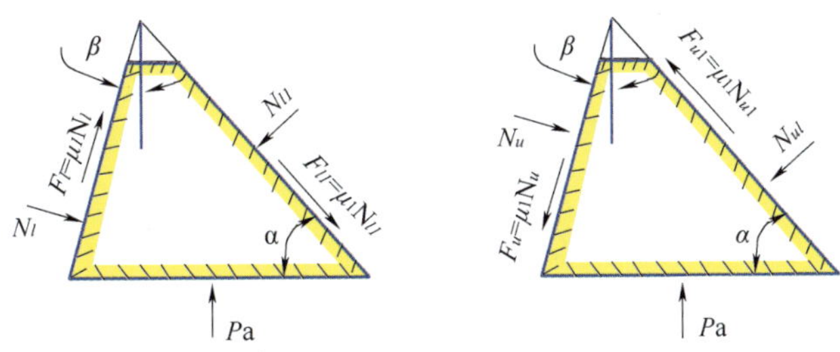

图 2-40　减振器楔块受力分析

楔块向下运动时：

$$\begin{cases} F_l=\mu N_l=K_1\mu\dfrac{\sin\alpha-\mu_1\cos\alpha}{\Delta_l}z_1 \\ F_{l1}=\mu_1 N_{l1}=\dfrac{\cos\beta+\mu\sin\beta}{\Delta_l}z_1 \end{cases} \tag{2-76}$$

楔块向上运动时：

$$\begin{cases} F_u=\mu N_u=K_1\mu\dfrac{\sin\alpha+\mu_1\cos\alpha}{\Delta u}z_1 \\ F_{u1}=\mu_1 N_{u1}=\dfrac{\cos\beta-\mu\sin\beta}{\Delta u}z_1 \end{cases} \tag{2-77}$$

以上两式中　Δl——$\Delta_l=(1+\mu\mu_1)\cos(\alpha-\beta)+(\mu_1-\mu)\sin(\alpha-\beta)$；

F_l、F_{l1}——系统向下运动时楔块两摩擦面间的摩擦力；

Δ_u——$\Delta_u=(1+\mu\mu_1)\cos(\alpha-\beta)-(\mu_1-\mu)\sin(\alpha-\beta)$；

F_u、F_{u1}——系统向上运动时楔块两摩擦面间的摩擦力；

N_l、N_{l1}——系统向上运动时楔块两摩擦面的正压力；

N_u、N_{u1}——系统向上运动时楔块两摩擦面的正压力；

μ、μ_1——楔块主、副摩擦面的摩擦系数；

K_1——支承楔块的弹簧刚度；

z_1——$z_1=P_a/K_1$。

两平面间的摩擦力是由两平面间的相对速度、摩擦系数和正压力产生的，目前对摩擦力的处理方式是多种多样的，结合变摩擦楔块式减振器的特点和作用原理，在此用近似公式(2-78)进行处理：

$$\begin{cases} F_x=\dfrac{v_x\cdot\chi}{\sqrt{1+\left(\dfrac{v_m\cdot\chi}{N\cdot\mu}\right)^2}} \\ F_y=\dfrac{v_y\cdot\chi}{\sqrt{1+\left(\dfrac{v_m\cdot\chi}{N\cdot\mu}\right)^2}} \end{cases} \tag{2-78}$$

式中　F_x、F_y——平面两个平动方向上的摩擦力；

v_m——平面间的相对速度；

v_x、v_y——平面间两平动自由度方向的相对速度；

χ——力/速度的传递因数；

N——平面间的正压力；

μ——平面间的摩擦系数。

在 ADAMS/Rail 中，建立楔块与侧架和楔块与摇枕之间的平面约束，利用式(2-76)和式(2-77)中的 N_l、N_{1l}分别作为系统向上运动时楔块主副摩擦面的正压力，和 N_u、N_{1u}分别为系统向上运动时楔块主副摩擦面的正压力，由式(2-78)建立数学模型。

5. 摇枕与车体

摇枕在转向架和车体之间起着传递力的作用，他们之间的联系主要是靠心盘和旁承。心盘是装在摇枕上的下心盘和装在车体枕梁下面的上心盘互相配合，一方面承受车体上的垂向力和水平力，另一方面，车辆通过曲线时，转向架的下心盘和车体的上心盘可以相对自由转动，以减小车辆通过曲线时的阻力。

旁承有常接触旁承和非常接触旁承，当车辆通过曲线时，离心力的作用使车体产生倾斜，车体一侧的上下旁承接触承担一定的垂向载荷，并会产生抑制车体蛇行运动的摩擦力。

磨耗型心盘和旁承均属摩擦元件，均采用由式(2-78)建立数学模型。

6. 车体模型

把整个车体看作是一个刚体，在长钢轨运输动力学计算过程中，计算过程所涉及的参数为车体的自由度、转动惯量以及车体重心等，不用考虑车体钢结构以及细节形状，即不需要考虑柔性体。在模型中，考虑车体的所有六个自由度，车体模型如图 2-41 所示。

在按车辆的物理参数建立各自的子系统后，即可组成车辆模型，如图 2-41 所示。

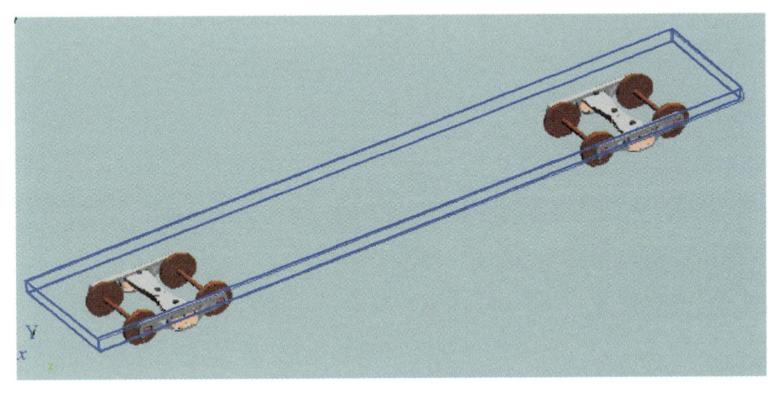

图 2-41　车辆模型

(二)钢轨模型

对于 50 m 和 100 m 长钢轨，模型的计算矩阵在软件要求的范围内，分为多段来进行建模，钢轨的弯曲性能采用各段之间的弹性连接来描述。对于 500 m 长钢轨，因为使用的车辆较多，如果采用完整模型建模时，目前的软件技术尚不能进行准确计算，因为整列车中车辆之间的相互影响较小，所以可对车辆进行分解建模。如选取前面车辆为计算对象时仅需考虑前面车辆后段钢轨对计算的影响；选取中间车辆为计算对象时，仅需考虑中间车辆前、后段钢轨的影响。钢轨对车辆的影响主要是在曲线线路上钢轨弯曲所产生的横向力，所以可以在断开的钢轨截面上施加弯矩近似模拟钢轨的完整性。当断面处行走到缓和曲线起始点处时，弯矩值开始由 0 逐渐增加，直到进入圆曲线达到最大值；当断面处进入下一缓和曲线时，弯矩值逐渐减小，直到直线线路时减为 0。采取函数法根据不同的曲线线路控制施加在钢轨上的弯矩值。

钢轨与座架的接触采用平面副约束；横向采用止挡约束；钢轨弹性连接采用扭转弹簧约束；紧固装置对钢轨的加固采用在锁定座架处对钢轨空间三个方向的刚度约束来模拟。

(三)线路模型

1. 曲线线路

对运输安全影响最大的是线路的曲线段,曲线通过性是车辆动力学课题中的一个重要的研究领域。具有良好曲线通过性能的车辆,意味着在通过曲线时轮轨间的相互作用力要小,这就能减轻车轮与轨道之间的磨耗,作用在车辆各部件上的力也较小。对于线路而言,过大的侧向力将导致轨距阔宽、轨排横移或钢轨翻转,使线路维修工作量大大增加,甚至危及行车安全;此外,线路的横向不平顺可能加剧,从而影响车辆的运行稳定性。车轮上较大的侧向力与较小的垂向载荷联合作用时,将使车辆的抗脱轨安全性下降。

为了使车辆能够平缓地进入曲线,保证车辆进入曲线运行的平稳性与安全性,在进入和离开曲线区段设置了过渡曲线,如图 2-42 所示,曲线线路由 3 部分组成,即:

(1)进入区段缓和曲线,在此区段,轨道线路的曲率由零增加至曲线半径,同时线路超高线性增加至曲线线路超高;

(2)圆曲线区段,在此区段,曲线线路保持曲率不变,线路超高也保持不变;

(3)离开曲线区段,此区段与进入曲线段过渡曲线相反,曲线曲率减小至零,线路超高线性减小至零。

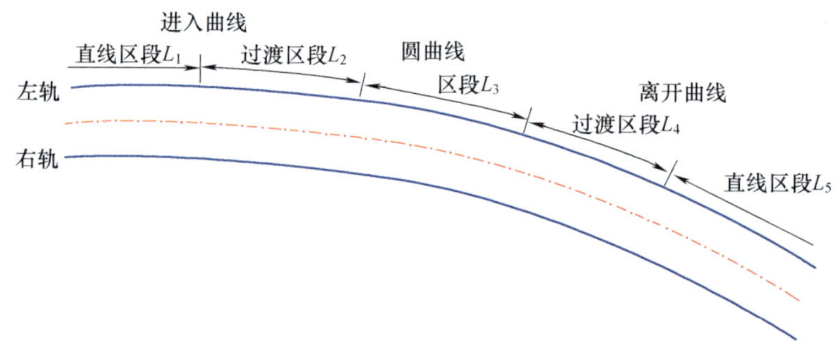

图 2-42　曲线轨道组成示意图

长钢轨运输动力学计算中选取的曲线线路工况一般为 $R330$ m、$R300$ m 和 $R180$ m。

2. 轨道不平顺

轨道几何不平顺是指两股钢轨的实际几何尺寸相对于理想平顺状态的偏差。如图 2-43 所示,轨道常见的几何不平顺主要有方向、轨距、高低和水平不平顺 4 种基本形式。

实际线路轨道不平顺为随机不平顺,轨道随机不平顺的统计特性只能依靠线路实地测量获得,通过给出所测得的轨道不平顺的功率谱密度(PSD)进行描

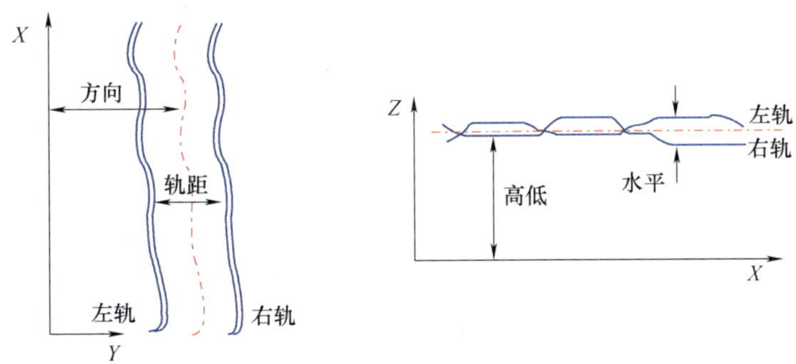

图 2-43　轨道不平顺示意图

述。目前，英、日、德、美、俄、印度、捷克等国家都测定了各自的轨道随机不平顺的谱密度和相关函数。我国在这方面也开展了大量的工作，但是由于所采集分析的样本有限，还不足以代表我国的轨道不平顺的统计特性。由于我国还没有关于轨道谱完整的数据和相关理论，而实际表明，美国的轨道谱接近我国线路实际情况，所以我国研究人员在做动力学计算时，一般采用美国的轨道谱，美国轨道谱参数见表 2-7。美国轨道谱数学表达式如下：

垂向不平顺

$$S_V(\Omega)=\frac{KA_V\Omega_C^2}{\Omega^2(\Omega^2+\Omega_C^2)} \tag{2-79}$$

水平和轨距不平顺

$$S_C(\Omega)=S_g(\Omega)=\frac{4KA_V\Omega_C^2}{(\Omega^2+\Omega_S^2)(\Omega^2+\Omega_C^2)} \tag{2-80}$$

方向不平顺

$$S_a(\Omega)=\frac{KA_a\Omega_C^2}{\Omega^2(\Omega^2+\Omega_C^2)} \tag{2-81}$$

式中　$S_V(\Omega)$——功率谱密度；

Ω——空间频率；

A_V 和 A_a——粗糙度常数；

Ωs 和 Ω_C——截断频率；

K——一般取 0.25。

表 2-7　美国轨道谱参数

级别	A_V	A_a	Ωs	Ω_C	级别	A_V	A_a	Ωs	Ω_C
一级	1.210 7	3.363 4	0.604 6	0.824 5	四级	0.537 6	0.302 7	1.131 2	0.824 5
二级	1.018 1	1.210 7	0.930 8	0.824 5	五级	2.095e-5	7.62e-6	0.820 9	0.824 5
三级	0.681 6	0.412 8	0.852 0	0.824 5	六级	3.39e-6	3.39e-6	0.438 0	0.824 5

四、仿真实例

为了评价 100 m 长钢轨换长 1.5、1.3 普通平车混编矩形装载加固方案车组的运行安全性，根据运输车组动力学模型进行仿真分析。计算时采用我国的 T60 铁轨断面和 LM 磨耗型轮对踏面，如图 2-44～图 2-45 所示。计算工况为 *R*2 000 m 曲线、*R*300 m 曲线、12 号道岔及 9 号道岔 4 种工况，4 种工况对应的运行速度分别为 120 km/h、70 km/h、45 km/h 和 30 km/h。其中 *R*300 m 曲线、12 号道岔及 9 号道岔轨道不平顺采用美国五级谱，*R*2 000 m 曲线采用美国六级谱。

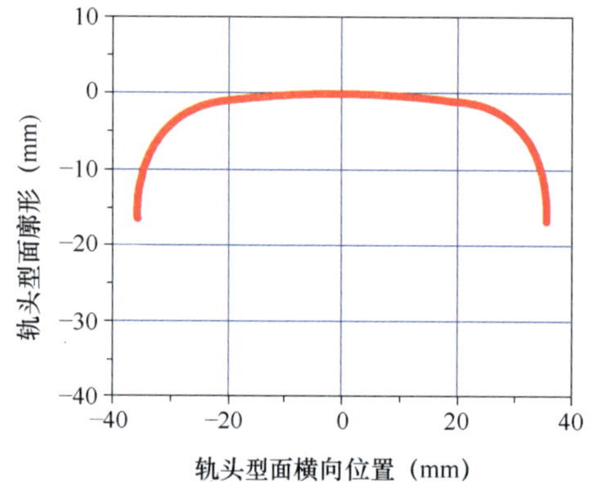

图 2-44　T60 铁轨断面

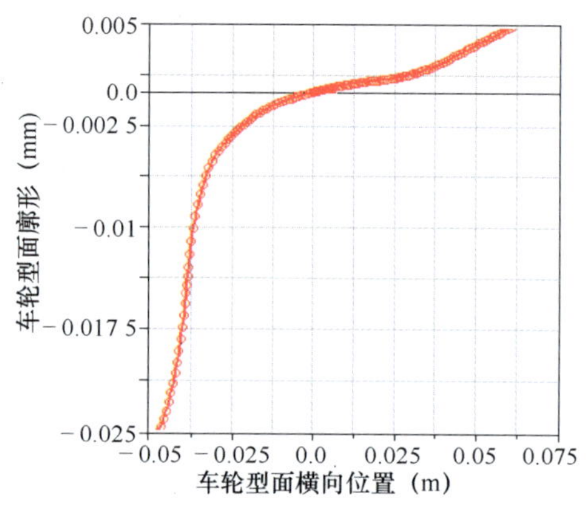

图 2-45　LM 型轮对踏面

表 2-8　*R*2 000 m 曲线计算结果

车序	车体横向加速度 (g)	车体垂向加速度 (g)	轮轴横向力 (kN)	轮重减载率 ($\Delta P/P$)	脱轨系数 (Q/P)
1	0.31	0.40	34.08	0.61*	0.38
2	0.33*	0.31	33.07	0.54	0.36
3	0.31	0.33	32.08	0.54	0.38
4	0.30	0.35	33.41	0.50	0.43
5	0.31	0.33	33.13	0.50	0.39
6	0.31	0.33	35.19	0.52	0.45
7	0.30	0.45*	30.16	0.56	0.46*

注：标记“*”的数值为最大值。

表 2-9　*R*300 m 曲线计算结果

车序	车体横向加速度 (g)	车体垂向加速度 (g)	轮轴横向力 (kN)	轮重减载率 ($\Delta P/P$)	脱轨系数 (Q/P)
1	0.32	0.39	64.35	0.61	0.64
2	0.35	0.36	71.04*	0.63*	0.54
3	0.37	0.36	61.19	0.59	0.65
4	0.36	0.35	58.49	0.58	0.66*
5	0.38*	0.37	70.76	0.62	0.61
6	0.37	0.38	67.95	0.61	0.59
7	0.37	0.40*	58.44	0.62	0.57

注:标记“*”的数值为最大值。

表 2-8～表 2-11 为 100 m 长钢轨换长 1.5、1.3 普通平车混编矩形装载加固方案车组的动力学仿真结果。仿真结果表明,矩形混编方案的车体横向、垂向加速度,轮轴横向力,轮重减载率,脱轨系数等各项指标均在评判标准范围之内,说明了方案的可行性。

表 2-10　12 号道岔计算结果

车序	车体横向加速度 (g)	车体垂向加速度 (g)	轮轴横向力 (kN)	轮重减载率 ($\Delta P/P$)	脱轨系数 (Q/P)
1	0.16	0.16	41.29	0.61*	0.57
2	0.19	0.20	51.84*	0.55	0.58
3	0.20*	0.20	45.86	0.51	0.62*
4	0.18	0.20	42.28	0.44	0.58
5	0.19	0.21*	44.41	0.44	0.61
6	0.19	0.20	47.62	0.55	0.57
7	0.20*	0.20	44.20	0.57	0.55

注:标记“*”的数值为最大值。

表 2-11　9 号道岔计算结果

车序	车体横向加速度 (g)	车体垂向加速度 (g)	轮轴横向力 (kN)	轮重减载率 ($\Delta P/P$)	脱轨系数 (Q/P)
1	0.12	0.14	41.57	0.45	0.67*
2	0.16*	0.15	62.73*	0.46	0.57

续上表

车序	车体横向加速度(g)	车体垂向加速度(g)	轮轴横向力(kN)	轮重减载率($\Delta P/P$)	脱轨系数(Q/P)
3	0.15	0.15	54.80	0.44	0.58
4	0.14	0.15	55.65	0.53	0.57
5	0.14	0.15	53.25	0.55	0.57
6	0.13	0.15	60.59	0.52	0.58
7	0.14	0.15	55.10	0.57*	0.65

注:标记"*"的数值为最大值。

第六节　钢轨运输装载加固方案综合试验

钢轨装载加固方案的理论设计完成之后,还需进行钢轨运输综合试验对所设计的方案予以验证。钢轨运输装载加固方案综合试验主要包括:装载加固性能试验、钢轨运输车组动力学试验、小半径曲线及道岔动力响应试验。

一、装载加固性能试验

(一)运行试验

1. 座架检测

在受力工况较差的普通座架和锁定座架危险截面处粘贴应变片,测量座架在装车后的静态应力值和座架在车辆运行过程中的动态应力值。

2. 长钢轨、座架装载加固状态

通过标画检查线、摄像监控和停车后人工测量各层长钢轨相对锁紧装置的纵向位移。通过标画检查线方式,停车后人工测量锁定座架、普通座架及混装座架相对车辆的位移。

车辆运行中使用摄像头监测和停车后人工检查长钢轨、座架装载加固状态。钢轨卸载后,人工检查座架状态。

(二)冲击试验

如图 2-46 所示,用机车推动一辆满载、标记载重为 70 t 敞车,达到一定速度后将其溜放,冲击停在平直线路上的长钢轨车组(靠近锁定车的车组端部为冲击端),用铁鞋限制冲击后长钢轨车组的移动距离,保证试验安全。冲击时,先以 2 km/h 试冲击一次,检查设备的连接情况,再分别以 3 km/h、4 km/h、5 km/h、6 km/h 速度级冲击,每个速度级冲击 2 次。对于有特殊要求的方案,冲击时,可根据实际情况调整。冲击试验结束后检查座架及紧固装置状态,测量长钢轨相对紧固装置的纵向位移，检查座架的加固状态。

图 2-46　冲击试验工况示意图

（三）制动试验

制动试验是检查钢轨在紧急制动条件下，装载加固的可靠性。试验时应在列车完全进入直线线路时制动，制动初始速度分别为 20 km/h 和 30 km/h。

（四）评定标准

1. 座架应力测试值不大于规定许用应力值。

2. 运行试验时，钢轨与锁紧装置无明显相对位移；制动试验、冲击试验时，钢轨与锁紧装置的相对位移满足《铁路货物装载加固规则》相关规定。

3. 长钢轨、座架加固状态良好，无加固材料永久变形或损伤。

4. 长钢轨装载状态良好，各层钢轨摆放整齐，无相互挤爬现象。

二、钢轨运输车组动力学试验

（一）试验内容

1. 轮轨力测试

测试轮轨横向力、垂向力，计算脱轨系数、轮重减载率、轮轴横向力。

2. 振动加速度及运行平稳性测试

测试车体横向、垂向振动加速度，计算横向、垂向平稳性指标。

3. 摇枕弹簧位移测试

测试摇枕弹簧垂向位移，计算动静挠度比。

（二）测点布置

当长钢轨装载加固方案车组的车辆总数少于 10 时，更换车组前进方向第 1、2 车第 1 轴的测力轮对，测试轮轨力；在第 1、2 车的前心盘内侧、距心盘中心线小于 1 000 mm 的车底架中梁下盖板上，布置加速度传感器，测试横向、垂向加速度；在 1、2 车的前摇枕左右侧分别布置位移传感器，测试摇枕弹簧垂向位移。

当长钢轨装载加固方案车组的车辆总数大于 10 时，除在第 1、2 车布置上述测点外，还要每隔 10 辆车布置测力轮对、加速度传感器和位移传感器。

（三）试验工况

1. 小半径曲线及道岔试验

半径不大于 300 m 的 S 形曲线，9 号道岔，12 号道岔。

2. 运行试验

测试直线、曲线、侧向通过道岔工况。

(四)评定标准

参照《铁道车辆动力学性能评定和试验鉴定规范 GB 5599—1985》的规定，对参与试验长钢轨车的运行平稳性进行评定。

1. 运行稳定性

脱轨系数：$Q/P \leqslant 1.2$，当 $Q/P > 1.2$ 时停止提速。

轮重减载率：$\dfrac{\Delta P}{\bar{P}} \leqslant 0.65$，当 $\Delta P/P > 0.8$（连续两个峰值减载）时停止提速。

轮轴横向力：$H \leqslant 0.85(15 + \dfrac{P_{st1} + P_{st2}}{2})$。

以上各式中 Q——轮轨横向力，kN；

H——轮轴横向力，kN；

P——轮轨垂向力，kN；

P_{st1}、P_{st2}——1、2 位轮的静载荷，kN；

ΔP——轮重减载量，kN；

$\bar{P}$——1、2 位轮的平均轮重，kN。

2. 运行平稳性

横向加速度≤0.5 g，垂向加速度≤0.7 g。每 100 km/h 试验区段内超限个数不大于 3 个为合格。垂直、横向平稳性指标为：

$W < 3.5$	优
$W = 3.5 \sim 4.0$	良
$W = 4.0 \sim 4.25$	合格

3. 转向架弹簧动静挠度比

$$K_f = \frac{f_d}{f_{st}}，求\ K_f \leqslant 0.7$$

式中 f_d——弹簧动挠度，mm；

f_{st}——弹簧静挠度，mm。

三、小半径曲线及道岔动力响应试验

(一)试验内容

1. 轮轨力测试

测量轮轨横向力及垂向力，并计算脱轨系数、轮重减载率、轮轴横向力。

2. 钢轨横向位移和动态轨距扩大量

在曲线轨道的上、下股钢轨上安装位移计，测试钢轨轨头相对于基桩的横向位移，计算动态轨距扩大量。

3. 轨枕横向位移测试

在曲线轨道的上股一侧轨枕上安装位移计，测试轨枕相对于基桩的横向位移。

（二）测点布置

对小半径曲线，在一组连续反向小半径曲线（曲线半径不大于 300 m，夹直线长度小于等于 20 m 和缓和曲线超高顺坡率小于等于 $1/(8v_{max})$）的圆曲线地段各布置一个轮轨力测试断面，对应布置钢轨横向位移一个断面和相邻两根轨枕的横向位移测点，总共布置 16 个测点。

在 9 号、12 号单开道岔的尖轨尖端和导曲线地段各布置一个轮轨力测试断面，对应布置钢轨横向位移一个断面和相邻两根轨枕的横向位移测点。

（三）试验速度

对于小半径曲线，试验速度及试验次数为 5 km/h 一次，35 km/h 两次，50、60、70 km/h 各三次。

对于 9 号侧岔：5 km/h 一次，10、20 km/h 各两个往返，30 km/h 三个往返。

对于 12 号侧岔：5 km/h 一次，25、35 km/h 各两个往返，45 km/h 三个往返。

以上各工况试验次数为最少试验次数，可根据实际试验情况进行调整。

（四）评定标准

评定标准及参考依据见表 2-12。

表 2-12 评定标准及参考依据

<table>
<tr><th colspan="2">参　数</th><th>评定标准</th><th>参照依据</th></tr>
<tr><td colspan="2">脱轨系数 Q/P</td><td>第一限度≤1.2
第二限度≤1.0</td><td>TB/T 2360—1993
GB 5599—1985</td></tr>
<tr><td colspan="2">轮重减载率 $\Delta P/P$</td><td>第一限度≤0.65
第二限度≤0.60</td><td>TB/T 2360—1993
GB 5599—1985</td></tr>
<tr><td rowspan="2">轮对横向力(kN)</td><td>混凝土枕</td><td>$\leq 0.85[15+(P_{10}+P_{20})/2]$</td><td rowspan="2">TB/T 2360—1993
GB 5599—1985</td></tr>
<tr><td>木　枕</td><td>$\leq 0.85[10+(P_{10}+P_{20})/2]$</td></tr>
</table>

注：公式中 P_{10}、P_{20} 为静轮重。

四、综合试验结果与分析

2009年9月，100m长钢轨换长1.5、1.3普通平车混编矩形装载加固方案综合试验在成都铁路局、西安铁路局管内进行。试验主要包括：侧向通过道岔试验、S形小半径曲线试验、运行试验及冲击试验。在成都铁路局密地站、倮果站分别进行9号道岔试验和12号道岔试验，江津至黄磏站间进行S形小半径曲线试验。冲击试验在中铁宝桥专用线上进行。

运行试验的区段为：①攀枝花—成都—江津，途经成昆线、成渝线，线路总长约1 208 km；②江津—重庆东—达州—安康—西安东—宝鸡南，途经成渝线、襄渝线、西康线、陇海线，跨及成都和西安两个铁路局，线路总长约949 km。

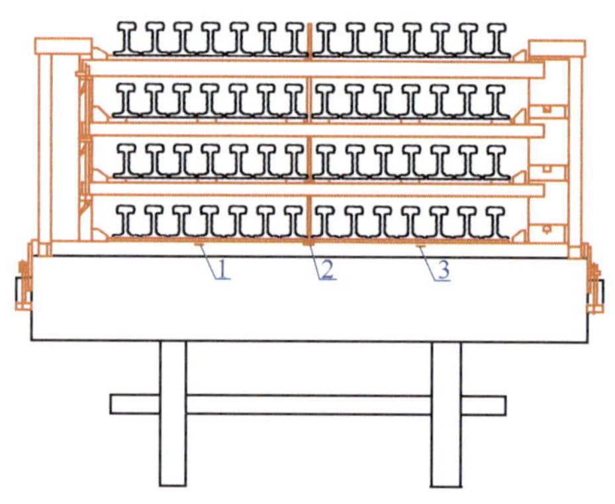

图2-47　普通座架静态强度测点布置

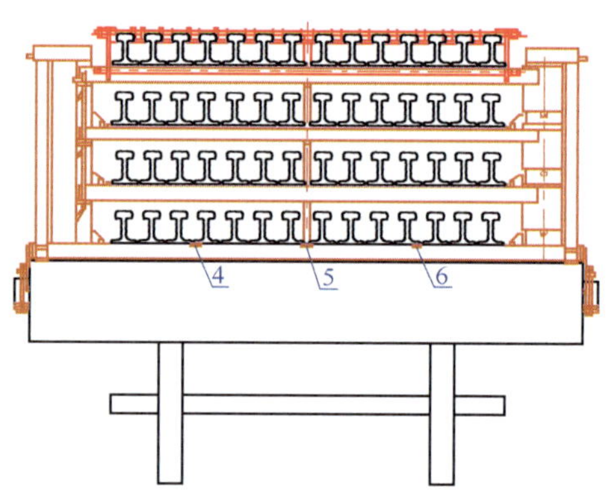

图2-48　锁定座架静态强度测点布置

(一)装载加固性能测试

1. 座架静强度测试

在普通座架和锁定座架危险截面处粘贴应变片，测试装载钢轨后座架的静态应力值。普通座架和锁定座架静态强度测点布置如图2-47、图2-48所示。

表2-13　座架静态强度测试数据

	普通座架			锁定座架		
测点编号	1	2	3	4	5	6
应力(MPa)	51.8	105.6	58.8	35.2	103.8	41.6

由表2-13可知，座架底梁中部2、5测点的应力值最大，普通座架为105.6 MPa，锁定座架为103.8 MPa。考虑动载荷系数1.4，2、5测点的应力值分别为147.8 MPa和145.3 MPa，小于许用应力160 MPa，座架静强度满足要求。

2. 座架动强度测试

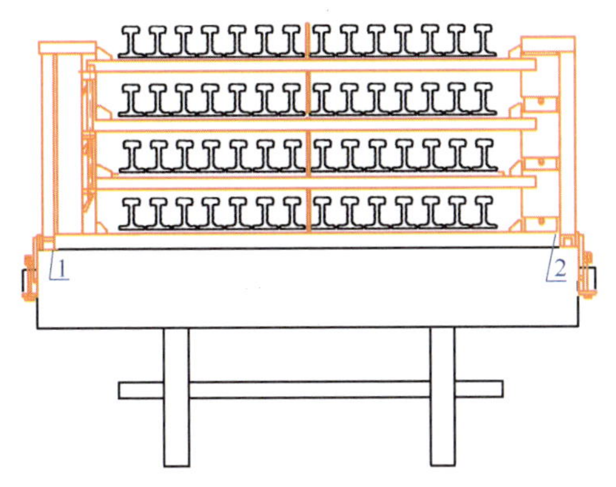

图 2-49　车组端部第 2 个座架动态强度测点布置

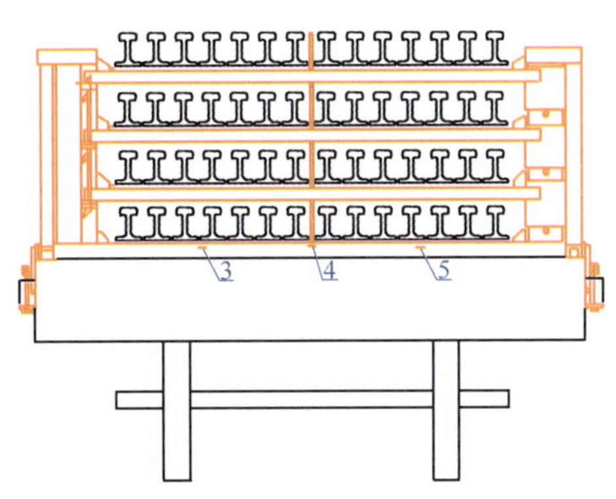

图 2-50　车组端部第 3 个座架动态强度测点布置

分别在车组端部第 2、3 个座架危险截面处粘贴应变片,应力测点布置如图 2-49、图 2-50 所示。

由表 2-14 可知,在侧向通过道岔、S 形小半径曲线试验及运行试验中,座架测点 4 的应力值最大,最大值为 117.5 MPa,小于 160 MPa,座架动态强度满足要求。

表 2-14　座架动态强度测试最大值

单位:MPa

测试工况＼测点	1	2	3	4	5
9 号道岔	24.9	21.8	65.3	117.5	73.1
12 号道岔	16.5	17.3	57.7	109.8	71.5
小半径曲线	14.9	18.4	63.9	116.1	70.7
运行试验	12.8	14.2	57.6	109.8	68.8

3. 冲击试验

在锁定座架危险截面处粘贴应变片,应力测点布置如图 2-51 所示。表 2-15 为座架各测点应力值。由

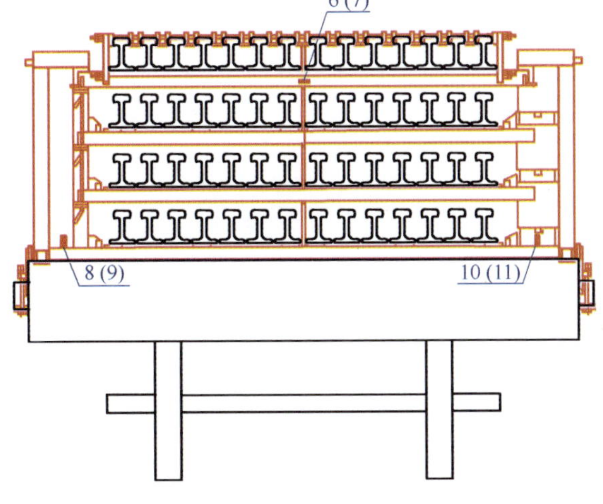

图 2-51　锁定座架冲击试验强度测点布置

表 2-15　冲击试验座架强度测试数据

冲击速度(km/h)	各测点应力(MPa)					
	6	7	8	9	10	11
4.0	20.3	28.9	27.1	21.9	20.8	20.3
7.1	24.6	41.4	30.7	32.2	28.6	24.6
7.4	41.8	67.1	55.4	29.9	30.4	41.8
8.3	43.2	68.8	67.2	32.2	36.8	43.2

表 2-15 可知，各测点应力值随着冲击速度的提高而增大，当冲击速度为 8.3 km/h 时，第 7 测点的应力值最大，为 68.8 MPa，座架强度满足要求。

根据《铁路技术管理规程》，车辆的连挂速度不大于 5 km/h。由表 2-16 可知，当冲击速度不大于 7 km/h 时，长钢轨与锁紧装置不发生相对位移，且座架和锁紧装置状态良好，因此，方案满足车辆连挂要求。

表 2-16 车组冲击试验的测试结果

序号	速度(km/h)	车钩压缩量(mm)			钢轨相对锁紧装置纵向位移量(mm)	座架及锁紧装置状态
		1	2	3		
1	4.0	−17	−40	−16	0	1. 每次冲击时，座架均未发生明显变形，卸轨后检查亦没有永久变形或开焊； 2. 锁紧装置状态良好； 3. 座架加固状态良好，未产生位移及偏转
2	7.1	−32	−59	−18	0	
3	7.4	−60	−60	−36	0	
4	8.3	−102	−94	−40	2(第 2 层)，6(第 3 层)	

注：车钩压缩量 1，2，3 分别指第 1、2 车，2、3 车，3、4 车之间的车钩压缩量。

冲击过程中，由于车钩压缩引起的钢轨端部相对车地板发生的位移量最大为 236 mm，钢轨端部距车组端部的安全距离满足要求。

(二)车辆动力学试验结果

1. 测点布置

把第 1、2 车的第一轴更换为测力轮对，测试轮轨力，如图 2-52 所示，车组各测点如表 2-17 所示。

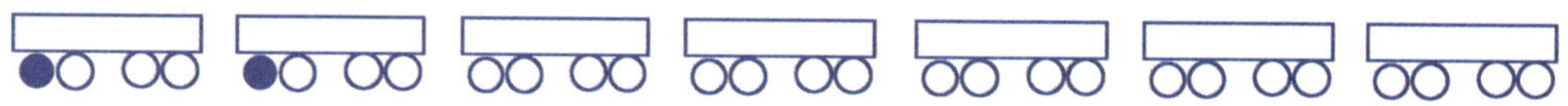

图 2-52 测力轮对位置

2. 试验结果与分析

(1)运行稳定性

表 2-17 车组各测点汇总表

测试项目	轮轨力	振动加速度	摇枕弹簧位移	合计
第 1 车测点	8	2	2	12
第 2 车测点	8	2	2	12

车组通过 9 号、12 号道岔时，第 1、2 车的脱轨系数、轮重减载率和轮轴横向力如图 2-53～图 2-58 所示，第 1 车的轮重减载率、轮轴横向力大于第 2 车。在 9 号道岔试验时，第 1 车的脱轨系数大于第 2 车；在 12 号道岔试验时，第 1 车的脱轨系数先减小、后增大，第 2 车的脱轨系数先增大、后减小。第 1 车、第 2 车的脱轨系数、轮重减载率和轮轴横向力最大值如表 2-18 所示，第 1、2

车的运行稳定性满足规范要求。

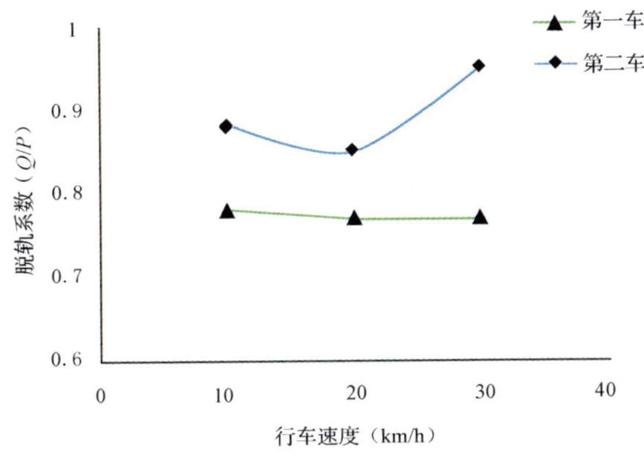

图 2-53　9 号道岔车辆脱轨系数

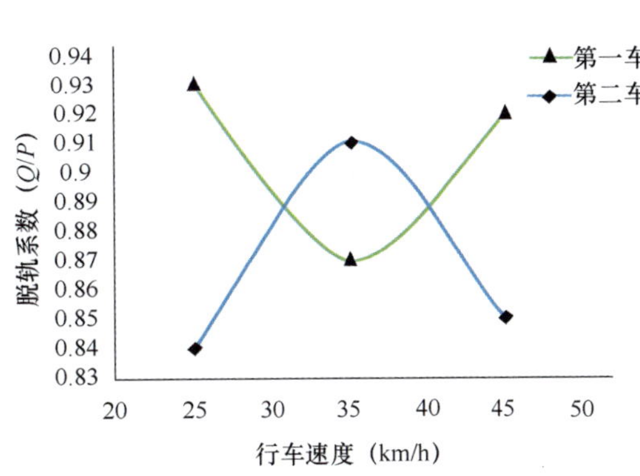

图 2-54　12 号道岔车辆脱轨系数

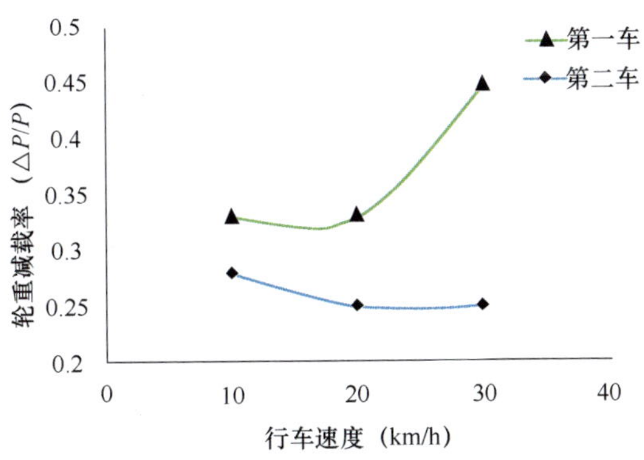

图 2-55　9 号道岔车辆轮重减载率

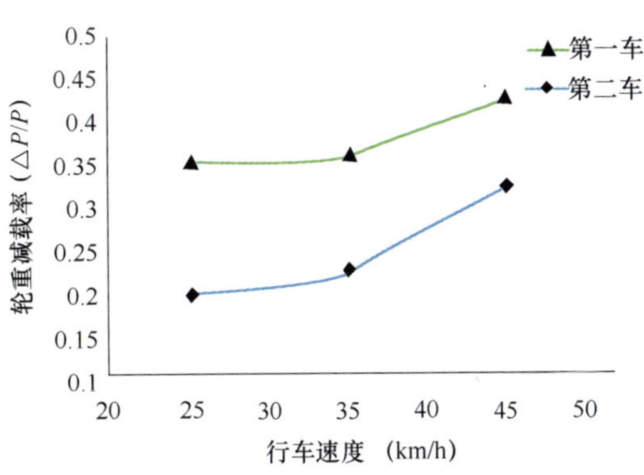

图 2-56　12 号道岔车辆轮重减载率

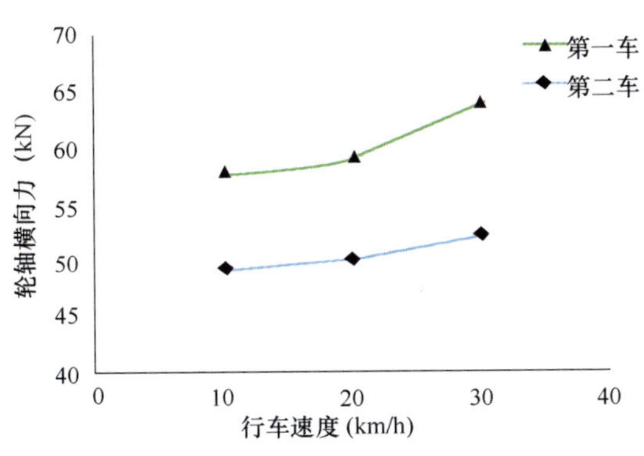

图 2-57　9 号道岔车辆轮轴横向力

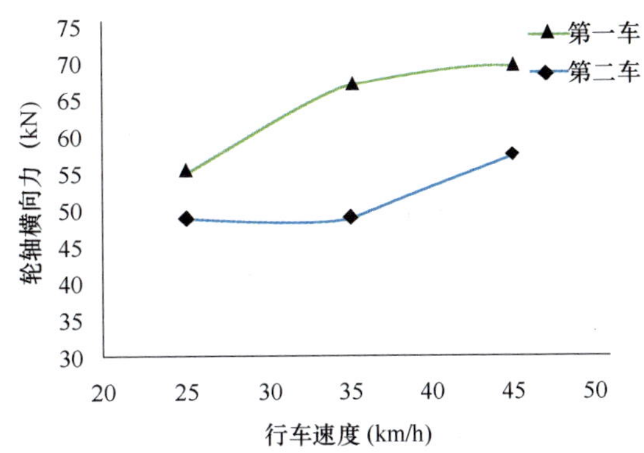

图 2-58　12 号道岔车辆轮轴横向力

车组通过 S 形小半径曲线时，第 1、2 车的脱轨系数、轮重减载率和轮轴横向力如图 2-59～图 2-61 所示，第 1 车的脱轨系数、轮重减载率和轮轴横向力大于第 2 车。第 1 车、第 2 车的脱轨系数、轮重减载率和轮轴横向力最大值如表 2-

19 所示，第 1、2 车的运行稳定性满足规范要求。

表 2-18　侧岔工况运行稳定性指标最大值

编组位置	脱轨系数	轮重减载率	轮轴横向力（kN）
第一车	0.93	0.45	70.08
第二车	0.65	0.33	57.70

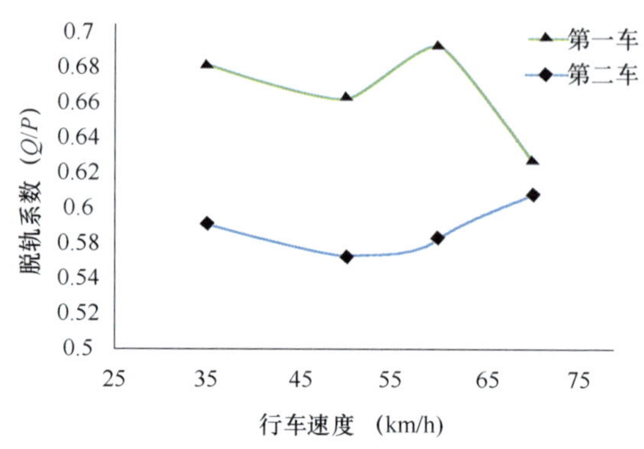

图 2-59　S 形曲线脱轨系数

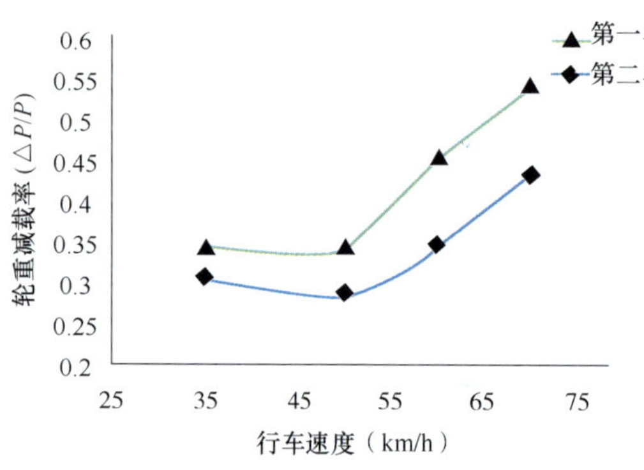

图 2-60　S 形曲线轮重减载率

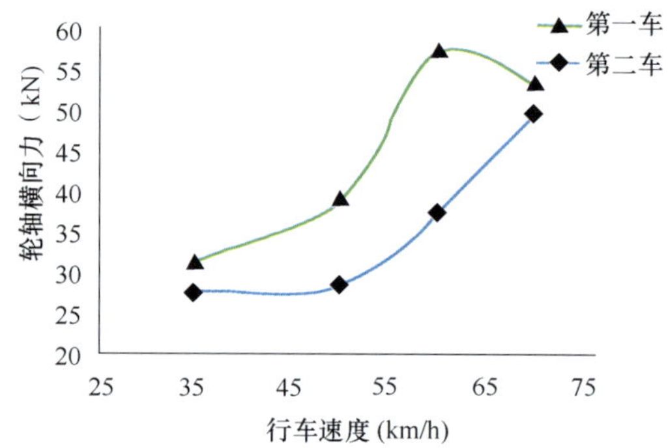

图 2-61　S 形曲线轮轴横向力

车组在运行试验时，第 1、2 车的脱轨系数、轮重减载率和轮轴横向力如图 2-62～图 2-64 所示，第 1 车的脱轨系数与第 2 车相当，最大值均为 0.78。由表 2-20 可知，第 1 车的轮重减载率、轮轴横向力最大值大于第 2 车，其值分别为 0.48、58.32 kN，第 1、2 车的运行稳定性满足规范要求。

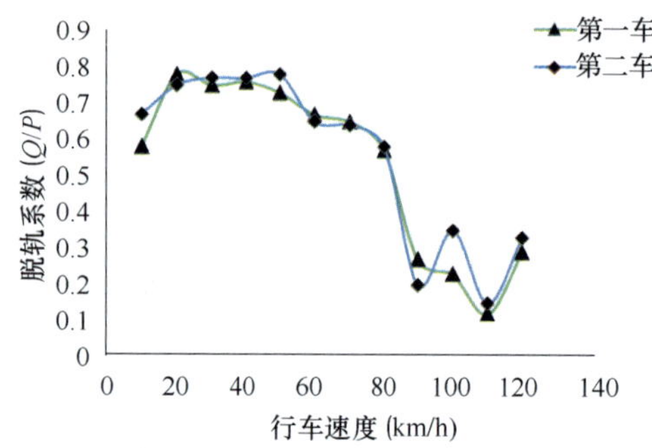

图 2-62　运行试验脱轨系数

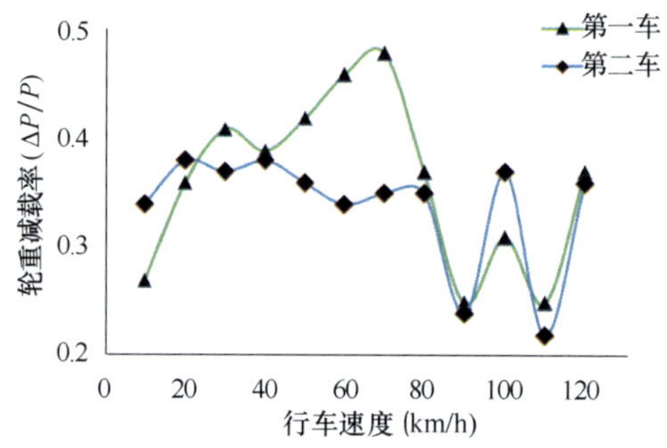

图 2-63　运行试验轮重减载率

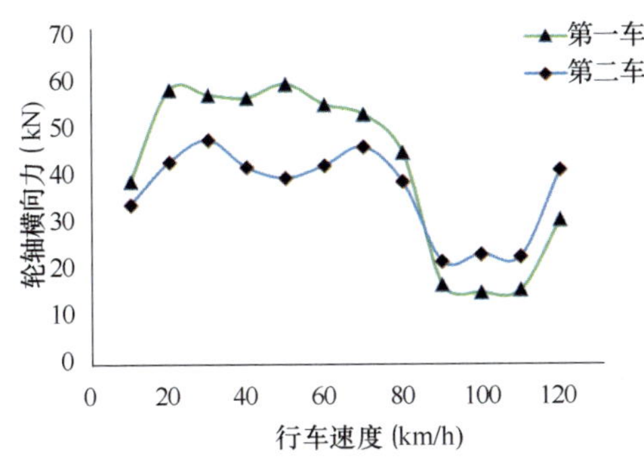

图 2-64 运行试验轮轴横向力

表 2-19 S 形曲线工况运行稳定性指标最大值

编组位置	脱轨系数	轮重减载率	轮轴横向力(kN)
第一车	0.69	0.55	57.93
第二车	0.60	0.44	50.25

表 2-20 运行试验运行稳定性指标最大值

编组位置	脱轨系数	轮重减载率	轮轴横向力(kN)
第一车	0.78	0.48	58.32
第二车	0.78	0.38	46.67

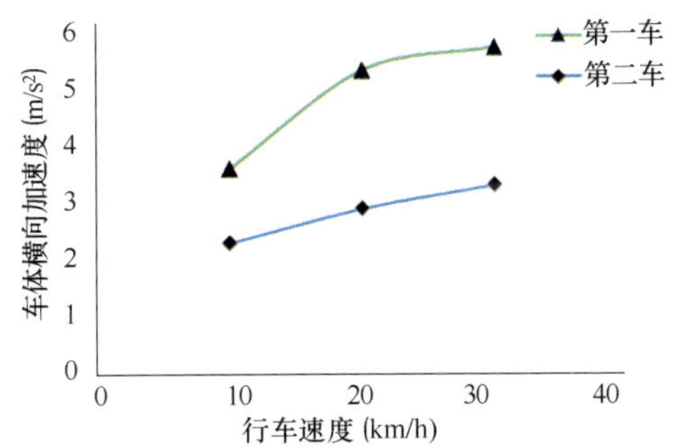

图 2-65 9 号道岔车体横向加速度

(2)运行平稳性

车组通过 9 号道岔、12 号道岔时，第 1、2 车车体横向加速度、横向稳定性、垂向加速度及垂向稳定性如图 2-65～图 2-72 所示，第 1 车车体的各项测试指标值均大于第 2 车。第 1、2 车车体的横向加速度、横向稳定性、垂向加速度及垂向平稳性最大值如表 2-21 所示，第 1 车的横向加速度的最大值为 5.59 $m/s^2 \geqslant 0.5g = 4.9\ m/s^2$，最大值超限；其余测试指标均满足评判标准。

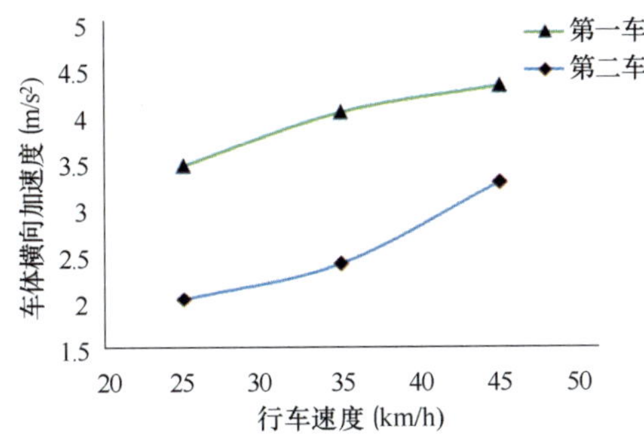

图 2-66 12 号道岔车体横向加速度

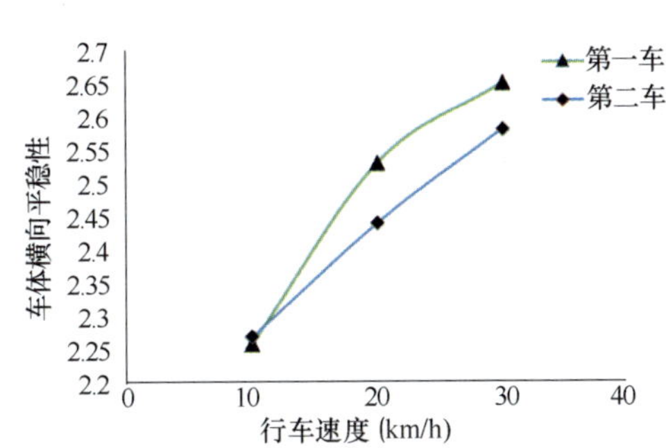

图 2-67 9 号道岔车体横向平稳性

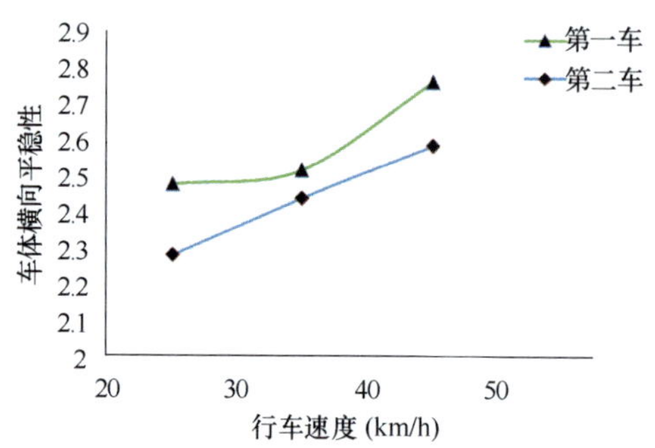

图 2-68　12 号道岔车体横向平稳性

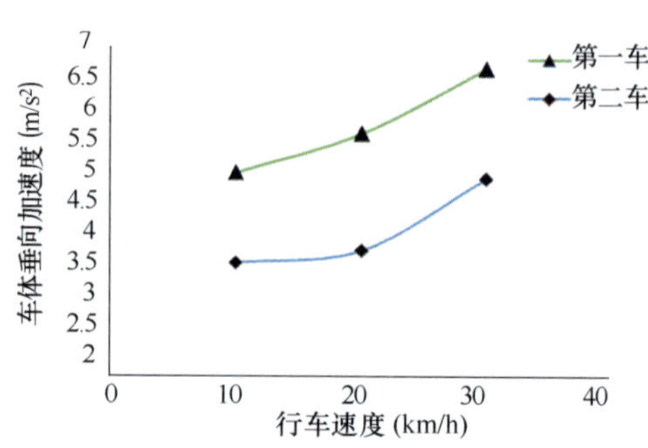

图 2-69　9 号道岔车体垂向加速度

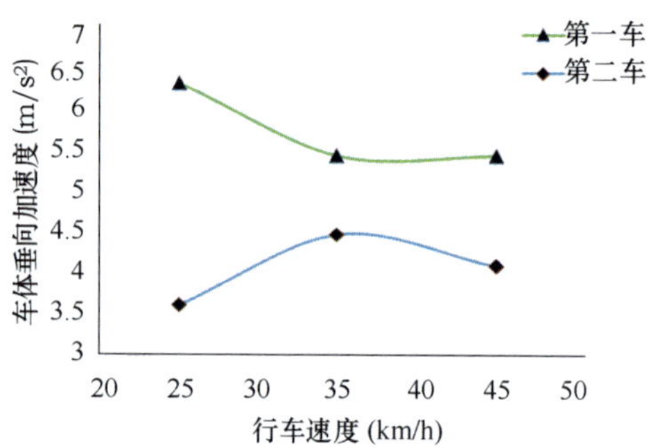

图 2-70　12 号道岔车体垂向加速度

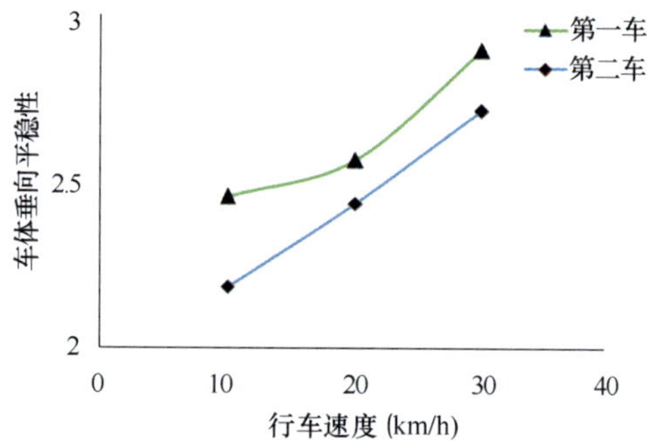

图 2-71　9 号道岔车体垂向平稳性

表 2-21　侧岔工况运行平稳性指标最大值

编组位置	车体横向加速度(m/s^2)	车体横向平稳性	车体垂向加速度(m/s^2)	车体垂向平稳性
第一车	5.59	2.78	6.67	3.18
第二车	3.34	2.60	5.00	2.89

车组通过 S 形小曲线半径时，第 1、2 车车体横向加速度、横向稳定性、垂向加速度及垂向稳定性如图 2-73～图 2-76 所示，第 1 车车体的横向加速度值、横向平稳性值均大于第 2 车。第 1、2 车车体的横向加速度、横向稳定性、垂向加速度及垂向平稳性最大值如表 2-22 所示，其测试指标最大值均满足评判标准。

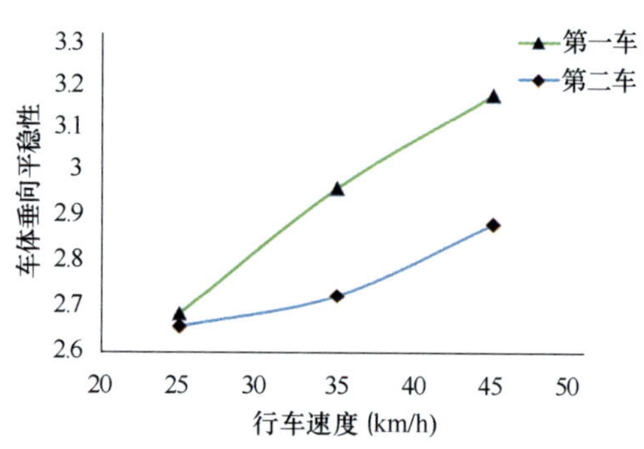

图 2-72　12 号道岔车体垂向平稳性

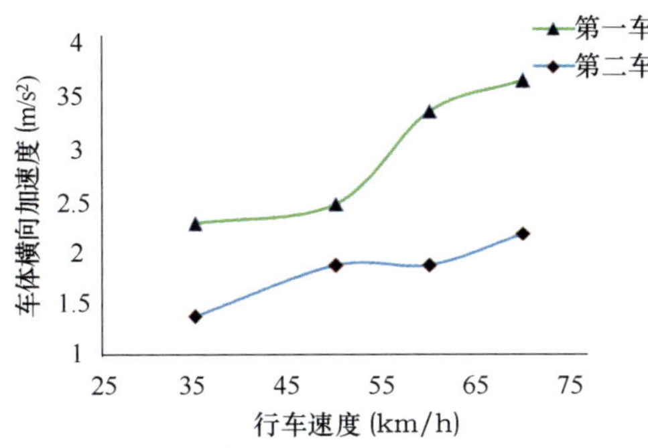

图 2-73　S 形曲线车体横向加速度

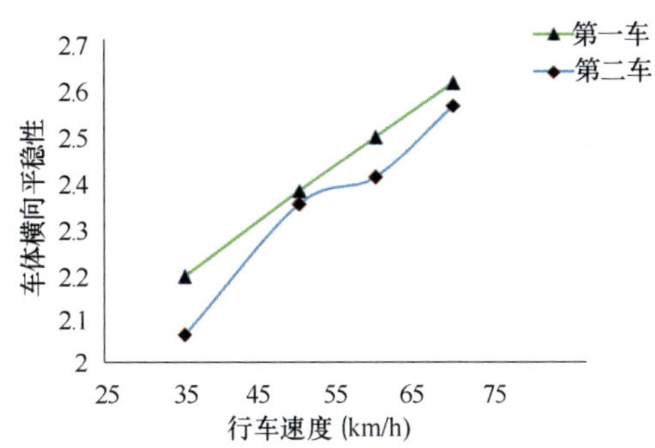

图 2-74　S 形曲线车体横向平稳性

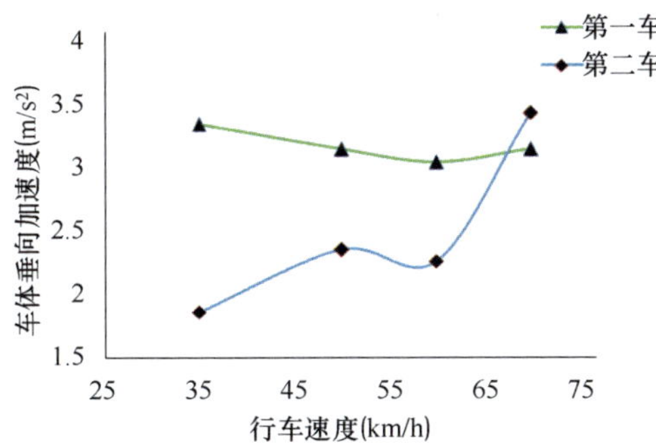

图 2-75　S 形曲线车体垂向加速度

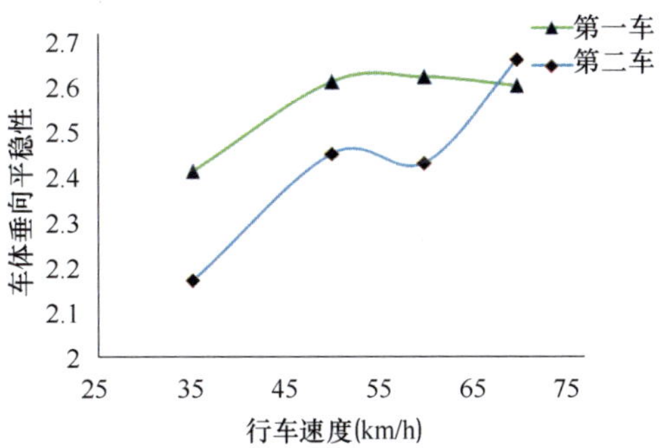

图 2-76　S 形曲线车体垂向平稳性

表 2-22　S 形曲线工况运行平稳性指标最大值

编组位置	车体横向加速度(m/s^2)	车体横向平稳性	车体垂向加速度(m/s^2)	车体垂向平稳性
第一车	3.63	2.62	3.34	2.62
第二车	2.16	2.57	3.43	2.66

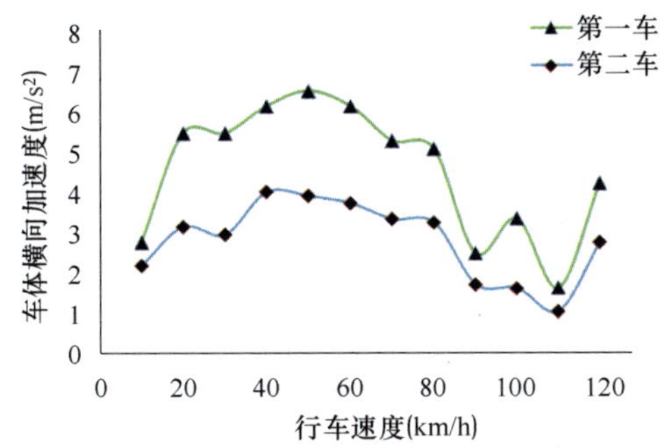

图 2-77　运行试验车体横向加速度

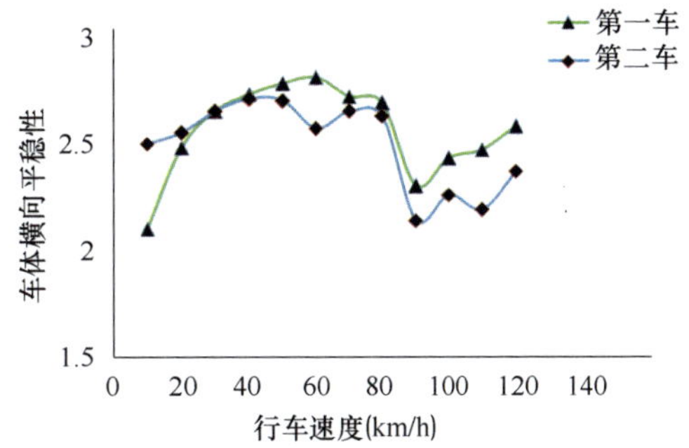

图 2-78　运行试验车体横向平稳性

车组运行试验时，第 1、2 车车体横向加速度、横向稳定性、垂向加速度及垂向稳定性如图 2-77～图 2-80 所示，第 1 车车体的横向加速度值、横向平稳性值大于第 2 车。第 1、2 车车体的横向加速度、横向稳定性、垂向加速度及垂向平稳性最大值如表 2-23 所示，第 1 车车体横向加速度、垂向加速度最大值分别为 6.67 m/s^2 和 9.71 m/s^2，超过限值；其他测试指标均满足评判标准。

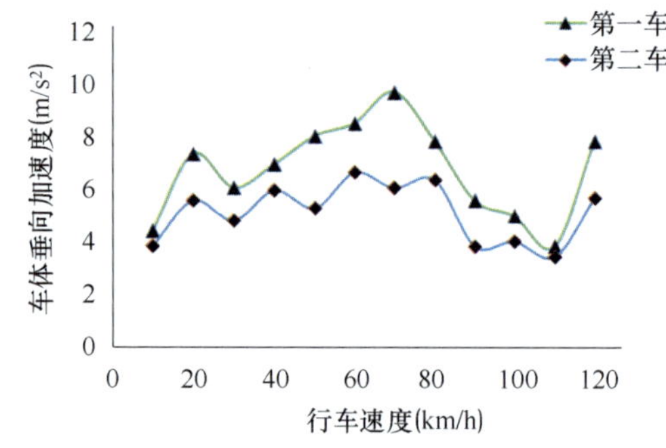

图 2-79 运行试验车体垂向加速度

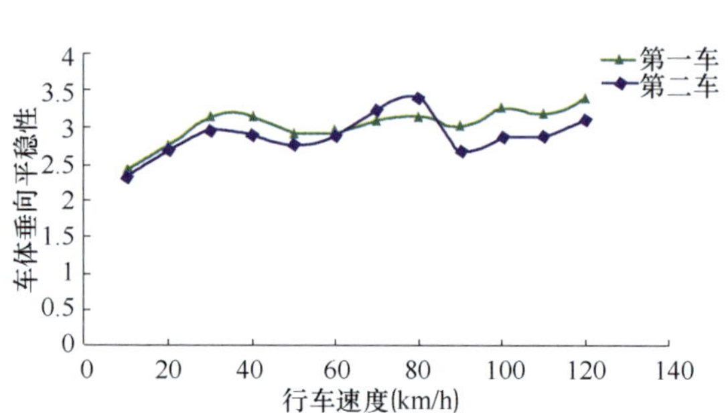

图 2-80 运行试验车体垂向平稳性

表 2-23 运行试验运行平稳性指标最大值

编组位置	车体横向加速度(m/s^2)	车体横向平稳性	车体垂向加速度(m/s^2)	车体垂向平稳性
第一车	6.67	2.81	9.71	3.37
第二车	4.12	2.71	6.67	3.39

如图 2-81 所示，第 1 车横向加速度最大值为 6.67 m/s^2，超过 4.91 m/s^2 的限度值，全程超限 56 点。虽然横向加速度最大值超过限度值，但超限点数仍满足规范规定的“100 km 超限点不超过 3 个的要求”。第 2 车横向加速度最大值小于规范规定的限度值。

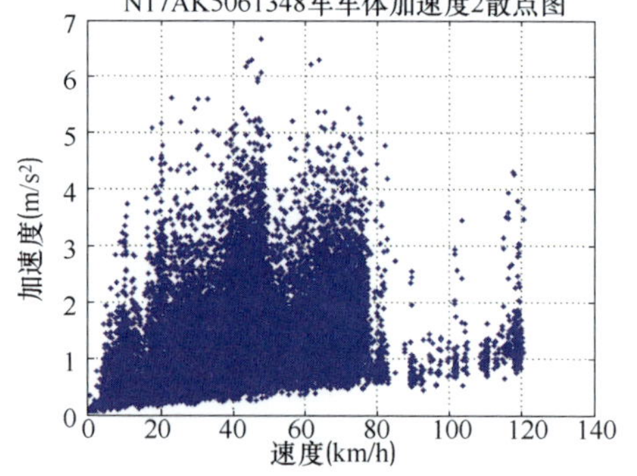

图 2-81 第 1 车横向加速度散点图

第 1 车垂向加速度最大值为 9.71 m/s^2，超过 6.86 m/s^2 的限度值，全部试验超限 55 点，垂向加速度最大值虽然超过限度值，但超限点数仍满足规范要求。第 2 车的垂向加速度小于规范规定的限度值。

第 1、2 车车体的横向、垂向平稳性最大值均小于 3.5，运行平稳性为优。

因此，第 1、2 车的横向加速度、横向平稳性指标、垂向加速度及垂向平稳性指标均满足规范的限度要求。

3. 摇枕弹簧动静挠度比

车组通过9号、12号道岔时，1位、2位枕簧位移如图2-82～图2-85所示，第2车枕簧位移大于第1车枕簧位移。第1、2车的枕簧最大位移及相应的动静挠度比如表2-24所示，由于动静挠度比均小于0.7的评价标准，因此第1、2车转向架的弹簧动静挠度比满足要求。

表2-24　侧岔工况弹簧垂向位移最大值及动静挠度比

编组位置	转向架	垂向位移(mm)	动、静挠度比
第一车	转K2	7.83	0.20
第二车	转K6	8.79	0.19

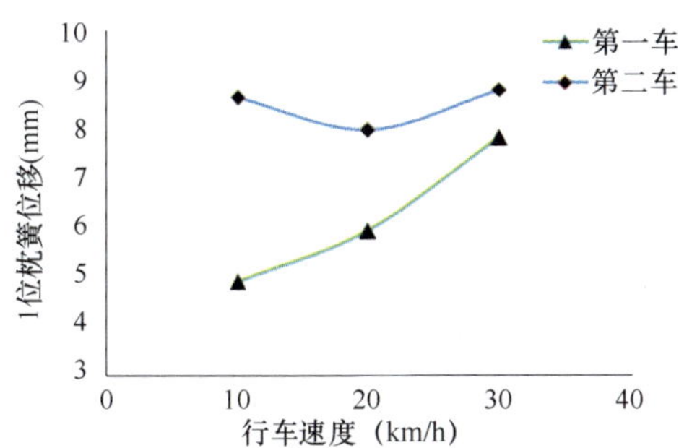

图2-82　9号道岔1位枕簧位移

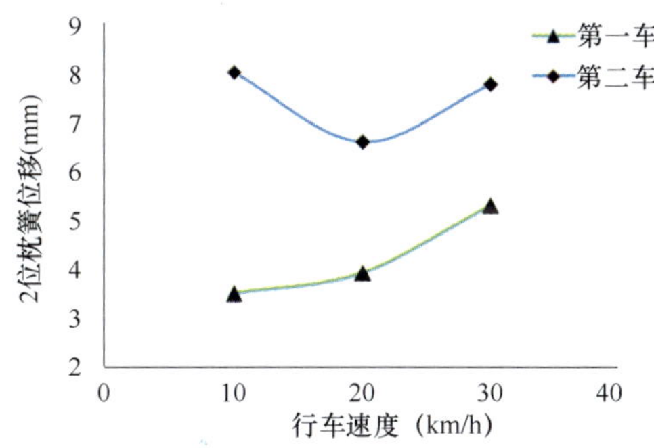

图2-83　9号道岔2位枕簧位移

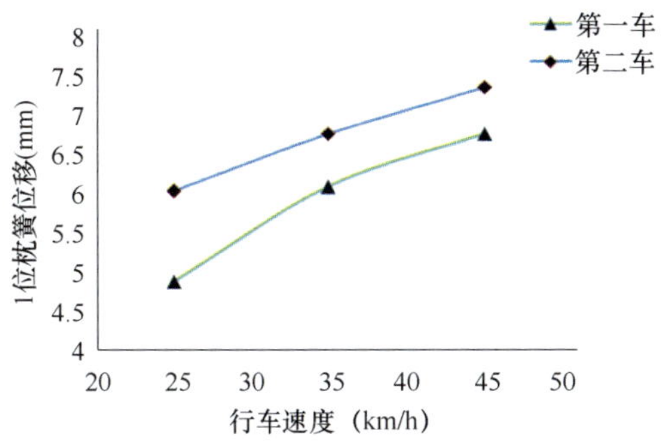

图2-84　12号道岔1位枕簧位移

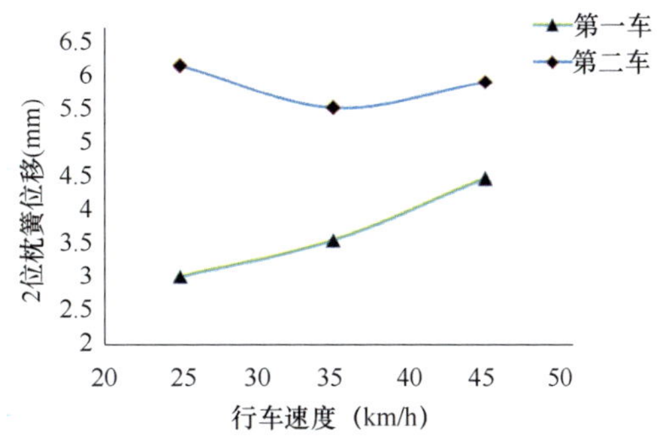

图2-85　12号道岔2位枕簧位移

车组通过S形小曲线半径时，1位、2位枕簧位移如图2-86和图2-87所示，第2车枕簧位移大于第1车枕簧位移。第1、2车的枕簧最大位移及相应的动静挠度比如表2-25

表2-25　S形曲线工况弹簧垂向位移最大值

编组位置	转向架	垂向位移(mm)	动、静挠度比
第一车	转K2	6.08	0.16
第二车	转K6	7.59	0.17

所示，由于动静挠度比均小于0.7的评价标准，因此第1、2车转向架的弹簧动静挠度比满足要求。

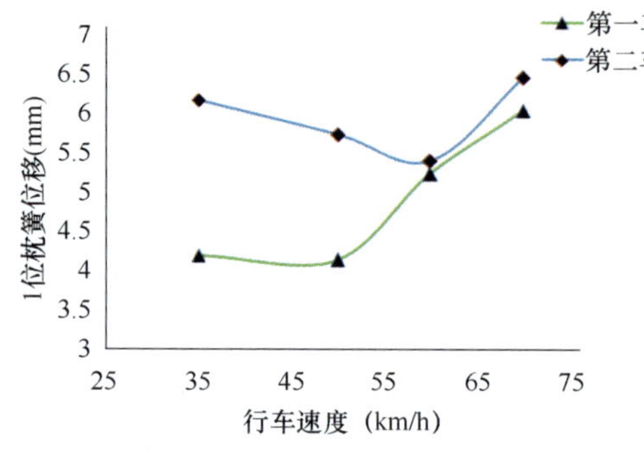

图2-86　S形曲线1位枕簧位移

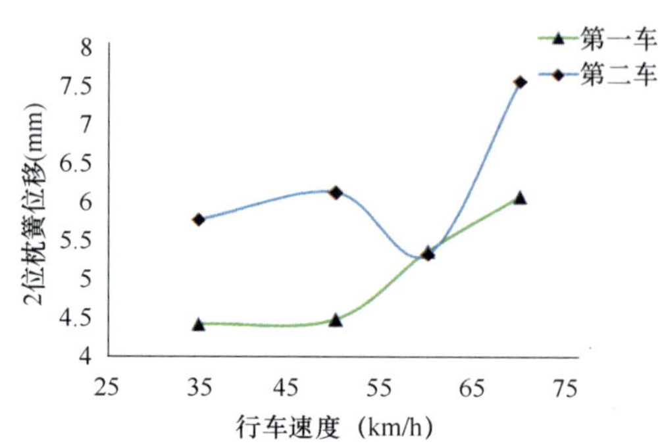

图2-87　S形曲线2位枕簧位移

车组运行试验时，1位、2位枕簧位移如图2-88和图2-89所示，第2车枕簧位移大于第1车枕簧位移。第1、2车的枕簧最大位移及相应的动静挠度比如表2-26所示，由于动静挠度比均小于0.7的评价标准，因此第1、2车转向架的弹簧动静挠度比满足要求。

表2-26　运行试验弹簧垂向位移最大值

编组位置	转向架	垂向位移(mm)	动、静挠度比
第一车	转K2	7.23	0.19
第二车	转K6	10.09	0.22

综上所述，在整个测试速度范围内，被测试车辆的摇枕弹簧动静挠度比均小于0.7的限度值，满足要求。

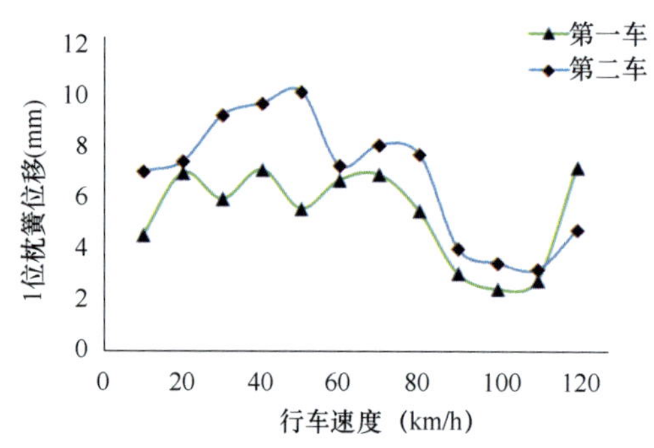

图2-88　运行试验1位枕簧位移

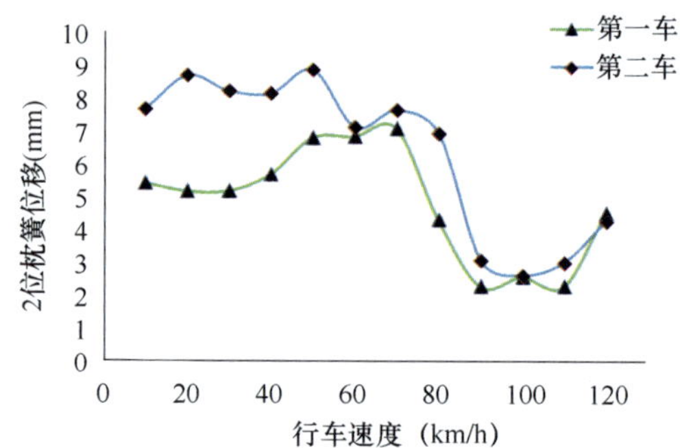

图2-89　运行试验2位枕簧位移

（三）小半径曲线及道岔动力响应结果

1. 测试内容与测点数量

S形小半径曲线、50-9号和50-12号道岔测试内容与测点数量如表2-27所示。

表 2-27　测试内容与测点数量

测　试　内　容	小半径曲线	50-9 号道岔		50-12 号道岔	
		尖轨尖端	导曲线	尖轨尖端	导曲线
轮轨垂直力、水平力	8	4	4	4	4
钢轨轨头横向位移	4	2	2	2	2
轨枕横向位移	4	2	2	2	2
总　　计	48				

2. 轨道及道岔测试结果与分析

(1)S 形小半径曲线测试

试验列车通过 S 形小半径曲线时，100 m 长钢轨车组的脱轨系数、轮重减载率、轮轴横向力、钢轨横向位移、轨枕横向位移等各项参数统计如表 2-28 和表 2-29 所示。

表 2-28　脱轨系数、轮重减载率和轮轴横向力统计

（小半径反向曲线）

测试内容		速度(km/h)	曲线 1(*R*287 m)外轨脱轨系数	曲线 2(*R*300 m)内轨脱轨系数	测试内容		速度(km/h)	曲线 1(*R*287 m)外轨脱轨系数	曲线 2(*R*300 m)内轨脱轨系数
脱轨系数	外轨	5	0.53	0.40	轮重减载率	内轨	5	0.10	0.07
		35	0.45	0.60			35	0.16	0.20
		50	0.47	0.50			50	0.17	0.35
		60	0.46	0.47			60	0.28	0.46
		70	0.43	0.43			70	0.36	0.52
	内轨	5	0.52	0.42	轮轴横向力(kN)	向外	5	14.9	10.1
		35	0.43	0.36			35	18.6	24.2
		50	0.44	0.35			50	20.3	34.4
		60	0.46	0.34			60	26.2	48.2
		70	0.50	0.28			70	36.7	54.0
轮重减载率	外轨	5	0.25	0.24		向内	5	61.2	48.8
		35	0.22	0.21			35	39.7	36.7
		50	0.17	0.12			50	27.9	38.0
		60	0.09	0.13			60	27.4	36.8
		70	0.02	0.06			70	24.6	24.9

由表 2-28 和表 2-29 可知：

① 长轨列车通过S形小半径曲线时，实测各列车平稳性参数和轨道横向稳定性参数统计最大值分别为：外轨脱轨系数0.60；内轨脱轨系数0.52；外轨轮重减载率0.25；内轨轮重减载率0.52；向外的轮轴横向力54.0 kN；向内的轮轴横向力61.2 kN，钢轨横向位移2.22 mm，轨枕横向位移0.74 mm。

② 内轨轮重减载率、向外的轮轴横向力和外轨横向位移随列车速度的提高明显增大；外轨轮重减载率、向内的轮轴横向力随列车速度的提高而减小；内轨横向位移、轨枕横向位移和脱轨系数与列车速度关系不明显。

综上所述，实测各列车稳定性参数均未超过其安全允许限值；钢轨和轨枕没有产生残余变形，能够保证轨道结构的横向稳定性。

(2)50-12号单开道岔测试

表2-29 钢轨和轨枕横向位移统计(S形小半径曲线)　　单位：mm

测试断面	速度(km/h)	曲线1 (*R*287 m)	曲线2 (*R*300 m)	测试断面	速度(km/h)	曲线1 (*R*287 m)	曲线2 (*R*300 m)
钢轨横向位移	5	2.04	1.38	轨枕横向位移	5	0.43	0.46
	35	2.12	1.83		35	0.36	0.43
	50	1.91	1.94		50	0.42	0.44
	60	1.92	1.93		60	0.47	0.47
	70	2.22	1.89		70	0.74	0.45

表2-30 脱轨系数、轮重减载率和轮轴横向力统计(50-12号道岔)

测试参数		速度(km/h)	尖轨尖端断面	导曲线断面	测试参数		速度(km/h)	尖轨尖端断面	导曲线断面
脱轨系数	外轨	5	0.28	0.88	轮重减载率	内轨	5	0.14	0.24
		25	0.31	0.94			25	0.35	0.23
		35	0.30	0.90			35	0.52	0.27
		45	0.30	0.87			45	0.45	0.41
	内轨	5	0.27	0.59	轮轴横向力(kN)	向外	5	7.1	58.7
		25	0.55	0.61			25	11.9	53.0
		35	0.70	0.50			35	13.6	52.3
		45	0.36	0.42			45	17.2	55.2
轮重减载率	外轨	5	0.11	0.20		向内	5	6.1	22.0
		25	0.13	0.19			25	47.0	28.5
		35	0.13	0.18			35	50.3	15.4
		45	0.16	0.17			45	41.1	10.1

试验列车通过50-12号单开木枕道岔时，车辆的脱轨系数、轮重减载率、轮轴横向力、钢轨横向位移、轨枕横向位移等各项参数统计如表2-30和表2-31所示。

由表2-30和表2-31可知：

①长轨列车通过50-12号道岔尖轨尖端断面时，100 m长钢轨车组实测各参数统计最大值分别为：外轨脱轨系数0.31，内轨脱轨系数0.70，外轨轮重减载率0.16，内轨轮重减载率0.52，向外的轮轴横向力17.2 kN，向内的轮轴横向力50.3 kN，钢轨横向位移2.86 mm，轨枕横向位移1.24 mm。

表2-31　钢轨和轨枕横向位移统计(50-12号道岔)　　单位：mm

测试断面	速度(km/h)	导曲线断面	尖轨尖端断面	测试断面	速度(km/h)	导曲线断面	尖轨尖端断面
钢轨横向位移	5	5.52	1.31	轨枕横向位移	5	1.03	0.98
	25	5.85	1.93		25	1.29	1.16
	35	5.06	2.27		35	1.37	1.24
	45	5.54	2.86		45	1.42	1.21

②长轨列车通过50-12号道岔导曲线断面时，100 m长钢轨车组实测各参数统计最大值分别为：外轨脱轨系数0.94，内轨脱轨系数0.61，外轨轮重减载率0.20，内轨轮重减载率0.41，向外的轮轴横向力58.7kN，向内的轮轴横向力28.5 kN，钢轨横向位移5.85 mm，轨枕横向位移1.42 mm。

综上所述，实测各列车稳定性参数均未超过其安全允许限值；钢轨和轨枕没有产生残余变形，能够保证轨道结构的横向稳定性。

(3)50-9号单开道岔测试

试验列车通过50-9号单开木枕道岔时，100 m长钢轨车组的脱轨系数、轮重减载率、轮轴横向力、钢轨横向位移、轨枕横向位移等各项参数统计如表2-32和表2-35所示。

表2-32　脱轨系数统计(50-9号道岔)

测试断面	速度(km/h)	外轨脱轨系数	内轨脱轨系数	测试断面	速度(km/h)	外轨脱轨系数	内轨脱轨系数
尖轨断面	5	0.74	0.58	导曲线断面	5	0.99	0.66
	10	0.76	0.63		10	0.97	0.67
	20	0.77	0.51		20	0.99	0.58
	30	0.74	0.55		30	1.04	0.55

由表2-32和表2-35可知：

(1)100 m长轨列车通过50-9号道岔尖轨尖端断面时，100 m长钢轨车组实测各参数统计最大值分别为：外轨脱轨系数 0.77，内轨脱轨系数 0.63，外轨轮重减载率 0.21，内轨轮重减载率 0.26，向外的轮轴横向力 41.7 kN，向内的轮轴横向力 65.5 kN，钢轨横向位移 2.07 mm，轨枕横向位移 1.42 mm。

(2)100 m 长轨列车通过 50-9 号道岔导曲线断面时，100 m 长钢轨车组实测各参数统计最大值分别为：外轨脱轨系数 1.04，内轨脱轨系数 0.67，外轨轮重减载率 0.29，内轨轮重减载率 0.38，向外的轮轴横向力 65.8 kN，向内的轮轴横向力 71.4 kN，钢轨横向位移 5.17 mm，轨枕横向位移 1.22 mm。

表 2-33 轮重减载率统计(50-9 号道岔)

测试断面	速度(km/h)	外轨轮重减载率	内轨轮重减载率	测试断面	速度(km/h)	外轨轮重减载率	内轨轮重减载率
尖轨断面	5	0.20	0.22	导曲线断面	5	0.29	0.28
	10	0.21	0.24		10	0.29	0.36
	20	0.20	0.19		20	0.26	0.37
	30	0.18	0.26		30	0.14	0.38

表 2-34 轮轴横向力统计(50-9 号道岔) 单位：kN

测试断面	速度(km/h)	向外的轮轴横向力	向内的轮轴横向力	测试断面	速度(km/h)	向外的轮轴横向力	向内的轮轴横向力
尖轨断面	5	33.2	53.2	导曲线断面	5	47.4	69.1
	10	28.4	65.5		10	47.5	71.4
	20	29.5	53.6		20	54.7	68.1
	30	41.7	43.0		30	65.8	48.8

表 2-35 钢轨和轨枕横向位移统计(50-9 号道岔) 单位：mm

测试断面	速度(km/h)	导曲线断面	尖轨尖端断面	测试断面	速度(km/h)	导曲线断面	尖轨尖端断面
钢轨横向位移	5	4.78	1.88	轨枕横向位移	5	1.22	1.37
	10	5.17	2.00		10	1.16	1.39
	20	4.77	1.96		20	1.13	1.40
	30	4.95	2.07		30	1.15	1.42

综上所述，实测各列车稳定性参数均未超过其安全允许限值；钢轨和轨枕没有产生残余变形，能够保证轨道结构的横向稳定性。

第三章　25 m长钢轨运输

第一节　25 m长钢轨运输专用装载加固装置

一、25 m长钢轨六支点转向架

(一)结构组成

25 m长钢轨六支点转向架，每组由4个滑台或活动式滑枕、1个活心盘下架体、1个死心盘下架体及2个上架体组成。使用时，上架体的销轴分别插入死、活心盘的中心圆孔和中心椭圆孔内，如图3-1所示。

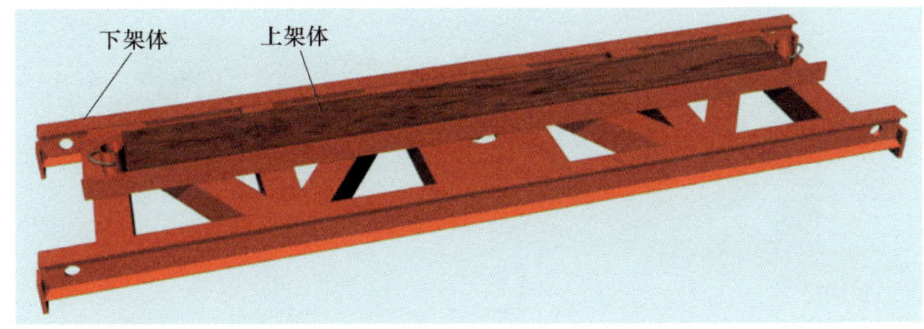

图3-1　转向架主体结构示意图

1. 滑台或活动式滑枕

滑台以工字钢为基础，在两侧各焊接3块翼板和加强筋，两端焊有定位卡铁，顶面覆有橡胶板，如图3-2所示，主要在鞍钢、包钢使用。除了这种滑台外，还有一种形式是活动式滑枕，主要在攀钢和武钢使用。

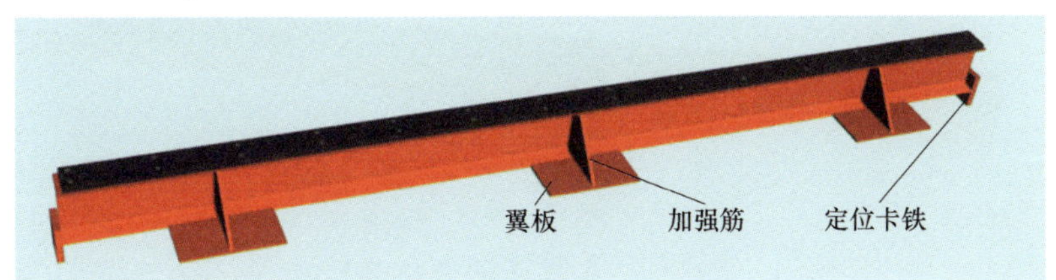

图3-2　滑台结构示意图

2. 活心盘下架体

活心盘下架体主梁由两根槽钢背接而成，主梁两端开有圆孔，两端焊有两个定位卡铁。在两根主梁中间焊接有6根横梁、4根斜梁及活心盘。活心盘由钢板切割而成,中间开有一个中心椭圆孔,其底部两端焊接心盘垫梁,如图3-3所示。

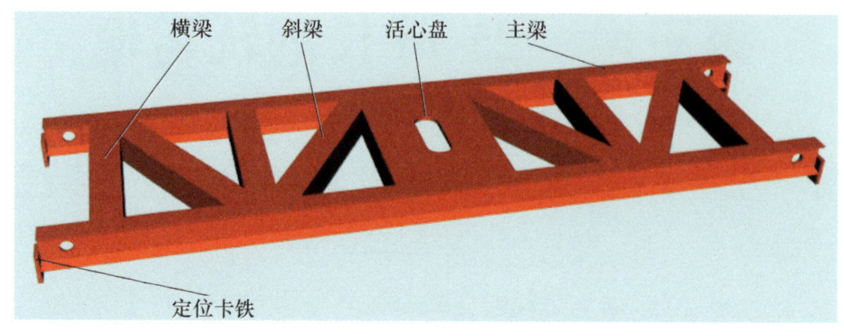

图3-3　活心盘下架体结构示意图

3. 死心盘下架体

死心盘下架体与活心盘下架体结构基本相同,不同的是死心盘中间开有一个中心圆孔,如图3-4所示。

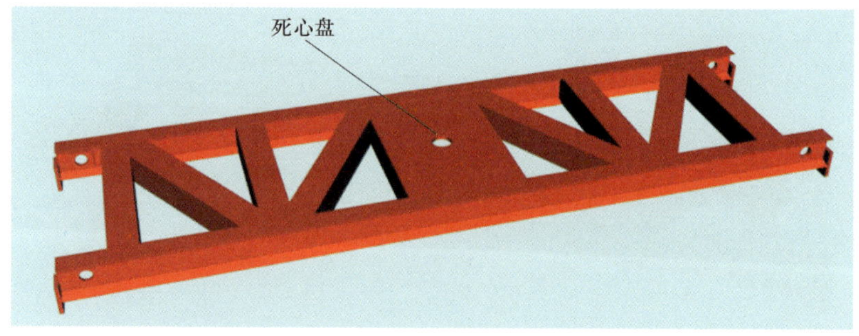

图3-4　死心盘下架体结构示意图

4. 上架体

上架体由槽钢制成,槽钢的中间部位开有中心孔,在该中心孔内焊接销轴,槽钢内放置一块防滑木板,其两端各设置一个吊环,如图3-5所示。

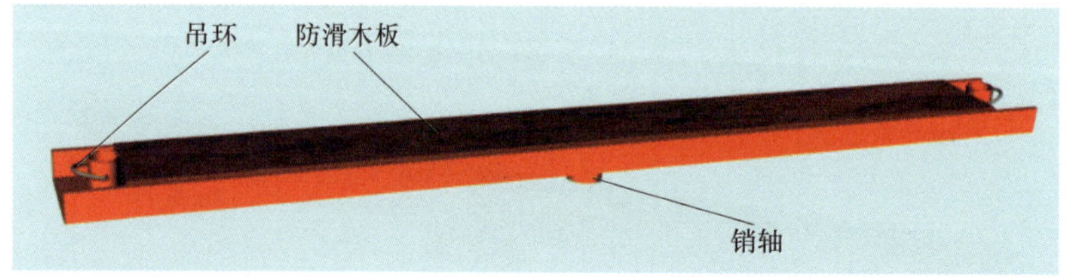

图3-5　上架体结构示意图

(二)技术参数

25 m长钢轨六支点转向架由普通碳素结构钢制作,在满足转向架基本技术要求和钢轨安全运输的前提下,其结构和尺寸规格可以有所差异。现使用的

25 m长钢轨转向架，其结构和尺寸规格分别如表3-1～表3-2及图3-6～图3-8所示。

表3-1 25 m长钢轨六支点转向架的结构和尺寸规格 单位：mm

构 件	长度	宽度	高度	上架体中心销	固定心盘中心孔	活动心盘中心孔
上架体	2 860	240	60	ϕ108/ϕ148	—	—
固定心盘下架体	3 120	1 090	120	—	ϕ113/ϕ170	—
活动心盘下架体	3 120	1 090	120	—	—	*R*56.5/*R*85/350
垫 木	2 600	220	65	—	—	—

表3-2 活动式滑枕的结构和尺寸规格 单位：mm

构 件	长度	宽度	高度	导滑板长	导滑板宽	导滑板槽长	挡铁高
上滑体	2 680	100	48	160	75	—	130
下滑体	3 120	400	140	—	—	515	—
垫 木	2 640	65	65	—	—	—	—

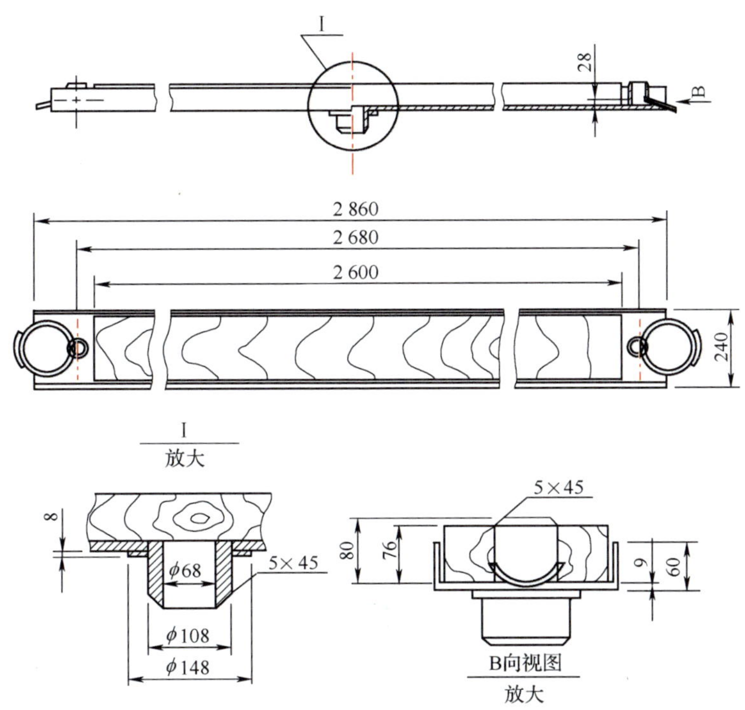

图3-6 25 m长钢轨六支点转向架上架体（单位：mm）

（三）工作原理

在使用前，首先将活心盘转向架主体及死心盘转向架主体分别摆放在两辆平车各自的中心位置上，其底面两端的定位卡铁卡住车辆的侧边缘，再将四个

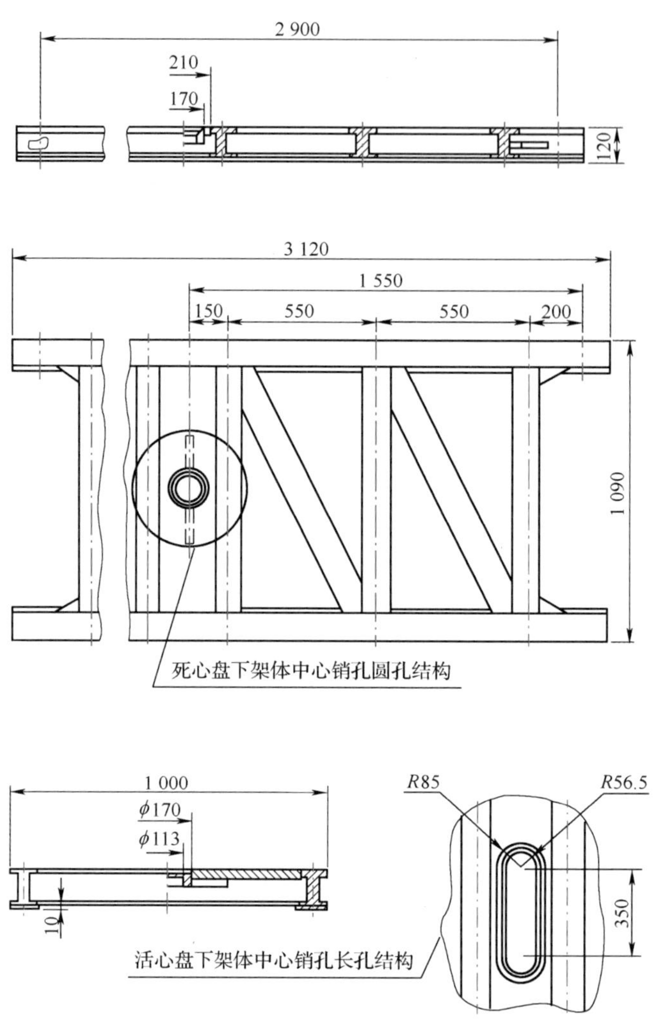

图 3-7　25 m 长钢轨六支点转向架下架体(单位:mm)

滑动钢垫分别摆放在两辆平板车的四个转向架中心位置上,然后进行钢轨的装载加固。

车辆通过直线时,滑台或活动式滑枕对钢轨起支撑作用,两个转向架起承重作用。在车辆通过曲线或道岔时,活心盘上架体的中心销轴在活心盘内即滑动又转动,而死心盘中心销轴只转动,使钢轨与车辆形成一定角度,钢轨不产生横向弯曲变形,所以车辆受到钢轨产生的横向力较小。

在实际运输过程中,为了使转向架转动更为灵活,一方面转向架上下架体之间、滑台上表面或活动式滑枕槽体内涂抹油脂;另一方面,在结构上两个转向架与四个滑台或活动式滑枕之间有一定的高度差,从而使车辆承重均匀。

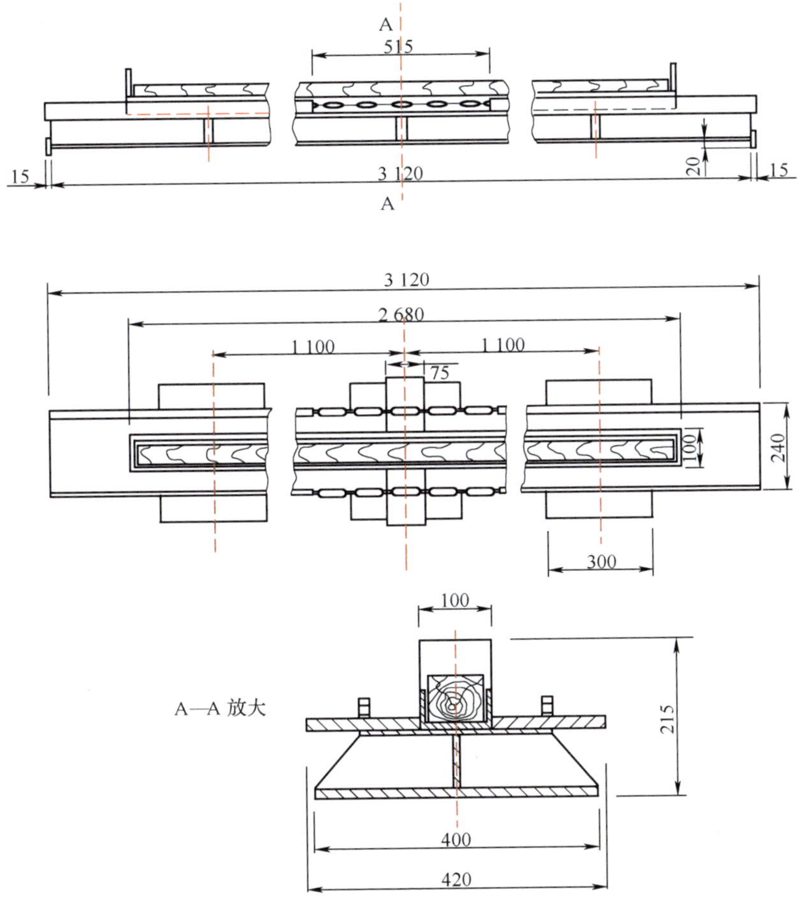

图 3-8 25 m 长钢轨六支点转向架活动式滑枕(单位:mm)

二、25 m 长钢轨两支承式转向架

25 m 长钢轨两支承式转向架,由 1 个上架体、1 个下架体和 2 个滑台组成,使用时将各部件进行组装。各部分主要由型钢制作而成,并配备有专用扳手。

上架体还有由紧固螺栓、调整环、钢丝绳和下压垫木等组成的加固索具。下架体每侧焊有 4 个手环,在两端焊有插板。滑台端部下沿有防滑齿,内侧面焊有插座。各部分的结构及尺寸规格如表 3-3 及图 3-9 所示。

表 3-3 25 m 长钢轨两支承式转向架各部件的结构及尺寸规格

构件	长度(mm)	宽度(mm)	高度(mm)	上架体中心销直径(mm)	下架体心盘孔长度(mm)	索具调整范围(mm)	扳手拉力(N)
上架体	2 500	600	60	ϕ120	—	—	—
下架体	4 750	1 000	136	—	270	—	—
滑　台	2 700	250	260	—	—	—	—
加固索具	—	—	—	—	—	800	—
专用扳手	600	—	—	—	—	600～1 000	250

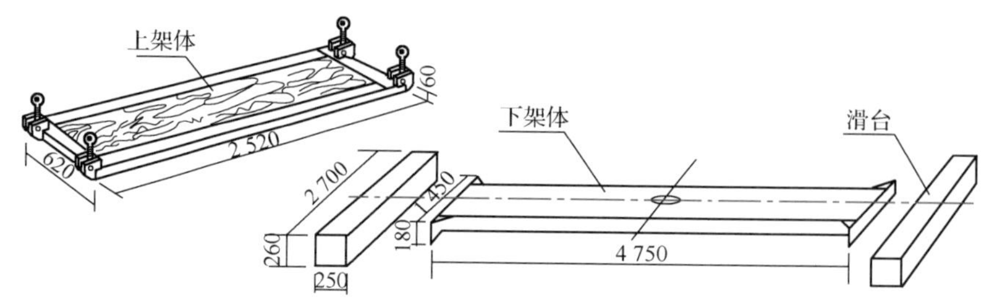

图 3-9　25 m 长钢轨两支承式转向架(单位:mm)

第二节　25 m 长钢轨装载加固方案

一、六支点转向架装载加固方案

(一)转向架的安装

采用 2 辆换长 1.3、载重 60 t 普通木地板平车跨装。六支点转向架的 8 个部件为一组,包括:上架体 2 件、活心盘下架体 1 件、死心盘下架体 1 件、滑枕 4 件。货物转向架分别置于两平车中央,其纵、横中心线投影与货车纵、横中心线重合,活心盘中心销置于心盘孔中央,活动式滑枕或滑台置于枕梁上方,六点承载,各部件摆放位置如图 3-10 所示。

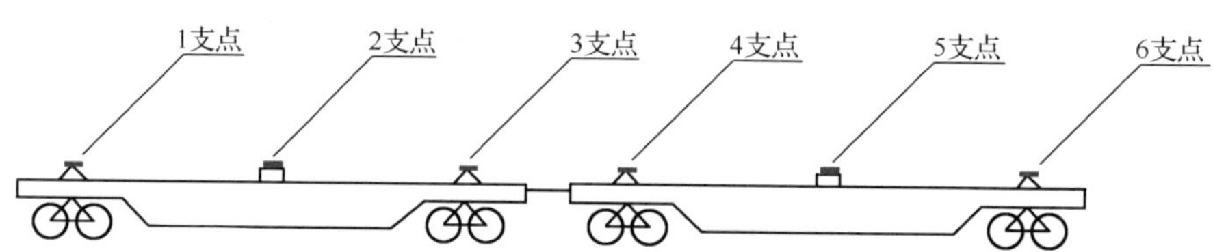

图 3-10　转向架安装位置示意图

注:1、3、4、6 支点—滑台或滑枕;2、5 支点—转向架。

(二)钢轨装载方法

为了提高运输效率,我国铁路运输一直有装载率要求。运输 25 m 定尺钢轨,装车时采用正反扣装,既能多装钢轨又降低车辆重心。目前,六支点装载加固方案有如下 3 种钢轨装载方法。

1. 每层钢轨正反扣缝摆放,从两侧向内挤紧,相互密贴,端部对齐,装载对称,如图 3-11 所示。短尺轨不得装在底层和每层的两侧。钢轨装载层数及每层根数如表 3-4 所示。

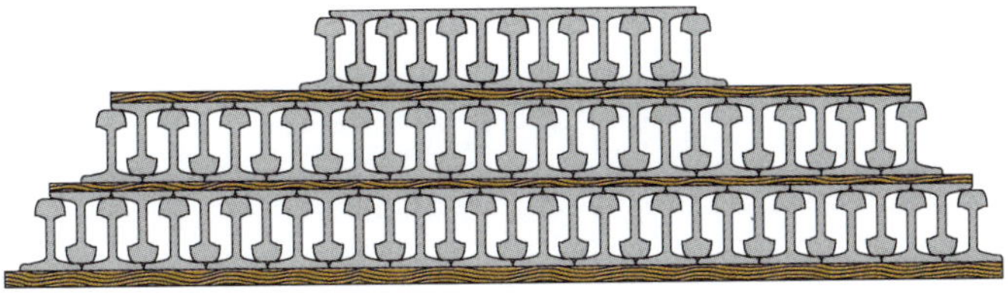

图 3-11　钢轨摆放示意图

表 3-4　钢轨摆放数据表

层次 / 规格(kg/m)	第一层			第二层			第三层			第四层			合计
	正摆	反扣	小计	正摆	反扣	小计	正摆	反扣	小计	正摆	反扣	小计	
43	14	13	27	13	12	25	11	10	21	9	8	17	90
50	12	11	23	11	10	21	10	9	19	9	8	17	80
60	12	11	23	10	9	19	8	7	15	7	6	13	70
50	18	17	35	16	15	31	8	6	14				80
60	16	15	31	14	13	27	7	5	12				70
65	14	13	27	12	11	23	9	7	16				66
75	11	10	21	10	9	19	8	7	15				55

2. 每 3 根钢轨捆扎成捆，分 3 根并列成捆和二正一反扣轨成捆。捆与捆之间挤紧密贴，端部对齐，装载均衡对称，如图 3-12 所示。每一组车的装载层数及每层的装载捆数如表 3-5 所示。

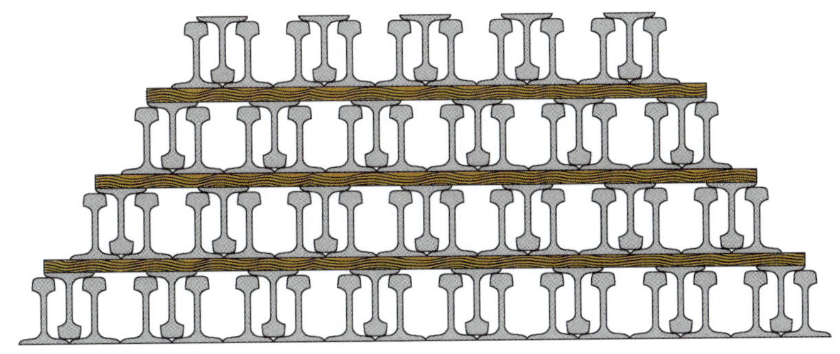

图 3-12　钢轨摆放示意图

3. 每 5 根正反扣轨捆扎成捆，装 3 层，第 1 层 6 捆，第 2 层 5 捆，第 3 层 4 捆。捆间挤紧密贴，端部对齐，均衡对称，如图 3-13 所示。

表 3-5　钢轨摆放数据表

捆数 \ 层数		第1层	第2层	第3层	第4层	第5层	捆数合计	根数合计
正反扣轨成捆	50(kg/m)	8	7	6	5	—	26	78
	60(kg/m)	7	6	5	4	—	22	66
三根并列成捆	50(kg/m)	6	6	5	5	4	26	78
	60(kg/m)	5	5	5	4	4	23	69

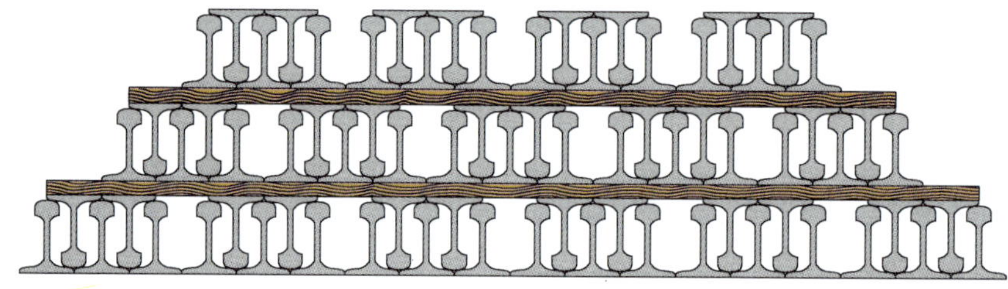

图 3-13　钢轨摆放示意图

（三）钢轨加固方法

钢轨加固如图 3-14 和图 3-15 所示，具体方法为：

1. 下架体每端用 ϕ6.0～6.5 mm 盘条 6 股，分别拉牵 2 个八字形捆绑在车侧丁字铁或支柱槽上。

2. 每层钢轨之间均铺设隔木防滑：1、6 支点处，隔木与支点上下对齐；2、5 支点处，隔木向钢轨端部偏移 200 mm；3、4 支点处第 1、2 层间的隔木与支点对齐，第 2、3 层间的隔木置于 2、3 支点和 4、5 支点的中部。

3. 在转向架纵中心线处，用 ϕ6.0～6.5 mm 盘条 8 股将钢轨整体下压捆绑在上架体加固环上。

4. 在 1、6 支点内侧 200 mm 处，各用 ϕ6.0～6.5 mm 盘条 6 股将第 2、3 层捆为一体。

5. 在 1、2 及 5、6 支点中部，各用 ϕ6.0～6.5 mm 盘条 6 股将第 1、2 层捆为一体。

6. 在 3、4 支点中部用 ϕ6.0～6.5 mm 盘条 4 股将 3 层钢轨捆为一体。

7. 钢轨端部安插 U 形夹具，并各用 ϕ6.0～6.5 mm 盘条 2 股穿过 U 形夹具加固环拉牵捆绑在上架体加固环上。

8. 转向架上、下架体间及活动式滑枕槽体内或滑台上均满涂润滑油脂。

图 3-14 钢轨加固情况

图 3-15 钢轨端部加固情况

二、两支承式转向架装载加固方案

(一)转向架安装

两支承式装载加固方案采用2辆换长1.3、载重60 t普通木地板平车,2车跨装。两支承式转向架一组2个(含上架体、下架体、滑台及固定捆绑索具等),车钩缓冲停止器2个。转向架下架体置于平车中央,其纵横中心线与车辆纵横中心线重合,两端放置滑台,并与下架体组装为一体,转向架摆放位置如图3-16所示。

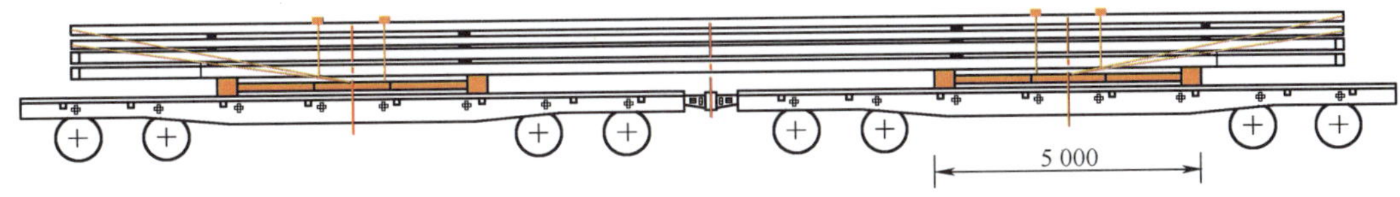

图 3-16 转向架摆放位置图(单位:mm)

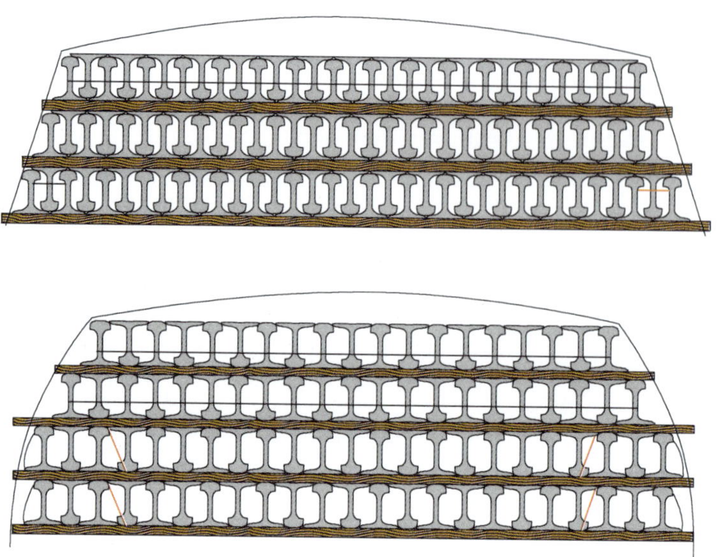

图 3-17　钢轨摆放示意图

(二)钢轨装载方法

钢轨采用正反扣摆放方式,两侧向内挤紧,装载均衡对称,短尺轨不得装在底层和每层两侧,如图 3-17 所示。每一组车的装载层数及每层的装载捆数如表 3-6 所示。合轨方式为:人力作业时为压缝式装载,轨头不得与层间隔木接触;电磁吊作业时,轨头轨底应在同一平面内,并与层间隔木接触。

表 3-6　钢轨摆放数据表

作业方式	层次 / 规格(kg/m)	第一层			第二层			第三层			第四层			第五层			合计
		正摆	反扣	小计	正摆	反扣	小计	正摆	反扣	小计	正摆	反扣	小计	正摆	反扣	小计	根数
人力作业	43	19	18	37	17	16	33	15	14	29							99
	50	17	16	33	15	14	29	13	12	25							87
	60	15	14	29	13	12	25	11	10	21							75
	65	15	14	29	12	11	23	9	8	17							69
	75	15	14	29	12	11	23	9	0	9							61
电磁吊作业	43	13	12	25	12	11	23	11	10	21	10	9	19	8	7	15	103
	50	12	11	23	11	10	21	9	8	17	8	7	15	6	5	11	87
	60	11	10	21	9	8	17	8	7	15	7	6	13	5	4	9	75
	65	11	10	21	10	9	19	9	8	17	7	6	13				70
	75	11	10	21	9	8	17	7	6	13	6	5	11				62

（三）钢轨加固方法

1. 滑台每端各使用2枚扒锔钉钉固。

2. 层间各铺设4根隔木，分别铺设在距每一滑台边缘300 mm靠向钢轨端部的一侧，并上下对齐。

3. 用固定捆绑索具，将钢轨整体下压捆绑在上架体上，拧紧锁牢。螺栓端头距离车地板不小于15 mm。

4. 第1层（装4层时为1、2层，装5层时为1、2、3层）外侧3根钢轨的两端各用盘条2股穿过螺栓孔或安插的3个U形夹加固环（孔）后，与之5中的整体捆绑盘条紧固在一起，绞紧。

5. 在两端外侧滑台（内侧）向内500 mm处，各用盘条4股将钢轨做整体捆绑，用盘条2股绕过上架体捆绑环穿过整体捆绑盘条，压住之4中的兜头盘条折回到捆绑环并绞紧。

6. 在钢轨中部（车辆连接处），用盘条2股将钢轨做整体捆绑。

7. 上、下架体间及滑台上均满涂润滑油脂。

第三节　25 m长钢轨运输管理要求

25 m长钢轨转向架是货物转向架的一种，其管理措施及规定均按铁道部颁布的货物转向架的相关管理标准执行。

一、25 m长钢轨转向架编号

25 m长钢轨转向架用三段代码方式编号，由所属铁路局简称、转向架类型及转向架单架承载能力代码段、车组中间能否加挂游车代码段和顺序代码段组成，并在其中用短横杠相连。除单架承载能力代码段作为类型代码的下标外，其余代码均用相同字形、字号表示。

例如：呼 Z_{60}-2-0023。

“呼”为呼和浩特铁路局简称，“Z”为专用转向架代码，下标“60”为转向架单架承载能力60 t，“2”为负重车间不加挂中间游车，“0023”为顺序编码。

二、25 m长钢轨转向架的使用

25 m长钢轨两车一组跨装运输，活心盘中心销定位于活心盘孔的中央。转向架编号应标打在转向架的明显部位。在托运货物时，托运人应在货物运单托运人记事栏内注明转向架编号。在每次维修后，应将转向架的变形、扭曲、锈蚀以及开焊部位等状况真实、完整地填记在转向架管理台账上。

三、25 m 长钢轨转向架的管理

在新造转向架前，制造单位应向铁路局提出申请，由铁路局上报铁道部批准后方可生产。新造转向架采用的图纸必须经铁道部鉴定、认可，生产单位在制造过程中不得擅自改变。新造转向架须经铁道部认定的技术检测机构进行技术检测合格，由铁道部批准，铁路局编号后方准上路使用。

研制新型货物转向架应遵循设计合理、技术先进、使用安全、便捷的原则，其审查、试制程序如下：

1. 研制单位将新型转向架研制申报表、设计方案、设计图纸以及计算资料等经铁路局报铁道部审查。

2. 铁道部运输局批准试制。

3. 由铁道部认定的技术检测机构对试制的转向架进行静态试验、冲击试验和运行试验，提出研究试验报告报铁道部审批。

4. 铁道部运输局批准转向架试运用。

5. 铁道部组织鉴定与定型。

改造 25 m 长钢轨转向架比照研制新型货物转向架有关程序办理。铁路局对管内批准使用的 25 m 长钢轨转向架进行编号管理，并责成使用单位建立使用、管理、维修和报废制度。铁路局每年一次定期检查转向架的技术状态。每隔 5 年，已批准生产的转向架应由铁道部认定的技术检测机构重新进行技术检测。各车站凭统一编号的转向架办理交接检查，无编号或无技术档案的转向架不准使用。凡有下列情况者，25 m 长钢轨转向架必须报废：

1. 转向架发生过事故、主要部件有严重裂纹补焊后短期内又开焊、锈蚀严重影响结构强度、扭曲变形严重、经过技术检测不符合 TB/ T 2902 要求等。

2. 购置转向架时，生产单位必须向购置单位提供技术检测报告及有关技术资料。25 m 长钢轨转向架不准擅自租借使用，确因临时需要，须经装车铁路局批准。

四、装车时注意事项

装车前，装车单位检查 25 m 长钢轨转向架整体状况。如转向架上、下架体及滑台是否变形、有无开焊等，中心销轴是否完好齐全，上架体的垫木是否磨损、编号是否清晰、正确。转向架上、下架体之间必须进行彻底清扫，按照要求涂满润滑油脂，并检查上架体是否转动、滑动灵活。凡有变形、开焊等问题的不准使用，能修复的由负责单位维修，不能修复的报废。装车后，再一次检查转向架整体状况，并填记使用情况。

第四节　25 m 长钢轨转向架检测

按照铁运〔2006〕161 号《铁路货物装载加固规则》规定，新造货物转向架需经铁道部认定的技术检测机构进行技术检测合格，再由铁道部批准，主管铁路局编号后方准上路使用，对已批准生产的各类转向架每隔 5 年应重新进行技术检测，合格后方可继续使用。在检测过程中，转向架的外观质量、运用性能和结构强度等技术指标，依据部颁 TB/T 2902－1998《货物转向架》标准执行。下面以 25 m 长钢轨六支点转向架为例，介绍检测内容及方法。

一、检测内容

1. 上下架体外观、尺寸及平整度检查。
2. 焊缝及焊接质量检查。
3. 上架体转动和滑动运用性能检测。
4. 转向架中心销轴超声波探伤及渗透探伤。
5. 上下架体静态、动态强度检测。

二、测试仪器

一般情况下，测试的仪器主要有：用来测量中心销轴及孔径的游标卡尺，测量外形尺寸的直尺，测量转动及滑动性能的拉力计，测量结构强度的电阻应变片、静动态电阻应变仪，测量行车速度的列车速度仪、检测中心销轴的超声波探伤仪。

三、检测方法

1. 外观质量检查

测量转向架尺寸，检查焊接质量，目测表面平直情况。

用游标卡尺测量中心销轴直径，用直尺测量长孔、圆孔及下架体底面和上架体下底面等主要部件，测量尺寸与设计尺寸偏差应在 ±1 mm 以内，其他部件的测量尺寸偏差应在 ±5 mm 以内。观察焊接部位是否有虚焊、漏焊、焊缝裂纹、夹渣、弧坑及焊接变形等问题。目测上架体、下架体及横梁上部平面是否平直，转向架各部件的使用状况是否良好。

2. 转动及滑动性能检测

检查上架体转动和滑动是否灵活。

在转向架上下架体之间以及中心销轴与轴孔接触部分均匀涂抹润滑油脂。空载情况下，以中心销为中心使活心盘（死心盘）在上架体端部匀速转动，转动力矩不应大于 220 N·m。空载情况下，沿长孔方向匀速拉动活心盘上架体，拉力不应大于 200 N。

3. 转向架中心销轴探伤

依据 JB 4730—2005 标准，用超声波探伤仪对销轴进行超声波探伤，检查销轴内部是否有超标缺陷，探伤位置如图 3-18 所示。

4. 强度检测

根据铁道部规定，对已批准生产的各型转向架只需静态强度检测，对于新型转向架必须进行动态和静态强度测试。

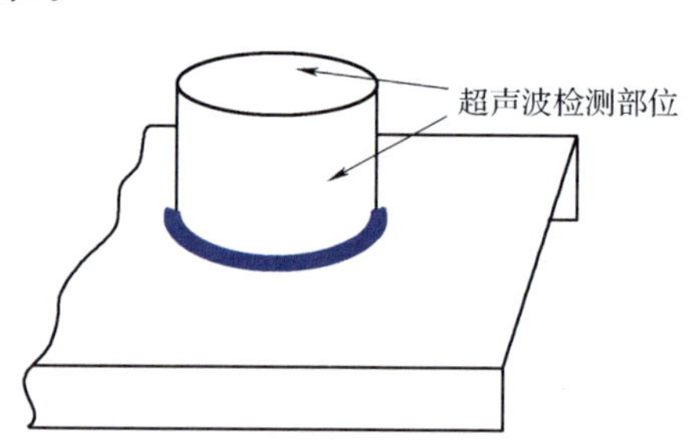

图 3-18　探伤位置示意图

（1）静态强度检测

按照 25 m 长钢轨定型方案，确定转向架和滑台在平车上的安装位置。强度测点应布置在转向架上、下架体的危险截面处。测试中，逐层加载 25 m 长钢轨，总加载载荷不应小于设计载荷的 1.4 倍，每层加载完毕待稳定后读取应变数据。卸载后，目测主要结构件是否有永久残余变形。

（2）动态强度检测

冲击试验中，以一辆满载重车（70 t 敞车满载散装货物）为冲击车，并以 4、5、6、7、8、9 km/h 六个速度等级对满载钢轨的货车进行冲击，用列车速度仪记录每次冲击过程的速度，用应变仪记录各危险截面的最大应力值。

运行试验中，需要测量转向架各危险截面处的应力值及列车的运行速度，并且对线路条件及运行工况要求如下：

曲线半径——小于 300 m；

道岔号数——小于 9 号；

线路坡度——最大坡度值在 20‰以上；

调车作业——驼峰解体、调车场编组，按正常作业连挂；

列车运行——列车以正常速度运行；

列车制动——正常停车、运行中的常规制动。

（3）检测标准

主要部件各工况测试应力最大值应小于许用应力值，即

$$\sigma \leqslant [\sigma] \tag{3-1}$$

式中　σ——工作应力，MPa；

$[\sigma]$——许用应力，MPa。

$$[\sigma] = \frac{\sigma_s}{n} \tag{3-2}$$

式中　σ_s——材料屈服应力，MPa；

n——安全系数，取 $n=1.5$。

第四章　50 m长道岔轨运输

第一节　50 m长道岔轨运输专用装载加固装置及技术条件

一、装载加固装置

50 m长道岔轨专用装载加固装置包括座架和紧固装置。根据座架结构、用途和安装位置的不同，座架可分为锁定座架和滑动座架，装载加固装置的组成和数量如表4-1所示。

（一）座　　架

座架是装载加固装置的基础，它承受所装道岔轨的重量，并传给车底架。在列车运行时，它还承受道岔轨和列车运行中所引起的各种冲击力，所以必须具有足够的强度和刚度。锁定座架和滑动座架结构和外形尺寸基本相同，由座架框架和隔梁组成，但锁定座架在座架框架上焊有拉牵环，锁定座架和滑动座架如图4-1所示。

表4-1　装载加固装置组成和数量

装置名称	数量	说　　明
锁定座架	2	隔梁可分离，有拉牵环
滑动座架	4	隔梁可分离
紧固装置	2	每副紧固装置包括6根紧固螺栓、24个螺母、2块夹板和数块垫块

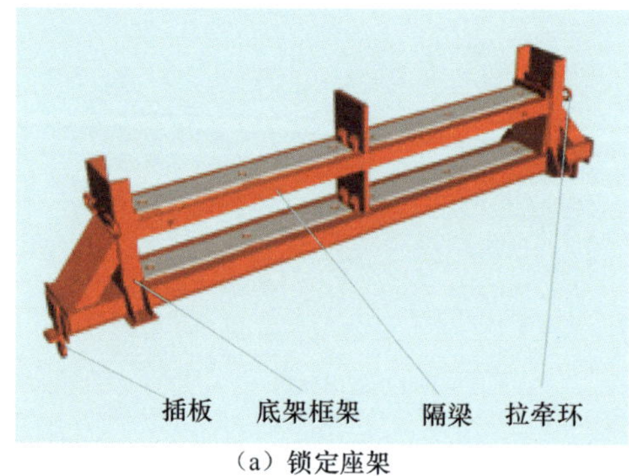

（a）锁定座架

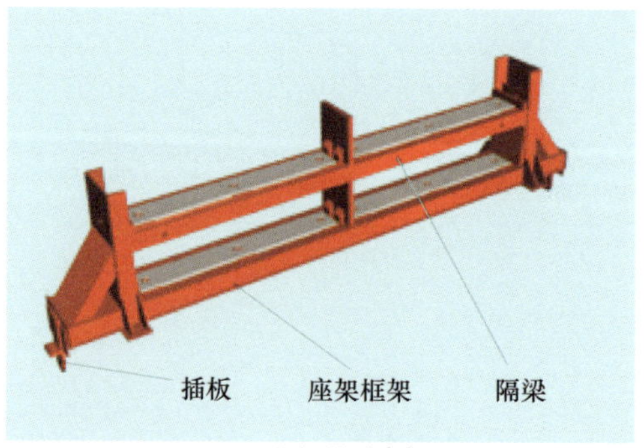

（b）滑动座架

图4-1　座架结构示意图

1. 座架框架

座架框架是由槽钢、钢板焊接制成的框架结构。下部槽钢上铆接有耐磨减摩的聚甲醛板，中部焊接定位支撑板，具有吊装定位及支撑上部隔梁的功能，两端部各焊接有底部支架和定位插板，将座架定位于车地板上并防止座架横向移动。座架框架结构简图如图 4-2 所示。

2. 隔梁

隔梁是用槽钢、钢板焊接制成的箱型梁，具有支撑道岔轨及分层的作用，安装于座架框架的立柱槽钢内，由于立柱槽钢的限位作用，隔梁不能横向及纵向移动。隔梁上表面铆接有耐磨减摩的聚甲醛板，端部、中部设有支撑座，主要用于道岔轨的定位，结构简图如图 4-3 所示。

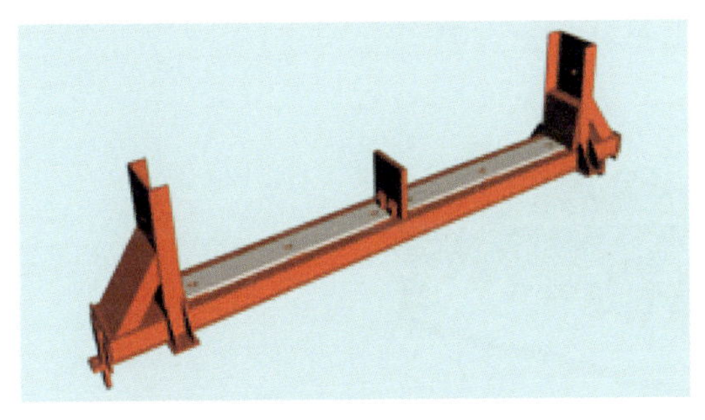

图 4-2　座架框架结构示意图

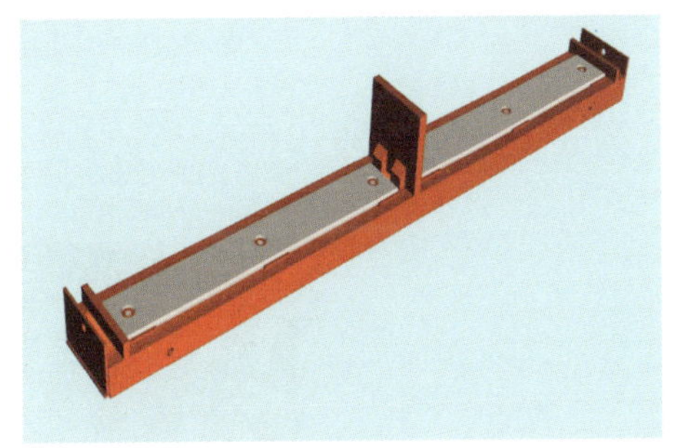

图 4-3　隔梁结构示意图

（二）紧固装置

紧固装置由夹板、垫块、螺栓、紧固螺母和防松螺母组成，60D40、60AT、60TY 三种型号道岔轨截面形状不同，对应的紧固装置尺寸不一样，可分为 60D40、60AT、60TY 紧固装置。其中 60D40、60AT 和 60TY 三种型号道岔轨的道岔轨截面及相关参数如图 4-4 所示，对应的紧固装置如图 4-5～图 4-7 所示。

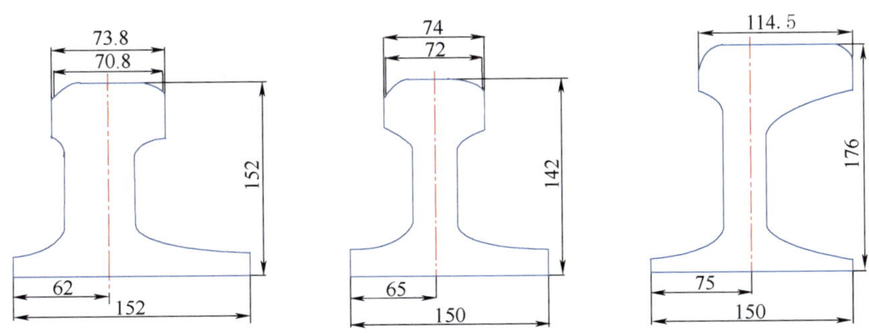

图 4-4　60D40、60AT 和 60TY 三种道岔轨截面示意图(单位：mm)

3 种型号的紧固装置主体结构基本相同，主要区别为大垫块与中垫块尺寸不同，具体如图 4-8～图 4-13 所示。

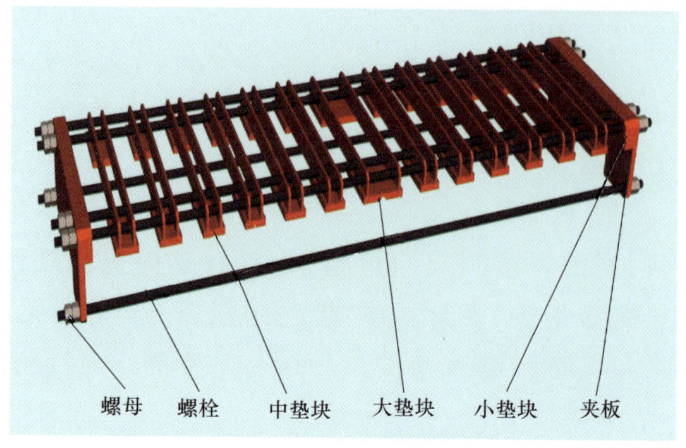

图 4-5　60D40 紧固装置结构示意图

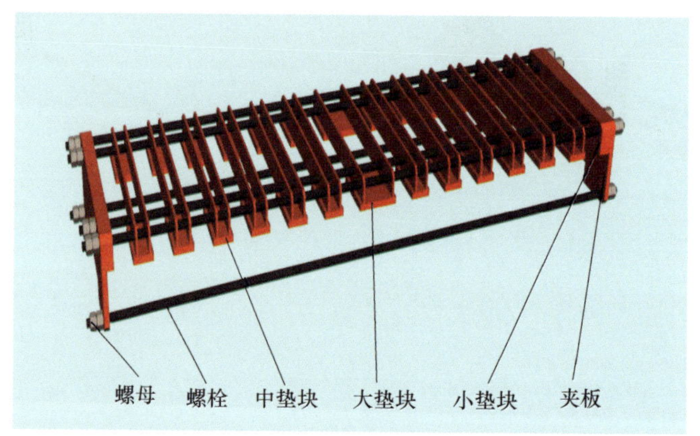

图 4-6　60AT 紧固装置结构示意图

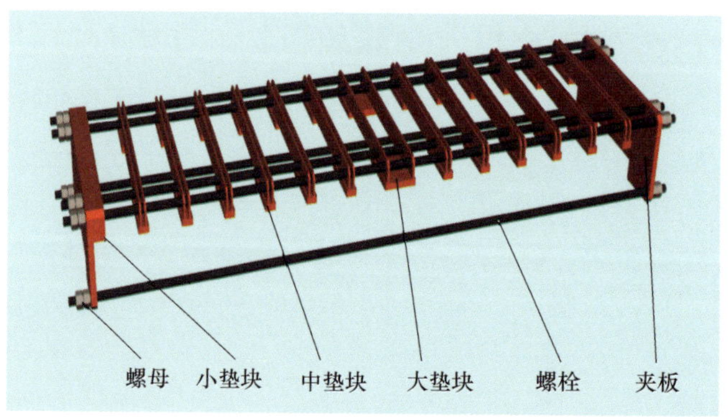

图 4-7　60TY 紧固装置结构示意图

紧固装置用 6 根螺栓将同一层道岔轨捆绑为一单元，通过夹板的卡槽将道岔轨固定于锁定座架上，再使用钢丝绳拉牵加固锁定座架。每层道岔轨分别在第 2、3 车对应的锁定座架处进行锁定。

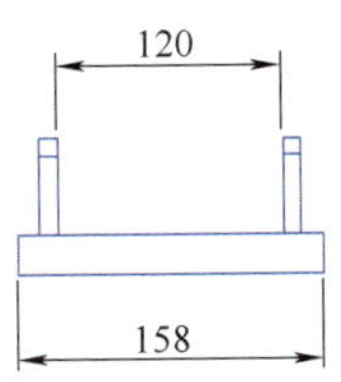

图 4-8　60D40 大垫块截面图(单位:mm)

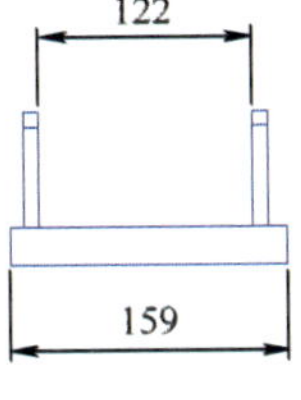

图 4-9　60AT 大垫块截面图(单位:mm)

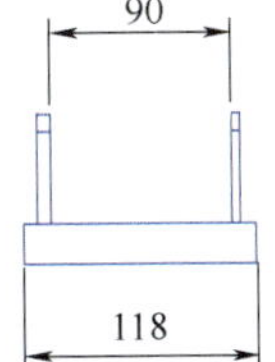

图 4-10　60TY 大垫块截面图(单位:mm)

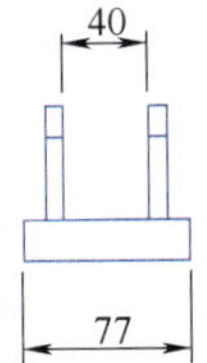

图 4-11　60D40 中垫块截面图(单位:mm)

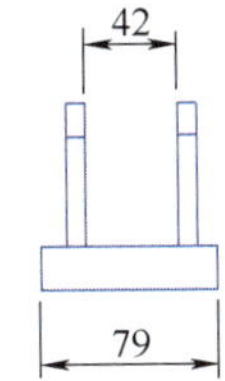

图 4-12　60AT 中垫块截面图(单位:mm)

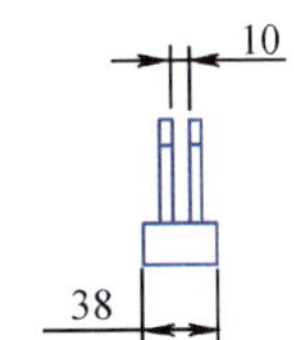

图 4-13　60TY 中垫块截面图(单位:mm)

二、技术条件

(一)范　　围

本技术条件适用于 50 m 长 60AT(82 kg/m)、60D40(70 kg/m)、60TY(87.7 kg/m)道岔轨普通平车运输专用装载加固装置,包括座架和紧固装置,规定了制造、检测、维修、报废等方面的技术要求。

(二)引用标准

下列标准所包含的条文,通过在本技术条件中引用而构成本技术条件的条文。在本标准出版时,所示版本均为有效。所有标准都会被修订,使用本技术条件的各方应探讨、使用下列标准最新版本的可能性。

GB/T 700—1988　碳素结构钢

GB/T 699—1999　优质碳素结构钢

GB/T 707—1988　热轧槽钢

GB/T 6728—1986　结构用冷弯方形空心型钢

GB/T 18162—1999　结构用和输送流体用无缝钢管

GB/T 709—1988　热轧钢板厚度的允许偏差

GB/T 5185—1985　焊接方法代号及注法

GB/T 324—1988、GB/T 12212—1990　焊缝符号表示方法

JB/T 5000.3—1998　焊接结构件未注尺寸公差与形位公差

JB/T 5000.9—1998　切削加工件通用技术条件

JB/T 5000.12—1998　涂装通用技术条件

（三）术　　语

本技术条件采用下列定义。

滑动座架：除具有特殊功能的座架之外的、结构相同的所有座架。

锁定座架：焊接有拉牵环、具有纵向锁定功能的座架。

座架框架：安装于平车车地板上，具有支承、隔离分层、横向限位作用和道岔轨分层承载的钢制支架。

1. 底梁：底层道岔轨承载梁，直接接触车地板。

2. 底部支座：位于座架两侧，支承隔梁。

3. 中部支座：位于底梁和隔梁中部，具有支承隔梁、装载定位和导向的作用。

隔梁：第二层道岔轨承载梁，装卸时可开启和闭合。

拉牵环：具有拴结、拉牵作用，用圆钢弯成的 U 形钩。

紧固装置：具有锁定道岔轨作用的装置，由夹板、垫块、紧固螺栓、螺母组成。

1. 紧固螺栓：将同一层道岔轨紧固为整体所使用的双头螺栓。

2. 垫块：用于隔离道岔轨轨头的钢制垫块。分为大、中、小三种规格。

3. 夹板：用于夹紧整层道岔轨的钢板。

一副紧固装置：由 24 个螺母、6 根螺栓、2 块夹板、2 个小垫块、1 个大垫块、数个中垫块组装而成的紧固装置。

一套紧固装置：由 2 副紧固装置组成的全套紧固装置。

一套装载加固装置：由 4 个滑动座架、2 个锁定座架和 2 套紧固装置组成的全套装置。

（四）产品标记代号

为了表示座架的类型和特征，满足运用、检修和统计上的需要，每个座架上均应该具有产品标记代号。座架产品标记代号由 4 部分组成：制造单位代号、出厂年月、产品序列号及功能号。排列顺序为

制造单位代号	出厂年月	产品序列号	功　能　号

制造单位代号采用制造单位名称汉语拼音缩写 2 个字母。出厂年月采用 4 位阿拉伯数字，前 2 位为出厂年份最后两位，后 2 位为出厂月份。产品序列号由设计单位统一分配管理。功能号按如下所示：

S1：第一层道岔轨锁定座架；

S2：第二层道岔轨锁定座架。

未标功能号的座架为普通座架，所有普通座架结构相同、功能相同。

产品标记代号用明显区别于座架底色的油漆标记（或制作标牌），标记于座架矩形侧柱外立面。

（五）技术要求

紧固螺栓采用圆钢制造，材质为45号钢，紧固螺栓所用螺母为钢结构用高强度大六角螺母（GB 1229—1984）；所有的型钢、钢板符合图纸对材质的要求，不得有明显的锈蚀痕迹；座架和紧固装置各零部件的尺寸、公差、材质、工艺及技术要求均应符合图纸要求，未注尺寸公差符合GB/T 1804—m要求，各装置制造完成后应进行试组装，组装，各部件拆卸应灵活，不得有卡滞现象；喷漆前，应对所有焊缝进行目测检查，不得有明显的气孔、夹渣、裂纹等缺陷；垫块与道岔轨的接触面不得涂漆，其他金属构件表面均应进行防腐蚀处理，漆层应有防锈底漆，漆层表面应无气泡和漆渣，颜色黑色；装置出厂运输时的码放、装卸时的吊装，以及加固应合理，不得对装置造成损伤。

（六）技术检测

从一批产品中随机抽检2个座架（其中至少1个锁定座架），一副紧固装置。首先根据图纸要求检查座架外形尺寸和焊接质量，座架和紧固装置的使用性能。然后检测座架各危险截面处的应力，座架和紧固装置的刚度。应力测点布置、检测方法和检测结果评定如下。

1. 应力测点布置

测点布置如图4-14所示，滑动座架和锁定座架测点位置相同。

1、2测点测试隔梁弯曲应力，测点位于隔梁底面中部，应变片水平粘贴；3、5测点测试底梁弯曲应力；4测点测试底梁中部支座最大压应力，测点分别位于底梁侧面1/4处和中部支座侧面，应变片粘贴方向见图4-14。

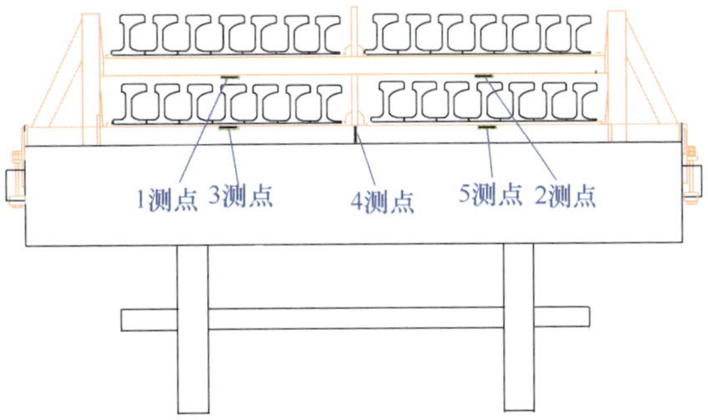

图4-14　座架应力测点布置示意图

2. 检测方法

将两个座架分别置于两辆连挂在一起的平车上，两个座架的距离约为14 m，座架位于平车的转向架正上方。装载25 m长60 kg/m的钢轨，钢轨全部为正向装载，各层的钢轨数等同于50 m长道岔轨各层装载数，装载时，使钢轨的中线与两座架的中线对齐，保证钢轨重量平均分配在两个座架上，用紧固装置紧固第一层钢轨，紧固螺栓的预紧力矩为 320 N·m。二层钢轨装载完毕后，保持载荷不少于 10 min 后卸载。

3. 结果评定

(1)座架外形尺寸和焊接质量符合图纸要求。

(2)座架部件之间、座架与道岔轨之间装配顺利。

(3)测点最大折算应力值小于材料许用应力值。

(4)卸载后目测检查所有隔梁、座架不得有永久性变形，不得开焊。

(5)紧固螺栓不得有滑丝、脱扣、咬扣等螺纹损毁现象，螺栓不得有永久性变形。

(6)垫块与轨头的接触面不得有永久性挤压变形。

(7)符合(1)～(6)要求的产品为合格产品，不符合以上要求的产品不得出厂。

(七)维　　修

道岔轨专用座架的检修是道岔轨运输的重要组成部分。质量良好地检修座架，对完成道岔轨运输任务具有重要意义。

座架在装载道岔轨之前，必须对座架状态进行检查，检查项目如表 4-2 所列。此外，座架的维修工作由座架产权单位负责，并且维修人员应填报维修记录，包括产品编号、维修原因和维修时间。

表 4-2　座架检查内容

项　目	状　态	备　注
隔梁	弯曲程度	变形影响使用时应更换
垫块	磨损程度	磨损深度≥2 mm，应更换垫块
各处焊缝	是否有裂纹、开焊	如有，补焊并进行防腐处理

(八)保质期和使用寿命

经过一段时间的使用后，各部件都会发生磨耗、变形或损坏。为了保证座架的正常使用，延长使用期限，除了日常的检查和保养之外，当座架闲置时间超过 1 年时，继续使用前需进行技术检测，根据检测结果确定能否继续使用。

同时为了确保运输安全，座架框架发生明显变形或严重锈蚀，影响使用且不能修复时，座架整体应报废处理。并且螺栓运输 12 次后应全部更换，座架运输 60 次后应报废。

第二节　50 m 长道岔轨普通平车运输装载加固方案

50 m 长道岔轨的装载加固技术直接关系到列车的运行安全，保证道岔轨的装载安全，充分利用货车载重能力，迅速、合理、经济地运输道岔轨是制定装载加固方案的重中之重。科学的装载加固方案是确保运输安全的重要条件。

根据 3 种型号道岔轨长度和截面特性，建立相应的力学和车体动力学模型，通过有效的数值仿真计算，并经过试验验证而制定了 4 辆平车连挂、采用专用座架加固的装载加固方案。

车组由 4 辆木地板平车组成，中间两辆和端头两辆分别为换长 1.5 和换长 1.3 的 60 t 平车（N_{16}、N_{60}除外），采用专用座架支承（支承面为聚甲醛塑料板）、分层装载、紧固装置横向整层锁紧的装载加固方案。60D40、60AT、60TY 三种型号道岔轨均装载 2 层，装载总数均为 28 根。

各车辆间不得使用车钩缓冲停止器，同时对提钩杆、钩舌销、软管连接器和折角塞门进行捆绑固定，平集共用车应将锁头反扣。相邻车辆上的座架底面高度（相对轨面）差大于 20 mm 时，采用木板垫高座架，使高度差小于 20 mm。木板应铺满座架底面，木板各边缘超出座架底面各边缘的距离不小于 50 mm，但不得超过平车地板侧边沿，木板厚度根据高度差确定，并使用圆钢钉将木板和车地板钉固。

装载加固装置包括 4 个滑动座架、2 个锁定座架、2 套紧固装置。其中端头两车（1、4 车）放置 1 个滑动座架，中间两车（2、3 车）外端放置 1 个滑动座架，内端放置 1 个锁定座架。第 1、4 车座架摆放位置：座架位于车辆内端数第 4 个支柱槽处，座架两侧插板插入支柱槽内；第 2、3 车座架摆放位置：两个座架分别位于从车辆两端数第 3 个支柱槽处，座架两侧插板插入支柱槽内。

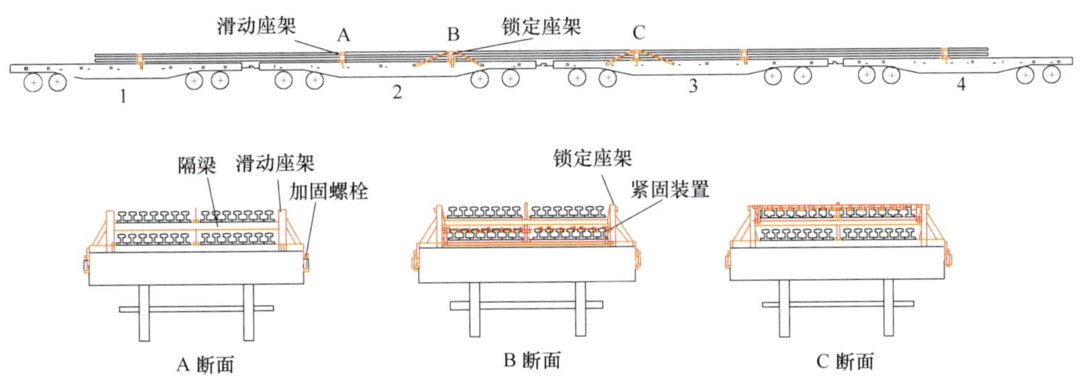

图 4-15　50 m 长 60D40、60AT、60TY 道岔轨装载加固方案示意图
（剖面图道岔轨型号为 60D40，紧固装置为 60D40 紧固装置）

如图 4-15 所示，道岔轨共装载 2 层，每层装载 14 根，皆为正摆，共计装载 28 根。两层可分别装载不同型号的道岔轨，但同一层道岔轨的型号必须相同，且较重道岔轨装在第 1 层。道岔轨横中心线尽量与车组中第 2 车和 3 车车钩连接

中心对齐，因技术原因不能对齐时，道岔轨端部长短差不大于200 mm。另外允许只装载下面1层，但必须装满14根。

装载道岔轨前，所有座架隔梁全部卸下。第1层道岔轨装载和锁紧完毕后，安装所有隔梁，再装载和锁紧第2层道岔轨。只装载1层道岔轨时，不安装隔梁。

道岔轨装载完毕后，将所有座架用螺栓、螺母和垫板与车侧支柱槽连接紧固，在道岔轨两端部各层道岔轨与车地板间、各层紧固装置处道岔轨与夹板间标画纵向位移检查线。同时在每个锁定座架两侧，各用 ϕ12.5 mm 钢丝绳2股拉牵成一个八字形拴结在车侧丁字铁或支柱槽上。钢丝绳与车辆棱角接触处采取防磨措施。每层道岔轨装载完毕后，在1个锁定座架处使用1套和道岔轨型号对应的紧固装置将本层道岔轨紧固并与座架固定为一体。2个锁定座架分别锁定2层道岔轨。只装载1层道岔轨时，使用其中1个锁定座架锁定。装车完毕后，车组禁止溜放。

第三节　50 m长道岔轨运输相关运用管理要求

50 m长道岔轨专用装载加固装置是为适应铁路线路铺设和运输安全的需要而设计的。随着高速铁路的大规模建设，50 m长道岔轨的运输有着运输距离长、路况复杂的特点。为了充分发挥现有铁路基础设施、专用装载加固装置及附属设施的功能，确保铁路列车运行安全、提高运输能力，必须对道岔轨运输进行管理，使50 m长道岔轨保质、保量、安全、经济地输送到终点。

为了保证50 m长道岔轨的运输，必须认真做好对装载加固装置的管理、对人的安全管理、对环境的安全管理和对作业的安全管理。根据目前的管理经验，在以下两个环节上应该采取重点措施。

一、装载加固装置管理

装载加固装置作为道岔轨运输中的重要装置，其技术状态和质量状态的好坏直接影响运输效率和运输安全，做好装置的管理，使其始终处于质量良好的状态，才能保证运输安全。为此，必须加强50 m长道岔轨装载加固装置的管理。

1. 加强装载加固装置质量管理，建立完善的装载加固装置生产质量标准、质量监督和检验验收制度，新造装载加固装置生产单位交付购置单位时应出具产品质量合格证明。

2. 按照《50 m长道岔轨普通平车运输专用装载加固装置技术条件》要求涂

打产品标记代号,便于装载加固装置的识别与管理。

3. 健全装载加固装置使用、维修、报废制度,正确合理地使用装载加固装置,提高操作技术和保养水平,防止超负荷、超范围、超性能地使用装置,使装置质量稳定可靠。

4. 处理好装载加固装置维修与运输生产的关系,同时装置产权转让、租借时,原产权单位应同时提供装载加固装置已使用次数、检测检修情况等相关材料。

5. 建立有效的反馈机制,针对装载加固装置中出现的问题,形成各铁路局、装载加固装置设计和制造单位提出具体改进措施,铁道部运输局装载加固主管部门实施的有效机制。

二、装载加固装置作业过程管理

现场作业控制是保证运输安全的出发点和落脚点。装载加固装置运行重复工作多,安全风险高,这就要求装载加固作业的每一个步骤、具体的完成时间、完成后必须要达到的标准有明确的规定,以保证运行的安全、稳定、流畅。

1. 责任明确,形成装车单位、车站和铁路局三级联控,并提高作业人员的标准化作业自控能力。装车单位与车站加强沟通协调,完善50 m长道岔普通平车运输专用线运输协议,明确双方安全责任;铁路局组织装车单位制定细化装车和加固的作业程序、操作要求和装车质量检查标准,避免装车作业过程中损坏座架,确保装车质量和效率。

2. 突出重点,制定单项作业标准。铁路局车辆部门要按方案要求,选择技术状态良好、定检周期基本一致且不过期的货车;装车单位应放下货车端板,捆绑提钩杆、钩舌销和软管连接器,清扫车地板,反扣共用车的集装箱锁头,并严格按方案装车。卸车单位应将座架隔梁闭合,捆绑良好;紧固装置放置位置和锁固方法正确,紧固装置夹板内外螺母紧固良好;货车端板立起并关闭;货车车地板上杂物清理干净。

3. 及时检查,确保运行安全。车站应与装车单位办理交接检查,具体检查内容由铁路局确定。沿途货检站要对长轨列车座架开焊、座架与车侧支柱槽的连接螺母松动和脱落、紧固装置的螺母松动、脱落、危及行车安全的其他情形作重点检查,发现上述情况时,应按规定处理。

此外,针对道岔轨运输车及装载加固装置,还应该满足现行货车正常运行速度运行以及重车车组禁止溜放,禁止通过驼峰的要求。铁路局会同装载加固装置设计和制造单位做好对装车站、货检站、回送站等50 m长道岔轨普通平车运输相关人员的培训工作,切实提高作业人员素质,保证50 m长道岔轨运输安全。

第五章　100 m 长钢轨运输

第一节　100 m 长钢轨运输专用装载加固装置及技术条件

一、装载加固装置

装载加固装置包括座架和紧固装置，自 2006 年成功研制 100 m 长钢轨普通平车运输装载加固方案以来，先后设计出两种装载加固装置，最初的座架形式为隔梁搬卸式，鉴于这种座架在钢轨装卸和座架回送过程中所暴露的缺点，并考虑矩形装载加固方案装载量的增加，2009 年又设计出了新型座架，增加了隔梁强度，同时隔梁与座架设计成了一体，即转梁式。两种座架对应的紧固装置结构相似，下面就分别对两种座架和紧固装置进行介绍。

（一）隔梁搬卸式座架

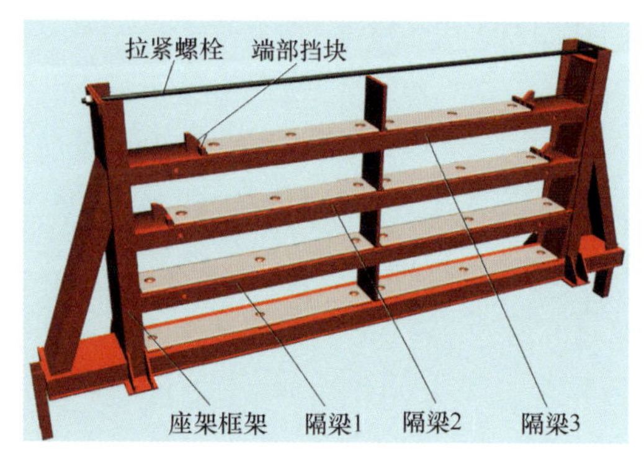

图 5-1　滑动座架结构示意图

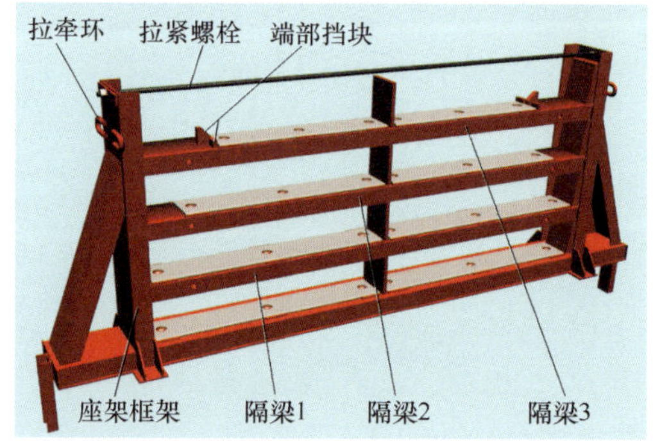

图 5-2　锁定座架（锁定第三层）结构示意图

隔梁搬卸式座架分为滑动座架、锁定座架和混装座架，滑动座架包含座架框架、隔梁 1、隔梁 2、隔梁 3 和拉紧螺栓，如图 5-1 所示。座架框架是由槽钢、钢板焊接制成的框架结构，重约 286 kg。槽钢底部连接耐磨减摩的衬板，中部焊接定位支承板，具有吊装定位及支承上部隔梁的功能，两端部各焊接有定位槽钢，将座架定位于车地板上并防止座架横向移动。锁定座架是在滑动座架框架的基础上加焊拉牵环，同时锁定层隔梁不加焊端部挡块，如图 5-2 所示。混装座架作为短尺钢轨的端部座架，它与滑动座架的区别是座架整体高度低 10 mm，混装隔梁中部无定位支撑板，三个混装隔梁结构和尺寸完全相同，如图 5-3 所示。

隔梁是用 20 号槽钢和钢板焊接制成的箱型梁，共三层，具有支承钢轨及分层的作用，安装于座架框架的槽钢内，由于座架的限位作用，隔梁不能横向及纵向移动。隔梁上表面连接耐磨减摩的衬板，端部、中部设有支撑座。隔梁 1、2 和 3 的重量分别为 94.16 kg、95.04 kg 和 87.7 kg。

钢轨装载、座架与隔梁安装完成后，在座架的上部安装一根整体拉紧螺栓，使开口结构的座架连接为封闭结构，如图 5-4 所示。

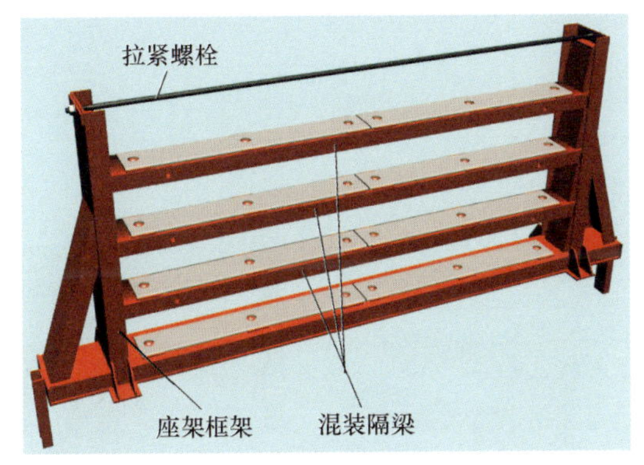

图 5-3　混装座架结构示意图

图 5-4　隔梁搬卸式座架整体拉紧加固图

（二）转梁式座架

转梁式座架根据装载根数的不同分为矩形方案用和梯形方案用座架。矩形方案用座架可装载 56 根，梯形方案用座架可装载 50 根。

1. 梯形方案用转梁式座架

根据结构、功能和安装位置的不同，梯形方案用转梁式座架分为普通座架、锁定座架、端部座架和混装座架，如表 5-1 所示。梯形方案用转梁式座架主要由底梁、隔梁、圆侧柱、矩形侧柱、斜撑和隔梁栓等组成，如图 5-6～图 5-12 所示，同时还配有与车体连接的方垫板，连接螺栓和螺母，如图 5-5 所示。根据锁定层的不同，锁定座架又分为锁定座架 1、锁定座架 2、锁定座架 3、锁定座架 4，它与普通座架的区别主要是在座架两侧焊有拉牵环，同时锁定层隔梁两侧无端部挡块，如图 5-7～图 5-10 所示；端部座架与普通座架的区别主要是与车体连接的插板位置不同，如图 5-11 所示；混装座架作为短尺钢轨的端部座架，它与普通座架的区别是底梁和隔梁没有中部支座和端部挡块，同时为了避免定尺轨在此处接触混装座架，底梁高度也根据方案要求相应降低，如图 5-12 所示，梯形方案用转梁式混装座架共两种，如表 5-1 所示，根据方案的不同进行选用。梯形转梁式座架装配完毕后，隔梁不可拆卸，只可以在 90°范围内绕圆侧柱转动。

表 5-1　梯形方案用转梁式座架分类

种　类	重量(kg)	底梁高度(mm)	种　类	重量(kg)	底梁高度(mm)
普通座架	736	90	锁定座架 4	736	90
锁定座架 1	736	90	端部座架	734	90
锁定座架 2	736	90	混装座架	698	75
锁定座架 3	736	90		694	70

图 5-5　梯形转梁式座架与车体连接方式图

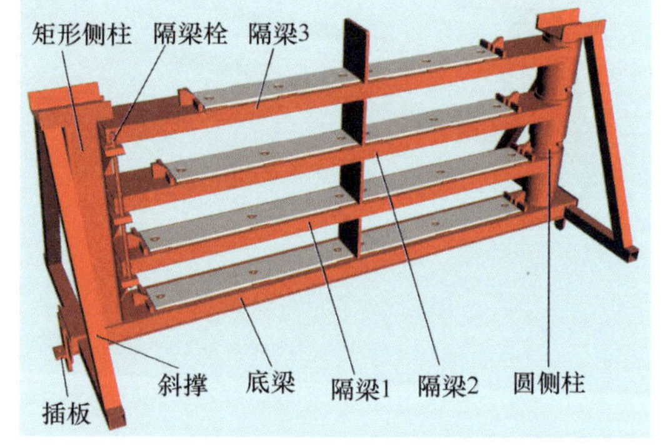

图 5-6　梯形方案用转梁式普通座架结构示意图

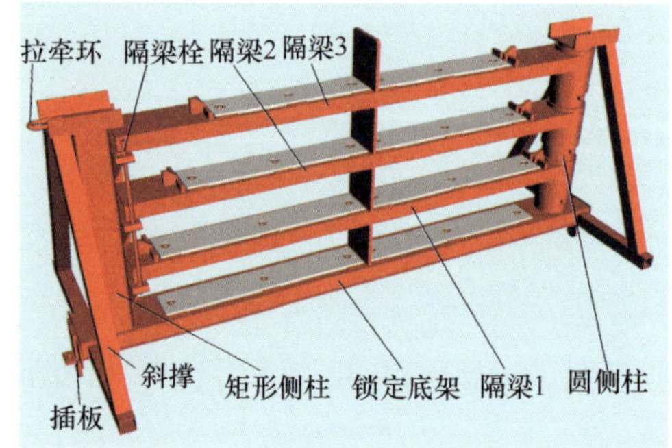

图 5-7　梯形方案用转梁式锁定座架 1 结构示意图

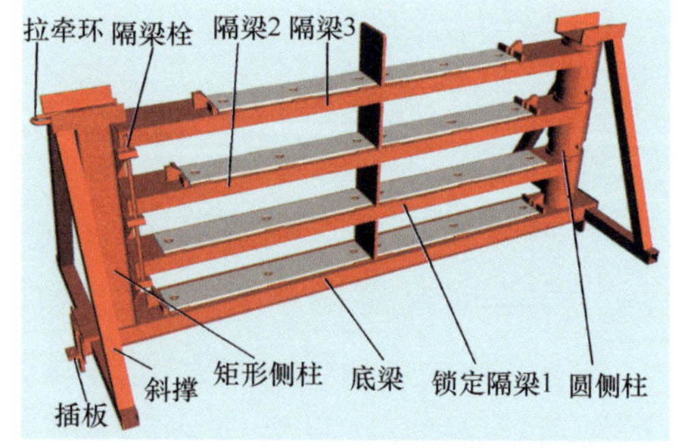

图 5-8　梯形方案用转梁式锁定座架 2 结构示意图

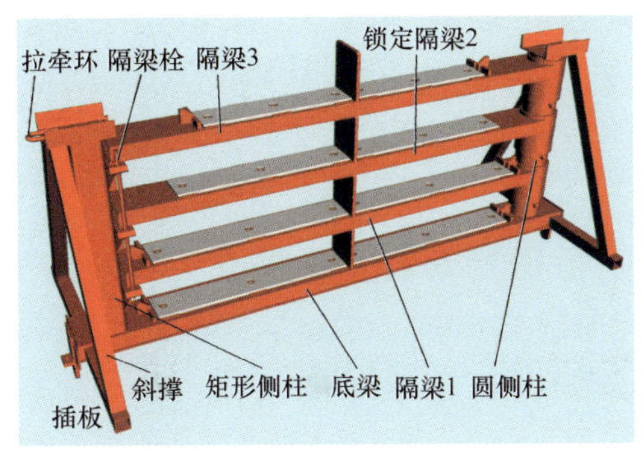

图 5-9　梯形方案用转梁式锁定座架 3 结构示意图

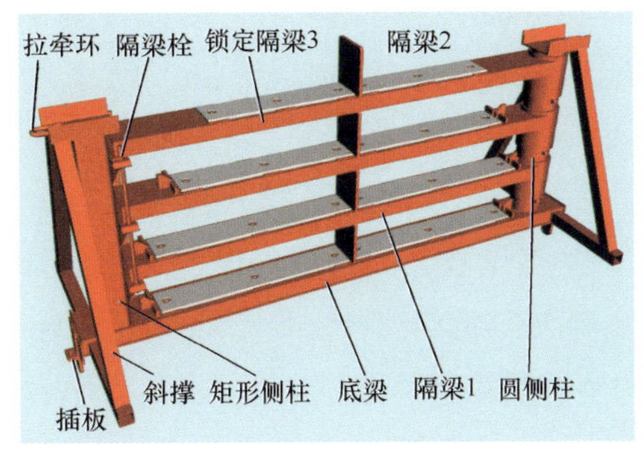

图 5-10　梯形方案用转梁式锁定座架 4 结构示意图

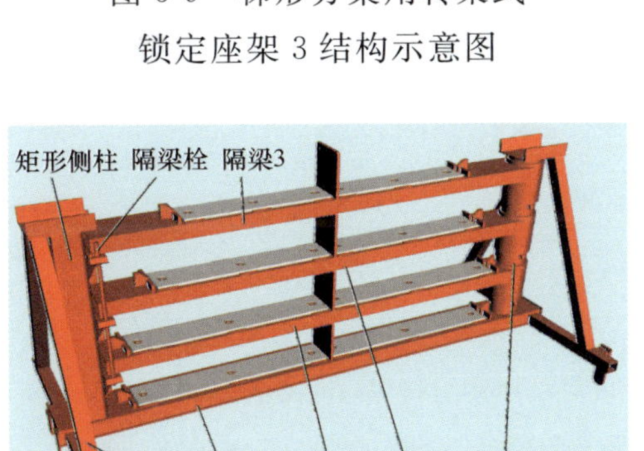

图 5-11　梯形方案用转梁式端部座架结构示意图

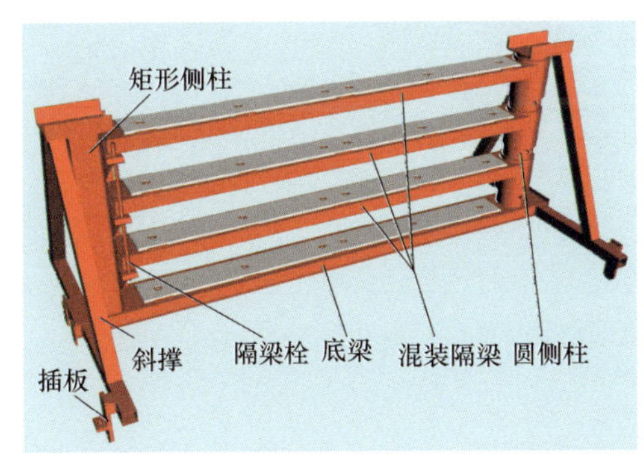

图 5-12　混装座架结构示意图

底梁是由 25 号槽钢、钢板焊接而成的箱形梁，槽钢底部连接耐磨减摩的聚甲醛板，中部焊接定位支承板，具有支承上部隔梁的功能，两端焊接有插板，与方垫板、连接螺栓和螺母将座架定位于车地板上，防止座架横向移动，如图 5-4 所示。

隔梁是由 22 号槽钢、钢板焊接而成的箱型梁，具有支承钢轨及分层的作用，隔梁一端焊接圆钢管，用于与圆侧柱连接，隔梁可绕圆侧柱旋转。隔梁上表面连接耐磨减摩的聚甲醛板，中部焊接定位支承板，具有支承上部隔梁的功能。

圆侧柱焊接在底梁一侧，由圆钢管加工而成，作为隔梁的旋转轴，在钢轨装载方向焊接 3 个销轴，用于支撑隔梁的一端。

矩形侧柱焊接在底梁另一侧，由矩形钢管和钢板焊接而成，具有支撑隔梁的作用。

斜撑由冷弯方钢管焊接而成，一端焊接在底梁两侧，另一端通过槽钢与矩形侧柱和圆侧柱焊接在一起，用于增加座架的稳定性和限制隔梁的转动幅度过大。

2. 矩形方案用转梁式座架

根据结构、功能和安装位置的不同，矩形方案用转梁式座架分为普通座架、锁定座架、端部座架、端车座架、次端车座架和混装座架，如表 5-2 所示。矩形方案用转梁式座架结构与梯形方案用转梁式座架结构基本相同，它们的主要区别在隔梁 2 和隔梁 3 上聚甲醛板的长度和端部挡块的位置，如图 5-13～图 5-20 所示，根据锁定层的不同，锁定座架也分为锁定座架 1、锁定座架 2、锁定座架 3、锁

表 5-2　矩形方案用转梁式座架分类

种　类	重量(kg)	底梁高度(mm)	种　类	重量(kg)	底梁高度(mm)
普通座架	741	90	端部座架	745	90
锁定座架 1	739	90	端车座架	742	90
锁定座架 2	739	90	次端车座架	744	90
锁定座架 3	739	90	混装座架	685	60
锁定座架 4	739	90			

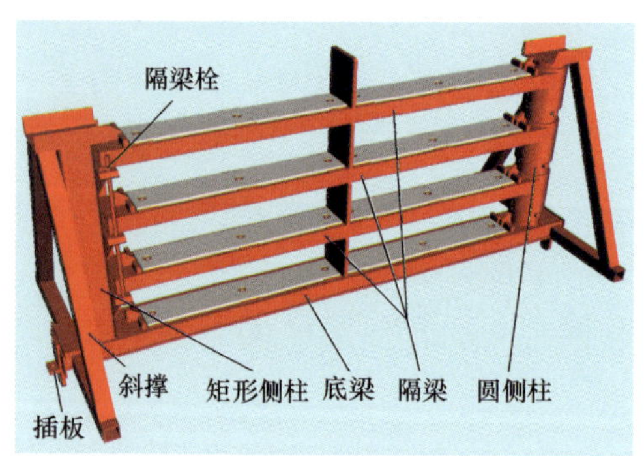

图 5-13　矩形方案用转梁式普通座架结构示意图

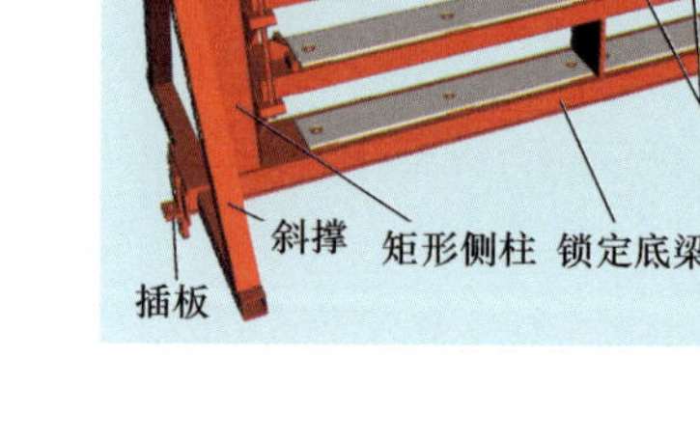

图 5-14　矩形方案用转梁式锁定座架 1 结构示意图

定座架 4，它与普通座架的区别主要是在座架两侧焊有拉牵环，同时锁定层隔梁两侧无端部挡块，如图 5-14～图 5-17 所示；端部座架、端车座架和次端车座架与普通座架的区别主要是与车体连接的插板位置不同，如图 5-18～图 5-20 所示；矩形方案用混装座架结构与梯形方案用混装座架结构完全相同，只是底梁的高度有所区别，如表 5-2 所示。矩形方案用转梁式座架装配完毕后，隔梁不可拆

卸，只可以在 90°范围内绕圆侧柱转动。

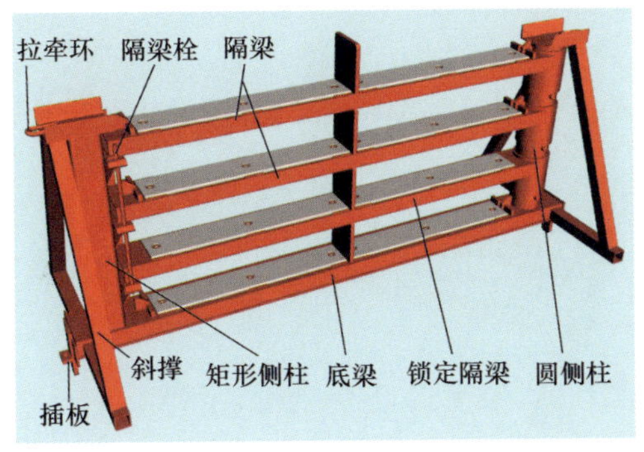

图 5-15　矩形方案用转梁式锁定座架 2 结构示意图

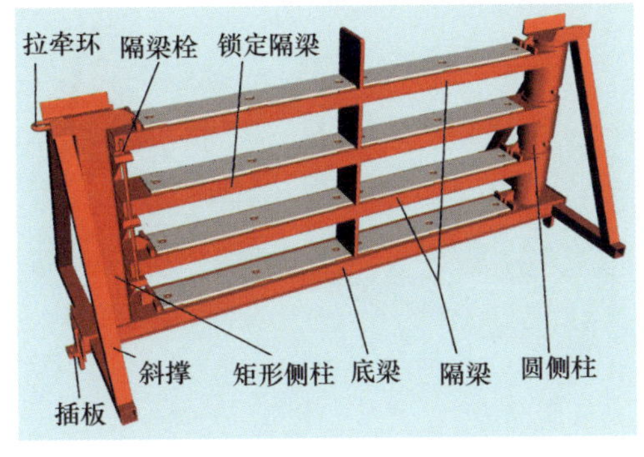

图 5-16　矩形方案用转梁式锁定座架 3 结构示意图

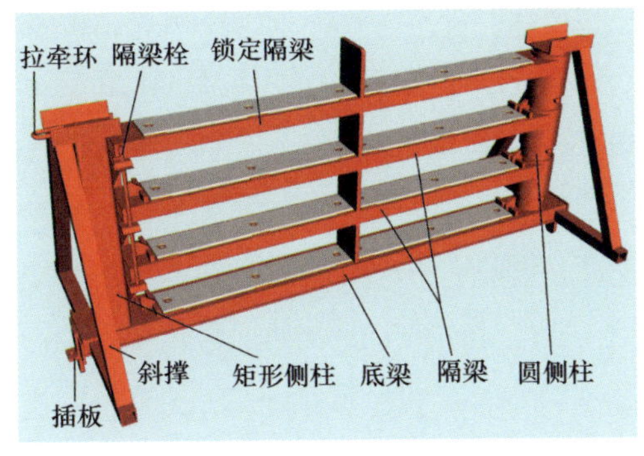

图 5-17　矩形方案用转梁式锁定座架 4 结构示意图

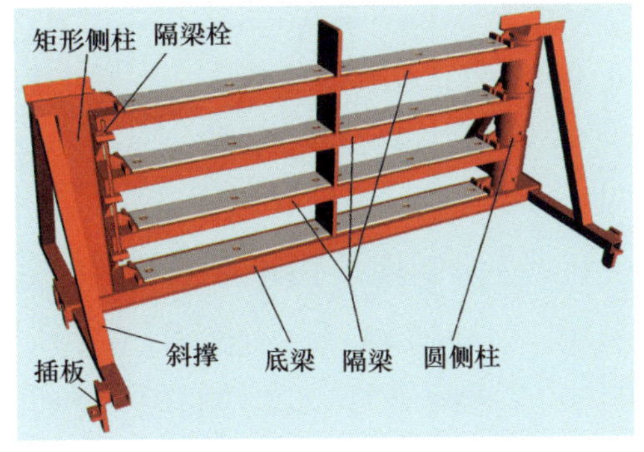

图 5-18　矩形方案用转梁式端部座架结构示意图

转梁式座架与隔梁搬卸式座架相比有了较大的变化，主要有：

(1)座架隔梁采用旋转式结构。隔梁与座架形成一体，不可拆卸，但可以绕圆侧柱在 90°范围内转动，装轨前，隔梁全部打开，装载第 1 层钢轨后，依次闭合装载 2～4 层钢轨。采用转梁式结构后，减小了作业劳动强度，提高了装卸效率；座架装配完毕后，一层隔梁、二层隔梁和三层隔梁不可拆卸，避免了座架回送途中隔梁丢失现象。

(2)增加了隔梁强度。转梁式座架的隔梁采用 22 号槽钢与钢板焊接结构，较隔梁搬卸式座架隔梁的强度有所加强，在垂向提高了 23%，纵向提高了 31%，提高了可靠性。

(3)座架两侧增加了斜撑。新型座架采用在座架两侧焊接斜撑，一方面限制隔梁的转动范围，另一方面提高了座架的稳定性。

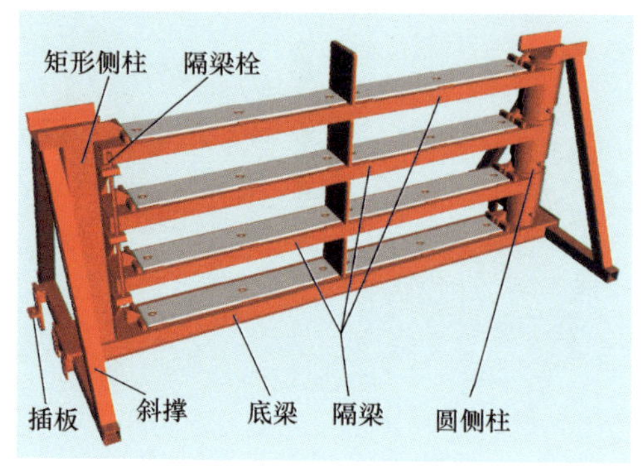

图 5-19　矩形方案用转梁式端车座架结构示意图

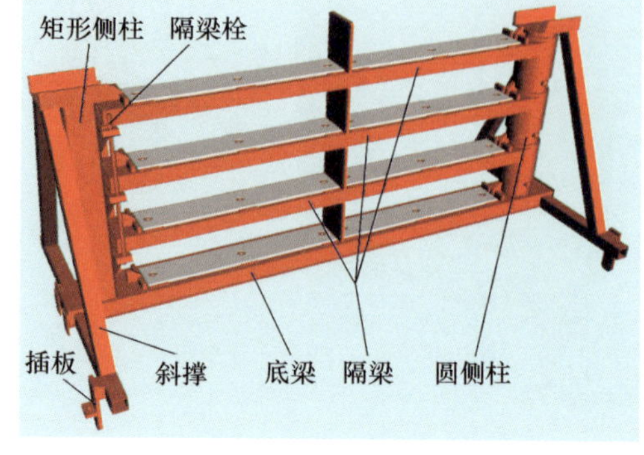

图 5-20　矩形方案用转梁式次端车座架结构示意图

(4)座架与车体的连接方式采用螺栓连接。既有 100 m 长钢轨运输座架与车体的连接方式为 8 号槽钢直接插入车辆支柱槽内，无其他固定方式。新型座架采用螺栓连接方式，座架通过螺栓与车辆支柱槽连接，更加稳定可靠。

(5)座架侧柱采用矩形钢管和无缝圆钢管。既有 100 m 长钢轨运输座架侧柱采用 25 号槽钢，新型座架侧柱分别使用 220 mm×140 mm 冷弯矩形管和 ϕ194 mm 的圆钢管，较原侧柱强度有所提高。另外，与既有的 500 m 长钢轨运输座架侧柱相比，主要受力部位的圆侧柱强度提高了 44%。

(6)座架整体强度提高，隔梁不可拆卸，不需要安装整体拉紧螺栓。

(7)车组端部座架按车辆尺寸(座架位置与支柱槽距离)设计，可以直接插入车侧支柱槽内，不需要在车体两侧加焊专用支柱槽。

(三)紧固装置

紧固装置和锁定座架配合使用，用于锁定钢轨，限制钢轨纵向移动，防止钢轨侧翻。紧固装置是采用大垫块、中垫块、小垫块和夹板通过螺栓和螺母连接而成的结构，用六根螺栓将同一层钢轨捆绑为一个单元，通过夹板的卡槽将钢轨固定于锁定隔梁上。隔梁搬卸式座架用紧固装置与转梁式座架用紧固装置结构类似，只是在夹板和垫块形状、螺栓螺母尺寸和螺母数量上有细微差别，另外转梁式座架用紧固装置中的螺母包含紧固螺母和防松螺母，如图 5-21 和图 5-22 所示。梯形方案用座架对应紧固装置分为大、中、小三种型号，在第 1、2 层锁定时采用大号紧固装置，所用中垫块数量相同，为 12 块；在第 3、4 层锁定时分别采用中号和小号紧固装置，对应的中垫块数量分别为 10 和 8。矩形方案用座架对应紧固装置均为大号，各种紧固装置对应的零件数量和螺栓长度如表 5-3 所示。

表 5-3　各种紧固装置对应零件数量(个/副)和螺栓长度

单位：mm

	梯形方案								矩形方案			
	隔梁搬卸式座架				转梁式座架				转梁式座架			
	第 1 层	第 2 层	第 3 层	第 4 层	第 1 层	第 2 层	第 3 层	第 4 层	第 1 层	第 2 层	第 3 层	第 4 层
螺　栓	6	6	6	6	6	6	6	6	6	6	6	6
螺　母	12	12	12	12	24	24	24	24	24	24	24	24
夹　板	2	2	2	2	2	2	2	2	2	2	2	2
小垫块	2	2	2	2	2	2	2	2	2	2	2	2
中垫块	12	12	10	8	12	12	10	8	12	12	12	12
大垫块	1	1	1	1	1	1	1	1	1	1	1	1
螺栓长度	2 240	2 240	1 940	1 640	2 310	2 310	2 010	1 710	2 310	2 310	2 310	2 310

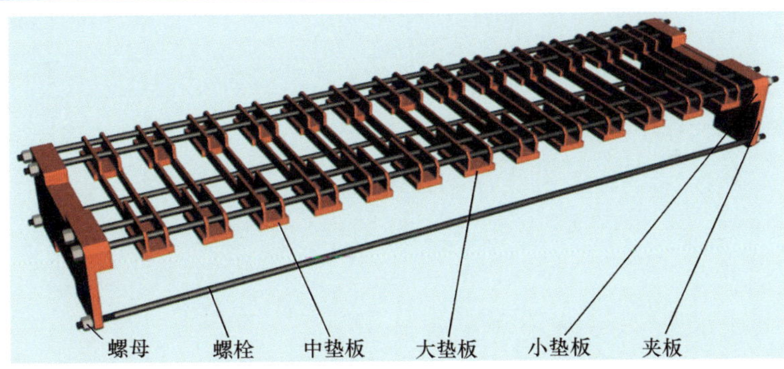

图 5-21　隔梁搬卸式座架用大号紧固装置结构示意图

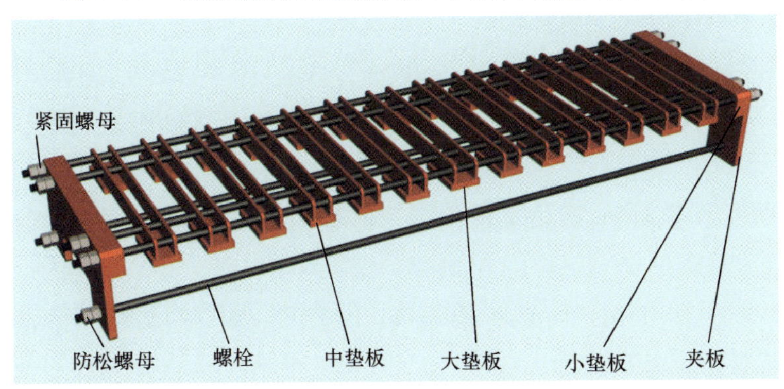

图 5-22　转梁式座架用大号紧固装置结构示意图

二、技术条件

因隔梁搬卸式座架和转梁式座架及其对应紧固装置结构不同，以下将分别介绍它们的技术条件。

（一）隔梁搬卸式座架技术条件

1. 范围

本技术条件适用于100 m长定尺和短尺钢轨运输隔梁搬卸式专用座架，包括滑动座架、混装座架、锁定座架及紧固装置，其中规定了制造、检测、维修、报废等方面的技术要求。

2. 引用标准

下列标准所包含的条文，通过在本技术条件中引用而构成本技术条件的条文。在本标准出版时，所示版本均为有效。所有标准都会被修订，使用本技术条件的各方应探讨、使用下列标准最新版本的可能性。

GB905—1982　冷拉圆钢的直径的允许偏差

GB707—1988　热轧普通槽钢

GB709—1988　热轧钢板厚度的允许偏差

3. 术语

本技术条件所包含的术语采用下列定义。

拉牵环：具有拴结、拉牵的作用，用圆钢弯成的U形环。

座架框架：安装于平车底板上，具有支撑钢轨、安放隔梁作用的钢制支架。

座架：由座架框架和隔梁组成的框架结构。

锁定座架：焊接有拉牵环的座架。

滑动座架：没有拉牵环的座架。

混装座架：仅用于100 m长定尺和短尺钢轨混装方案，安装在车组一端车辆的内端、隔梁无中部定位支承板、座架总体高度比滑动座架低10 mm的座架。

隔梁：安放于座架框架内，具有支撑钢轨、隔离层间钢轨作用的钢制承载梁。

衬板：螺栓连接于隔梁或座架框架上表面，具有减摩、耐磨功能的聚甲醛板。

紧固装置：由夹板、垫块、紧固螺栓和螺母组成，具有锁定钢轨位置作用的装置。

紧固螺栓:将一层钢轨紧固为整体所使用的螺栓。

垫块:用于隔离钢轨轨头的钢制垫块,分为大、中、小三种型号。

夹板:用于夹紧整层钢轨的钢板。

拉紧螺栓:用于连接座架框架两侧挡梁使座架形成封闭结构的螺栓。

4. 产品标记代号

产品标记代号由四部分组成,厂家代号、出厂年月、产品序列号及功能号。

厂家代号	出厂年月	产品序列号	功能号

厂家代号采用生产厂家名称汉语拼音缩写2个字母,如下所示:

PG:攀枝花钢厂;BG:包头钢厂;

WG:武汉钢厂;AG:鞍山钢厂。

出厂年月为4位阿拉伯数字,前2位为出厂年份最后两位,后2位为出厂月份。产品序列号是出厂产品的统一编号,采用6位阿拉伯数字,从000001开始计数。功能号采用如下所示:

S:锁定座架;H:滑动座架。

以下为产品标记代号示例:

PG0608000001S,其中PG代表攀枝花钢厂,0608表示出厂时间为2006年8月,000001表示第一套产品,S代表锁定座架。产品标记代号用白色油漆标记,标记在座架两侧的斜撑槽钢外表面。

5. 技术要求

紧固螺栓采用冷拉圆钢制造,材质为45号钢,紧固螺栓所用螺母为钢结构用高强度大六角螺母(GB 1229—1984);所有的型钢、钢板、圆钢应符合图纸对材质的要求,不得有明显的锈蚀痕迹;座架、隔梁的制造公差应满足图纸要求,制造完成后应进行试组装,组装、拆卸灵活,不得有卡滞现象;喷漆前,应对所有焊缝进行目测检查,不得有明显的气孔、夹渣、裂纹、焊不透等缺陷;垫块与钢轨的接触面不得涂漆,其他金属构件表面均应进行防腐蚀处理,漆层应有防锈底漆,漆层表面应无气泡和漆渣,颜色自选。

6. 技术检测

检测前从一批产品中随机抽检2台座架(滑动座架、锁定座架均可),一副紧固装置。首先根据图纸要求检查座架外形尺寸和焊接质量,座架和紧固装置的使用性能。然后检测座架各危险截面处的应力,座架和紧固装置的刚度,检测方法和检测结果评定如下。

(1)检测方法

首先将2台座架分别置于2辆连挂在一起的平车上,2台座架的距离为14 m,座架位于平车的转向架正上方。然后装载25 m长60 kg/m钢轨,钢轨全部为正向装载,各层的钢轨数等同于100 m长钢轨各层装载数,装载时,使钢轨的中线与两座架的中线对齐,保证钢轨重量平均分配在两个座架上,用紧固装置紧固第一层钢轨,紧固螺栓的预紧力矩为320 N·m。四层钢轨装载完毕后,保持载荷不少于10 min后卸载。

(2)检测结果评定

座架外形尺寸和焊接质量符合图纸要求;各部件之间、部件与钢轨之间装配顺利;测点最大折算应力值应小于材料许用应力值;卸载后目测检查所有隔梁、座架不得有永久性变形;紧固螺栓不得有滑丝、脱扣、咬扣等螺纹损毁现象,螺栓不得有永久变形;垫块与轨头的接触面不得有永久挤压变形;符合以上所有要求的产品为合格产品,不符合以上要求的产品不得出厂。

7. 维修

维修工作由生产厂家负责,维修人员应经过专业培训。衬板磨损到厚度小于7 mm时,应更换新衬板;隔梁变形挠度或拱度大于5 mm时,应进行矫直处理;座架底梁变形挠度或拱度大于5 mm时,应进行矫直处理;座架、隔梁任何焊缝出现开焊、裂纹不得补焊,必须报废,所缺座架、隔梁可用相同编号的新产品代用;维修人员应填报维修记录,包括:产品编号、维修原因、维修时间。

8. 使用寿命

座架使用寿命按使用次数计算,允许循环使用50次。紧固螺栓、拉紧螺栓、隔离块损坏后可以更换,随产品同时报废。

(二)转梁式座架技术条件

1. 范围

本节技术条件适用于100 m长定尺和短尺钢轨(60 kg/m)普通平车运输转梁式座架和相应紧固装置,其中规定了制造、检测、维修、报废等方面的技术要求。

2. 引用标准

下列标准所包含的条文,通过在本技术条件中引用而构成本技术条件的条文。在本标准出版时,所示版本均为有效。所有标准都会被修订,使用本技术条件的各方应探讨、使用下列标准最新版本的可能性。

GB/T 700—1988　碳素结构钢

GB/T 699—1999　优质碳素结构钢

GB/T 707—1988　热轧槽钢

GB/T 6728—2002　结构用冷弯矩形空心型钢

GB/T 8162—1999　结构用无缝钢管

GB/T 5185—1985　焊接方法代号及注法

GB/T 709—1988　热轧钢板厚度的允许偏差

JB/T 5000.12—1998　涂装通用技术条件

JB/T 5000.9—1998　切削加工件通用技术条件

JB/T 5000.3—1998　焊接结构件未注尺寸公差与形位公差

GB/T 324—1988、GB/T12212—1990　焊缝符号表示方法

3. 术语

本技术条件所包含的术语采用下列定义。

座架:安装于平车车地板上,具有支承、隔离分层和横向限位作用的钢制支架。

底梁:底层钢轨承载梁,直接接触车地板。

隔梁:第二至第四层钢轨承载梁,可绕圆侧柱水平旋转,装卸时开启和闭合。

圆侧柱:位于座架一侧,支承隔梁并可绕其转动。

矩形侧柱:位于座架另一侧,隔梁闭合时支承隔梁另一端。

中部支座:位于底梁和隔梁中部,具有支承上部隔梁的作用(第 4 层隔梁中部支座除外)。

普通座架:除具有特殊功能或安装于特殊位置的座架之外的、结构相同的所有转梁式座架。

锁定座架:焊接有拉牵环、具有纵向锁定功能的座架。

拉牵环:具有拴结、拉牵作用,用圆钢弯成的 U 形环。

端部座架:安装在车组两端车辆的内端、插板远离底梁的座架。

端车座架:安装在车组两端车辆的内端、插板远离底梁的座架。

次端车座架:安装在车组两端数第 2 辆车的外端、插板远离底梁的座架。

混装座架:仅用于 100 m 长定尺和短尺钢轨混装方案,安装在车组一端车辆的内端、插板远离底梁的座架,依方案不同座架高度有所区别。

隔梁栓:隔梁闭合后,用于锁定隔梁的门栓。

紧固装置:具有纵向锁定钢轨作用的装置,由夹板、垫块、紧固螺栓组成。

紧固螺栓：将一层钢轨紧固为整体所使用的双头螺栓。

垫块：用于隔离钢轨轨头的钢制垫块，分为大、中、小三种型号。

夹板：用于夹紧整层钢轨的钢板。

一副紧固装置：由 24 个螺母、6 根螺栓、2 块夹板、2 个小垫块、1 个大垫块、数个中垫块组装而成的紧固装置。

一套紧固装置：由 4 副紧固装置组成的全套紧固装置。

一套装置：由 n（对换长 1.3 普通平车梯形装载加固方案及其混装方案 $n=8$；对换长 1.5 普通平车梯形装载加固方案及其混装方案和 NX_{70}、NX_{70H} 型平集共用车矩形装载加固方案及其混装方案 $n=6$；对换长 1.5 和换长 1.3 普通平车矩形装载加固方案和 70 t 共用平车矩形装载加固方案 $n=4$）个普通座架、4 个锁定座架、2 个端部座架（针对换长 1.3 普通平车梯形装载加固方案，换长 1.5 普通平车梯形装载加固方案，NX_{70}、NX_{70H} 型平集共用车矩形装载加固方案）、2 个端车座架（针对换长 1.5 和换长 1.3 普通平车矩形装载加固方案，70 t 共用平车矩形装载加固方案）、4 个次端车座架（针对换长 1.5 和换长 1.3 普通平车矩形装载加固方案，70 t 共用平车矩形装载加固方案）、1 个混装座架（仅用于混装方案）和 1 套紧固装置组成的全套装置。

4. 产品标记代号

产品标记代号由五部分组成，设计代号、出厂年月、产品序列号、功能号及座架编号。

设计代号	出厂年月	产品序列号	功能号	座架编号

设计代号由设计单位统一命名。出厂年月采用 4 位阿拉伯数字，前 2 位为出厂年份最后两位，后 2 位为出厂月份。产品序列号由设计单位统一分配管理。功能号按如下所示：

S1：第一层钢轨锁定座架；DB：端部座架；

S2：第二层钢轨锁定座架；DC：端车座架；

S3：第三层钢轨锁定座架；CD：次端车座架；

S4：第四层钢轨锁定座架；HZ：混装座架。

未标功能号的座架为普通座架，座架编号为本套产品各座架的排列编号，由阿拉伯数字组成，混装座架不参与座架编号。产品标记代号用明显区别于座架底色的油漆标记（或制作标牌），标记于座架矩形侧柱外立面。

5. 技术要求

紧固螺栓采用圆钢制造，材质为 45 号钢；紧固螺栓所用螺母为钢结构用高强度大六角螺母（GBT/T 1229—1991）；所有的型钢、钢板、圆钢应符合图纸对材质的要求，不得有明显的锈蚀痕迹；座架和紧固装置各零部件的尺寸、公差、材质、工艺及技术要求均应符合图纸要求；未注尺寸公差符合 GB/T 1804—m 要求；各装置制造完成后应进行试组装，组装完成后隔梁转动应灵活顺畅，不得有卡滞现象；喷漆前，应对所有焊缝进行目测检查，不得有明显的气孔、夹渣、裂纹、焊不透等缺陷；垫块与钢轨的接触面不得涂漆，其他金属构件表面均应进行防腐蚀处理，漆层应有防锈底漆，漆层表面应无气泡和漆渣，颜色橘红；所有座架应按要求注明产品标记代号；每批次专用座架（包括紧固装置）需经设计单位进行技术检测合格并经铁路局批准后方准使用，铁路局对管内批准使用的专用座架进行编号管理；装置出厂运输时的码放、加固，装卸时的吊装应合理，不得对装置造成损伤。

6. 技术检测

检测前从一批产品中随机抽检 2 台座架（至少 1 台锁定座架），1 副紧固装置。首先根据图纸要求检查座架外形尺寸和焊接质量，座架和紧固装置的使用性能。然后检测座架各危险截面处的应力，座架和紧固装置的刚度。应力测点布置、检测方法和检测结果评定如下。

（1）应力测点布置

两个座架测点位置相同，测点应位于危险截面的受力较大的部位，测点布置可参考图 5-23。其中测点 1、6 测试底梁两端的最大垂向应力，测点位于底梁侧面，应变片竖直粘贴；测点 2、5 测试第 2 层隔梁的最大弯曲应力，测点位于隔梁底面 1/4 处，应变片水平粘贴；测点 3 测试底梁中部最大弯曲应力，测点位于底梁侧面顶端与中部支座对齐处，应变片为水平粘贴；测点 4 测试底梁中部支座最大压应力，测点位于中部支座侧面，应变片竖直粘贴。

（2）检测方法

首先将 2 台座架分别置于 2 辆连挂在一起的平车上，2 台座架的距离为 14 m，座架位于平车的转向架正上方。然后装载 25 m 长 60 kg/m 钢轨，钢轨全部为正向装载，各层的钢轨数等同于 100 m 长钢轨各层装载数，装载时，使钢轨的中线与两座架的中线对齐，保证钢轨重量平均分配在两个座架上，用紧固装置紧固第 1 层钢轨，紧固螺栓的预紧力矩为 320 N·m。4 层钢轨装载完毕后，保持载荷不少于 10 min 后卸载。

（3）检测结果评定

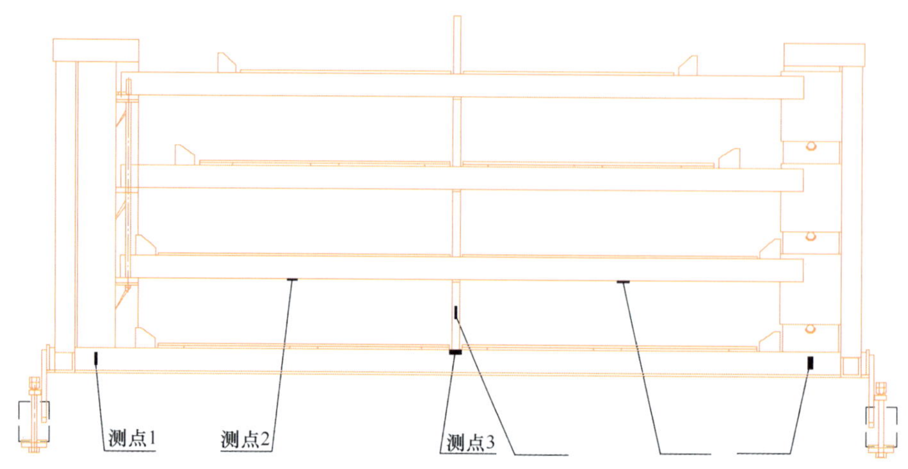

图 5-23 座架应力测点布置示意图

座架外形尺寸和焊接质量符合图纸要求；各部件之间、部件与钢轨之间装配顺利；测点最大折算应力值应小于材料许用应力值；卸载后目测检查所有隔梁、座架不得有永久性变形；紧固螺栓不得有滑丝、脱扣、咬扣等螺纹损毁现象，螺栓不得有永久变形；垫块与轨头的接触面不得有永久挤压变形；符合以上所有要求的产品为合格产品，不符合以上要求的产品不得出厂。

7. 维修

维修工作由产权单位负责，维修人员应经过专业培训。隔梁变形不能关闭时，应进行矫正或更换隔梁；聚甲醛板磨损到厚度小于 7 mm 或碎裂影响使用时，应及时更换；座架、隔梁任何焊缝出现开焊、裂纹时，应补焊，补焊后进行防腐处理；隔梁支承销磨损深度大于 4 mm，应更换隔梁支承销；垫块磨损影响使用时，应更换垫块；隔梁栓变形影响使用时，应修复或更换；维修人员应填报维修记录，包括：产品标记代号、维修原因、维修时间等。

8. 使用寿命

根据既有 100 m 轨和 500 m 轨运输座架使用情况，座架使用寿命按承载运输次数计算，允许使用次数由相关单位根据试运情况确定。闲置时间超过 1 年，继续使用前需进行技术检测，根据检测结果确定能否继续使用或继续使用次数；紧固螺栓运输 12 次后应全部更换；紧固螺栓、垫块损坏后须及时更换。座架圆侧柱、矩形侧柱、底梁和隔梁发生明显变形或严重锈蚀，影响使用且不能修复时，座架整体应报废处理。

第二节　100 m 长定尺钢轨普通平车运输装载加固方案

根据铁路运输发展的需要，中国铁道科学研究院运输及经济研究所针对 100 m 长定尺钢轨（60 kg/m）先后制定了 3 种梯形装载加固方案和 3 种矩形装载加固方案，如表 5-4 所示，并开发出相应的装载加固装置，经过理论计算和线路试验，验证了各种方案的合理性。表 5-5 为各方案所采用的车型和车辆数、座架数量和锁紧装置副数等。

表 5-4　100 m 长定尺钢轨（60 kg/m）装载加固方案

方案类型	序号	方案
梯形装载加固方案	一	100 m 长定尺钢轨（60 kg/m）普通平车装载加固方案
	二	100 m 长定尺钢轨（60 kg/m）换长 1.3 普通平车装载加固方案
	三	100 m 长定尺钢轨（60 kg/m）换长 1.5 普通平车装载加固方案
矩形装载加固方案	一	100 m 长定尺钢轨（60 kg/m）NX_{70}、NX_{70H} 型平集共用车矩形装载加固方案
	二	100 m 长定尺钢轨（60 kg/m）换长 1.5、1.3 普通平车矩形装载加固方案
	三	100 m 长定尺钢轨（60 kg/m）70 t 共用平车矩形装载加固方案

表 5-5　各定尺钢轨装载加固方案所采用的车型和车辆数、座架数量和锁紧装置副数

方案类型	序号	车型	车辆数	座架类型	座架数量：普通/滑动座架	锁定座架 1	锁定座架 2	锁定座架 3	锁定座架 4	端部座架	端车座架	次端车座架	混装座架	锁紧装置副数：大号	中号	小号	配重数量
梯形装载加固方案	一	13 m 长、载重 60 t 木地板平车（包含平集共用车）	8	隔梁搬卸式	10	1	1	1	1	0	0	0	0	2	1	1	0
	二	13 m 长、载重 60 t 木地板平车（包含平集共用车，N_{16}，N_{60} 除外）	8	转梁式	8	1	1	1	1	2	0	0	0	2	1	1	0
	三	15.4 m 长平集共用车	7		6	1	1	1	1	2	0	0	0	2	1	1	0
矩形装载加固方案	一	NX_{70}、NX_{70H} 型平集共用车	7		6	1	1	1	1	2	0	0	0	4	0	0	2
	二	NX_{70}、NX_{70H} 型平集共用车	2		4	1	1	1	1	0	2	4	0	4	0	0	0
		13 m 长、载重 60 t 木地板平车（N_{16}，N_{60} 除外）	5														
	三	NX_{70}、NX_{70H} 型平集共用车	2		4	1	1	1	1	0	2	4	0	4	0	0	0
		NX_{70A} 型平集共用车	5														

注：本表中序号对应表 5-4 中方案序号。

一、梯形装载加固方案

(一)100 m 长定尺钢轨(60 kg/m)普通平车装载加固方案

如图 5-24 所示,本方案于 2006 年 6 月研制成功,2007 年初正式投入运用。运输车组由 8 辆 13 m 长、载重 60 t 木地板平车(含平集共用车)组成,专用装载加固装置为隔梁搬卸式座架和相应紧固装置。每组专用装载加固装置包括:10 个滑动座架、4 个锁定座架、4 副紧固装置,每个座架包括 1 个座架框架、3 个隔梁、1 根拉紧螺栓、2 个螺母和 2 个垫圈。正线运行时,车组最高运行速度为80 km/h。

本方案采用 8 车跨装,相邻车辆的车地板高度差(相对轨面)不得大于 15 mm。若大于 15 mm,应采用木板垫高座架的方法,木板应铺满座架底面,木板各边缘超出座架底面各边缘的距离不小于 50 mm,但不得超过平车地板侧边沿,木板厚度根据高度差确定,使用圆钢钉将木板和车地板钉固。沿车辆纵中心线装载 4 层,第 1～4 层分别装 14、14、12、10 根,皆为正摆,共计装载 50 根,总重约 300 t。第 1、8 车在距车辆车组中部一端约 5 000 mm 处各放置 1 个滑动座架,同时在此处的车辆两侧加焊支柱槽,如图 5-25 所示;第 2、3、6、7 车从车辆两端数第 3 个支柱槽处各放置 1 个滑动座架,如图 5-26 所示;第 4、5 车从车辆两端数第 3 个支柱槽处各放置 1 个锁定座架,锁定座架两侧各用 ϕ12.5 mm 钢丝绳 2 股拉牵成一个八字形拴结在车侧支柱槽上,钢丝绳与车辆棱角处采取防磨措施,锁定座架摆放位置和拉牵方式见图 5-27。若作为专用车组固定循环运输时,首次装车后,在所有座架两侧侧挡上加焊 ϕ16 mm 圆钢钩,圆钢钩焊接方式见图 5-28。第 1 层钢轨直接装在专用座架底座上,2～4 层钢轨分别装在每层的隔梁上,隔梁与座架相连,每层钢轨的重量分别通过隔梁中部支座和两端支点传递到座架底座上,再传递到车体上,上层钢轨对下层钢轨没有压力,各层相互独立。

装载时,钢轨应尽量按车组中心线对称装载,一端钢轨尽量对齐,因技术原因不能完全对齐时,此端钢轨长短差不得大于 200 mm。每一层钢轨装载完毕后,在一个锁定座架处使用 1 套紧固装置将本层钢轨紧固并与此座架固定为一体(4 个锁定座架分别锁定 4 层钢轨),同时在钢轨两端部和锁定装置处标画纵向位移检查线,然后在所有座架处安装隔梁(第 4 层除外),再装上一层钢轨。紧固装置每根螺栓紧固力矩不小于 320 N·m。

4 层钢轨全部装载完毕后,使用拉紧螺栓、螺母和垫圈连接座架的两侧挡梁,拉紧螺栓的紧固力矩不小于 100 N·m。

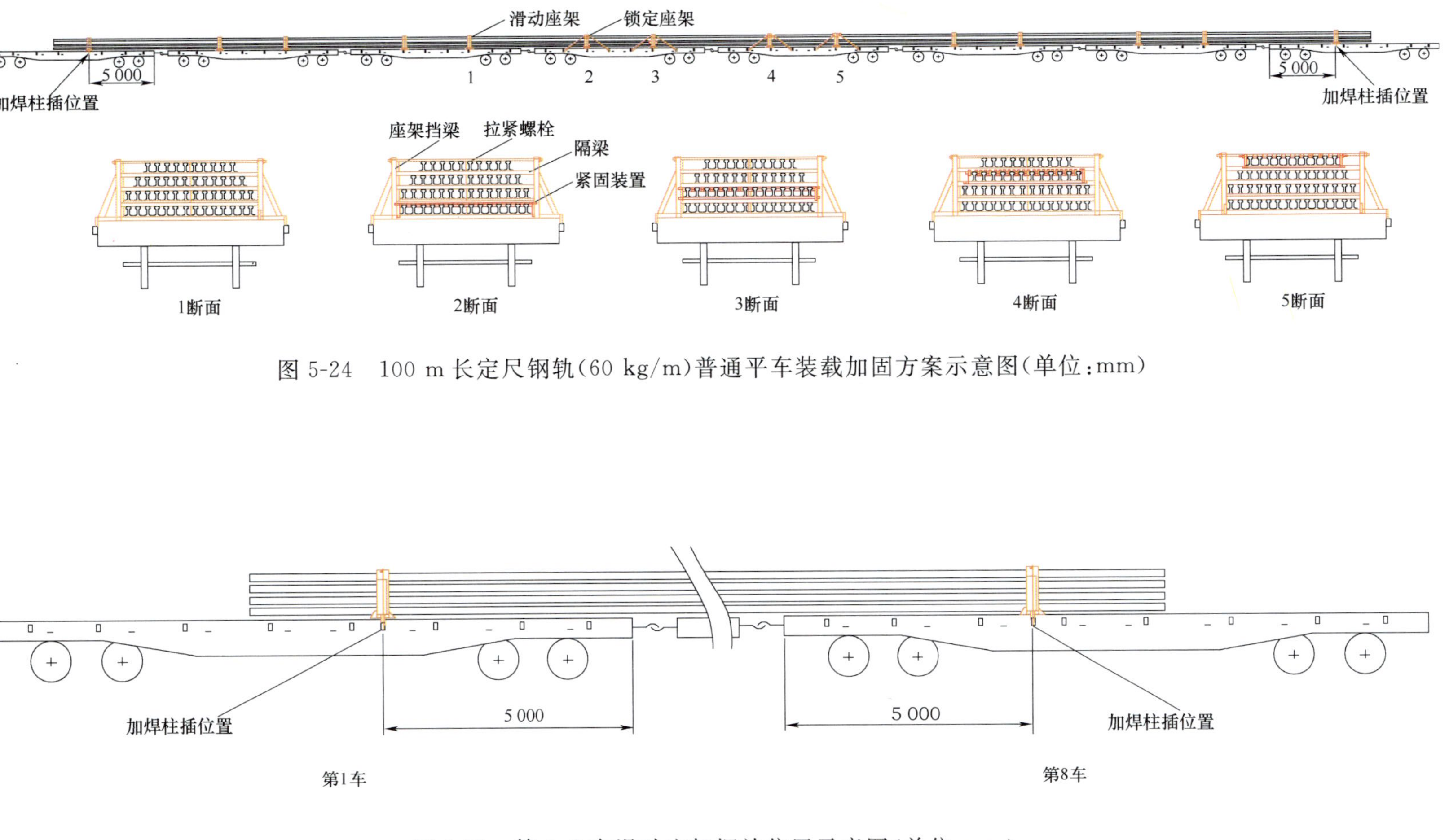

图 5-24 100 m 长定尺钢轨(60 kg/m)普通平车装载加固方案示意图(单位:mm)

图 5-25 第 1、8 车滑动座架摆放位置示意图(单位:mm)

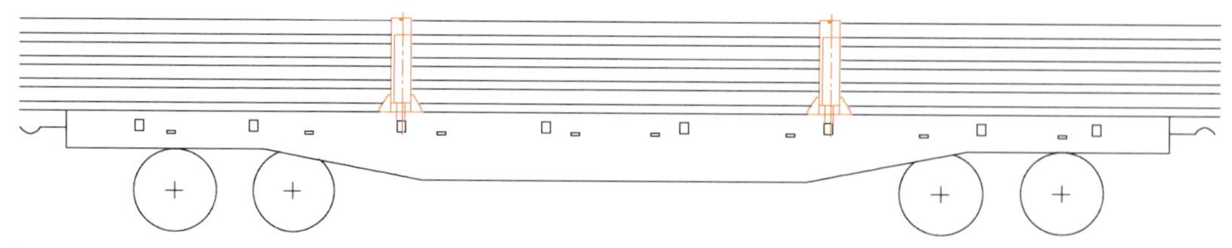

图 5-26　第 2、3、6、7 车滑动座架摆放位置示意图

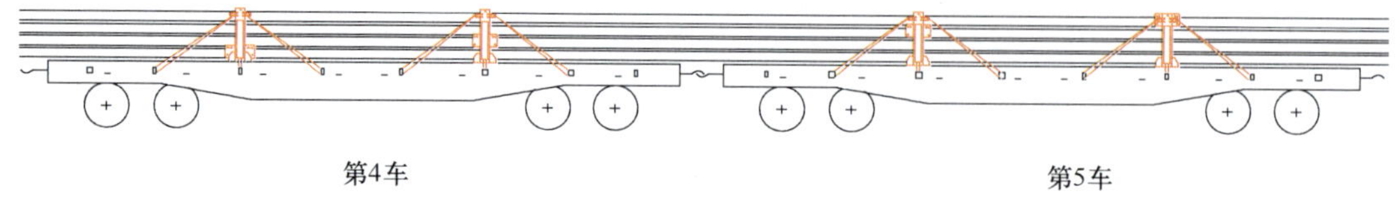

图 5-27　第 4、5 车锁定座架摆放位置示意图

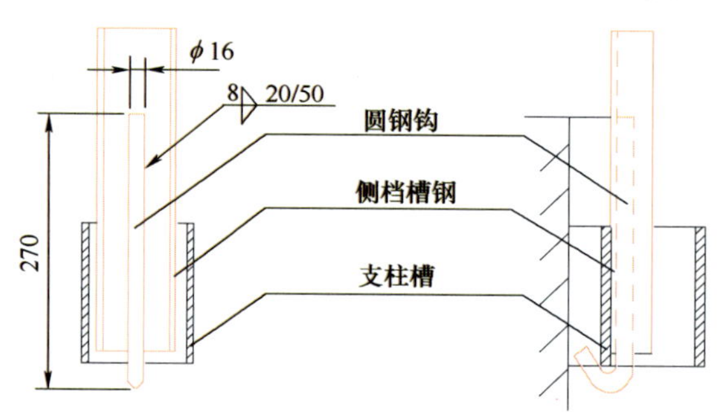

图 5-28　圆钢钩焊接示意图(单位:mm)

专用车组固定循环运输时,装载加固装置(材料)原车回送的要求:卸轨后,座架在平车上保持原位置及加固方式不变,每个座架放置 3 个隔梁后,用拉紧螺栓、螺母和止动垫片连接两侧挡梁;将 4 套紧固装置分别反扣在 4 个锁定座架的第 1 层隔梁上,每套紧固装置的 6 根紧固螺栓上夹板内外各使用 1 个螺母紧固,如图 5-29 所示。

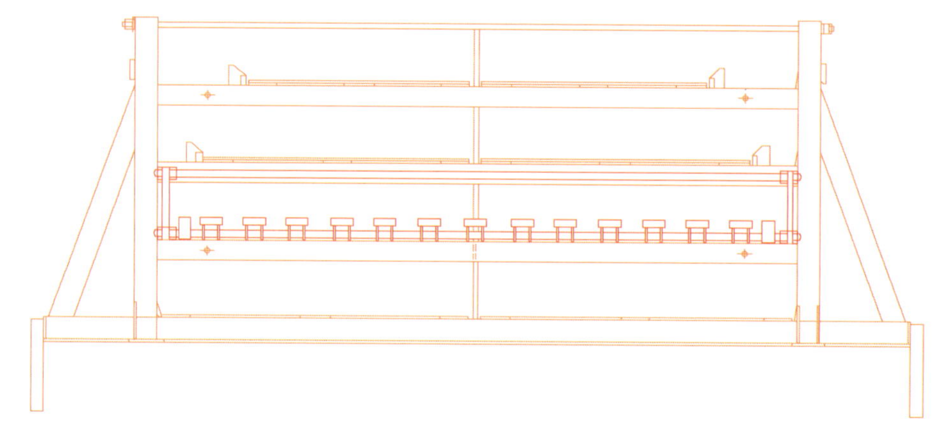

图 5-29　座架回送紧固装置安装示意图

100 m 长定尺钢轨(60 kg/m)普通平车装载加固方案应用两年来，总体运输状况良好，但随着铁路建设用轨需求量的增加和铁路运输安全、高效的要求，逐渐显露出以下不足。

1. 车组最高运行速度 80 km/h

随着全路封存 31 000 辆货车，为铁路货运干线提速创造了条件，而换长 1.3 普通平车运输梯形装载加固方案试验时运行最高速度 80 km/h，未涉及提速 120 km/h 的条件要求，这势必给以后的运输生产带来一定影响。根据铁道部要求，限速列车的编组发送要求发电报、纳入班计划、发布调度命令，而且经常会发生分界口排队现象，延缓车辆周转，既影响列车速度又不利于安全生产。因此，随着 100 m 长钢轨运输量的大幅增加和铁路运输线路的日益繁忙，研究制定提速至 120 km/h 的新型优化方案成为当务之急。

2. 隔梁装卸不便

换长 1.3 普通平车运输梯形装载加固方案所设计座架的隔梁是用槽钢、钢板焊接而成的独立结构，装轨和卸轨时均需人工搬卸，不利于快速装卸钢轨。同时，由于第 1 至第 3 层隔梁分别重达 94.16 kg、95.04 kg 和 87.7 kg，人工搬卸需要 4 个人一起搬运，工作效率较低，容易发生意外危险事故，威胁运输生产安全。特别是当前钢轨需求量巨大，运输任务繁重，隔梁装卸不便的弊端日益显露出来。

3. 隔梁易丢失

对换长 1.3 普通平车运输梯形装载加固方案，当座架与隔梁安装完成后，需在座架的上部安装一根整体拉紧螺栓，从而使开口结构的座架连接为封闭结构。但在实际生产运输中，特别是卸轨过程中，由于没有规范的操作流程，搬卸下来的隔梁很容易丢失；同时，在专用车组回送过程中，由于座架上部的整体拉紧螺栓防盗功能差，容易拆卸下来，造成隔梁被恶意盗取，从而影响到正常的钢轨运输生产。据鞍钢统计，仅 2007 年因丢失而补充的隔梁就达 30 套，不但浪费资源，而且严重影响座架的使用效率。

针对本方案存在的以上缺点，2009 年 3 月又制定了 100 m 长钢轨换长 1.3 普通平车装载加固方案和换长 1.5 普通平车装载加固方案，同时设计了新型装载加固装置，座架由隔梁搬卸式改为转梁式。

(二)100 m 长定尺钢轨(60 kg/m)换长 1.3 普通平车装载加固方案

本方案是梯形装载加固方案(一)的优化方案，如图 5-30 所示，本方案运输车组由 8 辆换长 1.3、载重 60 t 普通木地板平车(包含平集共用车，N_{16}，N_{60} 除外)组成，每组专用装载加固装置包括：2 个端部座架、8 个普通座架、4 个锁定座架和 4 副紧固装置。正线运行时,车组最高运行速度为 120 km/h。8 车跨装,各车之间不得使用车钩缓冲停止器,相邻车辆的车地板高度差不得大于15 mm,若大于 15 mm,应采用木板垫高座架的方法,木板应铺满座架底面,木板各边缘超出座架底面各边缘的距离不小于 50 mm,但不得超过平车地板侧边沿,木板厚度根据高度差确定,使用圆钢钉将木板和车地板钉固。若包含平集两用车,装轨前应将锁头反扣。沿车辆纵中心线装载 4 层,第 1～4 层分别装 14、14、12、10 根,皆为正摆,共计装载 50 根,总重约 300 t。

第 1、8 车在距车辆车组中部一端约 5 000 mm 处各放置 1 个端部座架,加固螺栓孔与从车组中部一端数第 4 个支柱槽对齐,如图 5-31 所示;第 2、3、6、7 车从车辆两端数第 3 个支柱槽处各放置 1 个普通座架,如图 5-32 所示;第 4、5 车从车辆两端数第 3 个支柱槽处各放置 1 个锁定座架,如图 5-33 所示;除锁定座架采用拉牵加固和螺栓连接外,其他座架和车辆支柱槽仅采用螺栓连接。

装载钢轨前,保证所有座架两侧插板插入支柱槽内,用螺栓、螺母和方垫板与车侧支柱槽连接紧固,所有座架转动隔梁全部处于开启状态。装载时,应尽量按车组中心线对称装载,相同长度的钢轨一端端部应尽量对齐,因技术原因不能完全对齐时,则此端部长短差不得大于 200 mm。每一层钢轨装载完毕后,在一个锁定座架处使用 1 套紧固装置将本层钢轨紧固并与此座架固定为一体(4 个锁定座架分别锁定 4 层钢轨)。紧固装置每根螺栓两端分别使用 1 个紧固螺母紧固,使用 1 个防松螺母防松。每个紧固螺母紧固力矩约为 320 N·m,每个防松螺母紧固力矩约为 100 N·m,同时在钢轨两端部和锁定装置处标画纵向位移检查线。1～3 层每层钢轨装载和锁紧完毕后,闭合上一层所有隔梁,再装载上一层钢轨和紧固装置。每层钢轨的重量分别通过隔梁中部支座和两端立柱传递到座架底梁上,再传递到车体上,上层钢轨对下层钢轨没有压力,各层相互独立。钢轨装载完毕后,每个座架使用隔梁栓将 3 层隔梁锁定,再用 8 号镀锌铁线或锁具将隔梁栓锁固。同时在每个锁定座架两侧,用 ϕ12.5 mm 钢丝绳 2 股各拉牵一个八字形,捆绑加固在车侧丁字铁上或支柱槽上,钢丝绳与车辆棱角接触处采取防磨措施,座架与车体连接螺栓再次紧固,紧固力矩约为 100 N·m,专用车组固定循环使用时,应将螺母焊牢,或采用双螺母紧固、螺母间点焊。

装载加固装置(材料)原车回送要求:卸轨后,座架在平车上保持原位置及加固方式不变;将 4 套紧固装置分别放置在 4 个锁定座架的第 1 层隔梁上,每套紧固装置的 6 根紧固螺栓上夹板内外各使用 1 个螺母紧固,如图 5-34 所示;使用隔梁栓将 3 层隔梁锁定并将隔梁栓加锁或用 8 号镀锌铁线绑固。

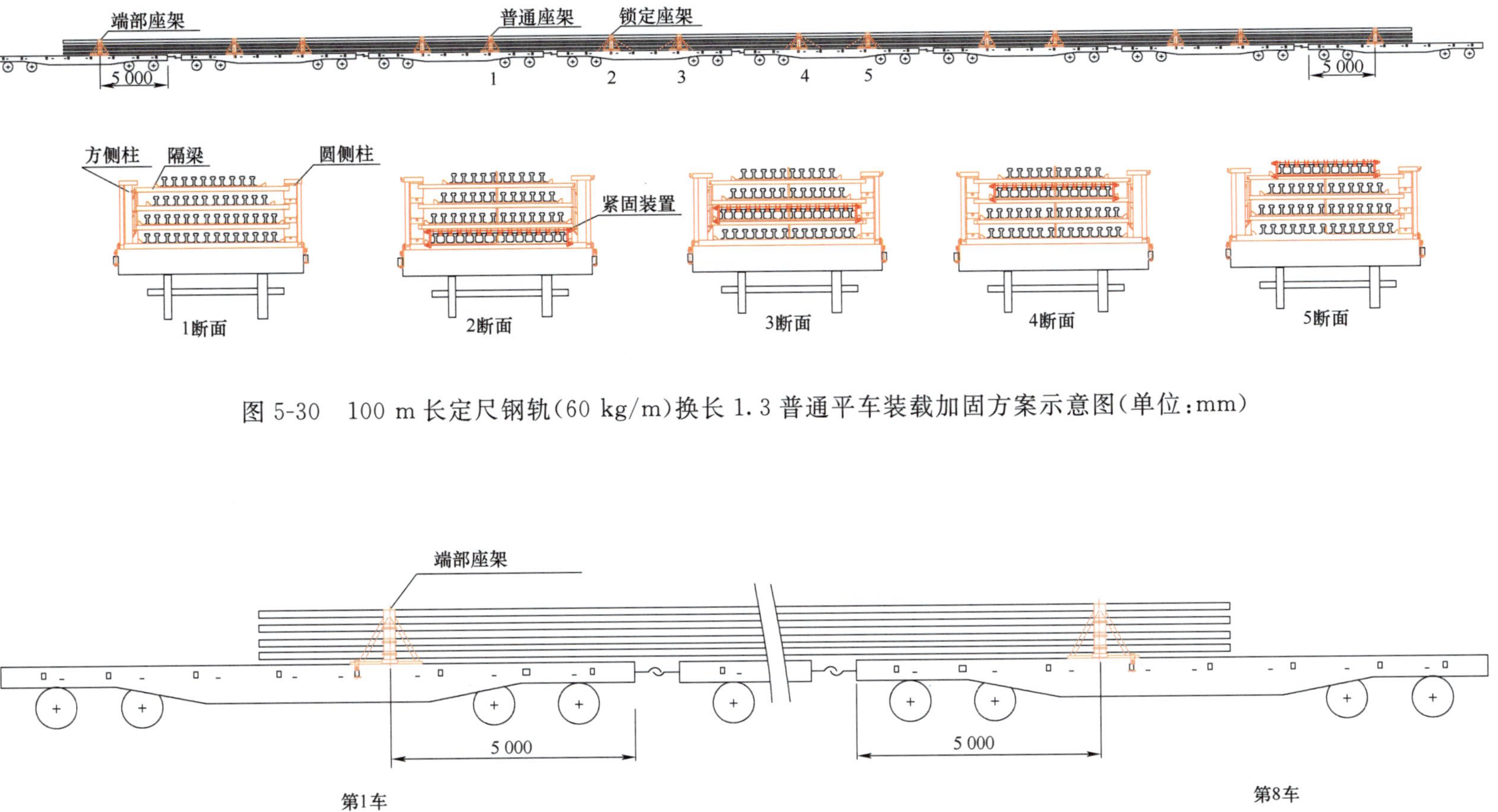

图 5-30　100 m 长定尺钢轨(60 kg/m)换长 1.3 普通平车装载加固方案示意图(单位:mm)

图 5-31　第 1、8 车端部座架摆放位置示意图(单位:mm)

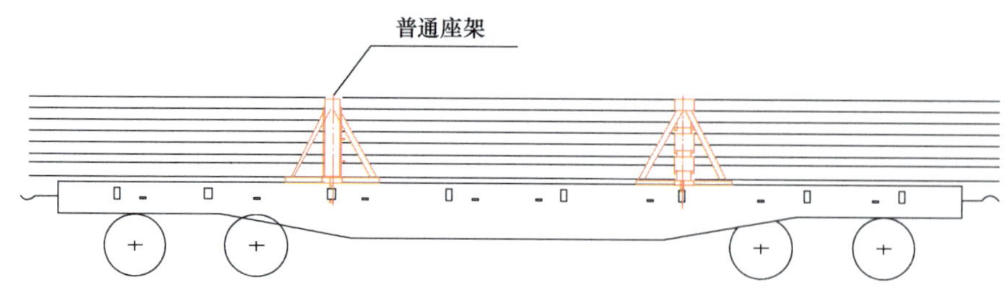

图 5-32　第 2、3、6、7 车普通座架摆放位置示意图

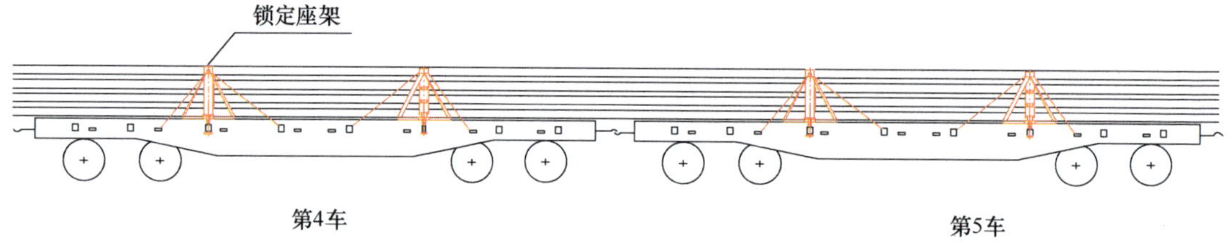

图 5-33　第 4、5 车锁定座架摆放位置示意图

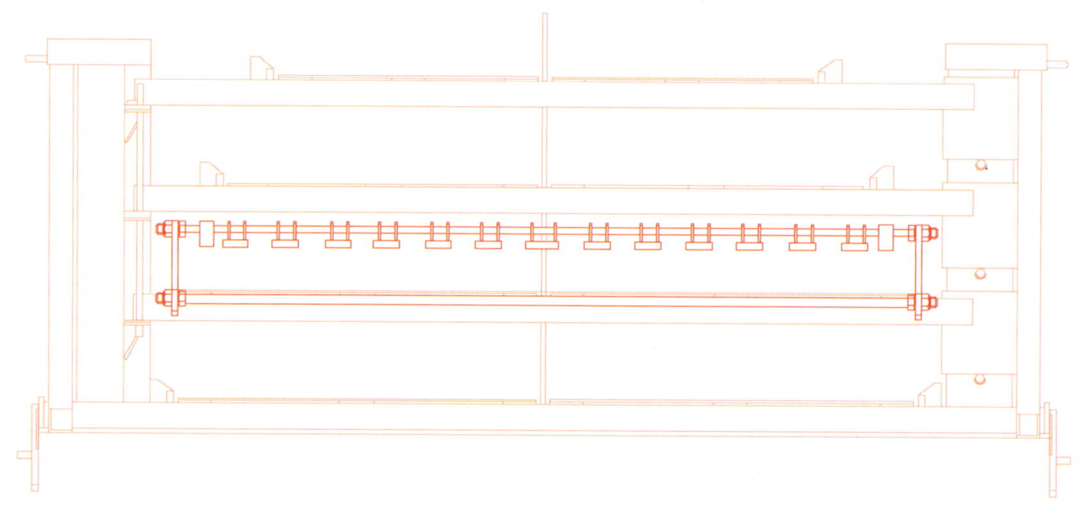

图 5-34　座架回送紧固装置安装示意图

(三)100 m 长定尺钢轨(60 kg/m)换长 1.5 普通平车装载加固方案

如图 5-35 所示，本方案车组是由 7 辆 15.4 m 长平集共用车组成，每组专用装载加固装置包括：2 个端部座架、6 个普通座架、4 个锁定座架和 4 副紧固装置。正线运行时，车组最高运行速度为 120 km/h。7 车跨装，各车之间不得使用车钩缓冲停止器，相邻车辆的车地板高度差不得大于 15 mm，若大于 15 mm，应采用木板垫高座架的方法，木板应铺满座架底面，木板各边缘超出座架底面各边缘的距离不小于 50 mm，但不得超过平车地板侧边沿，木板厚度根据高度差确定，使用圆钢钉将木板和车地板钉固。若包含平集两用车，装轨前应将锁头反扣。沿车辆纵中心线装载 4 层，第 1～4 层分别装 14、14、12、10 根，皆为正

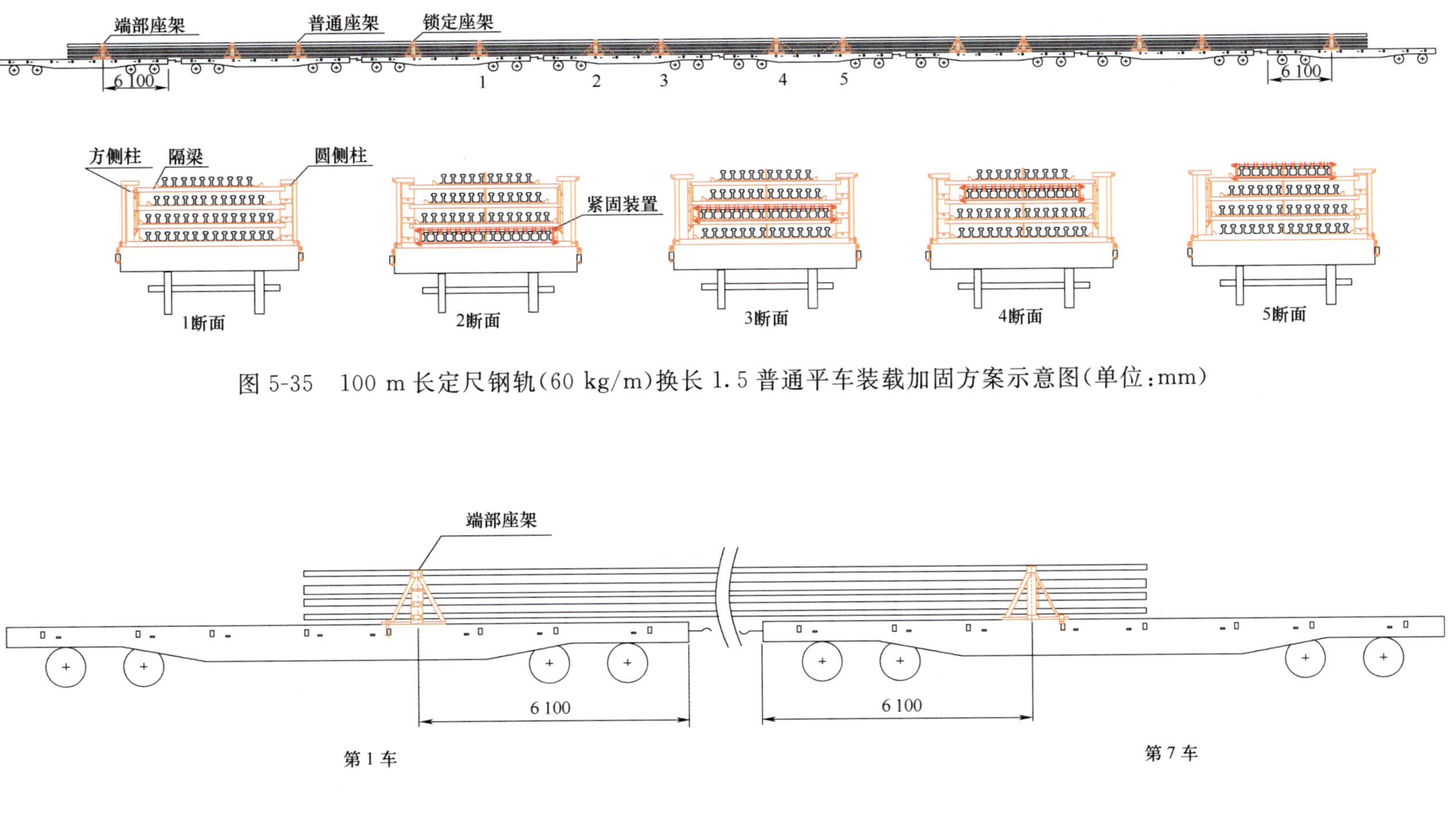

图 5-35　100 m 长定尺钢轨(60 kg/m)换长 1.5 普通平车装载加固方案示意图(单位:mm)

图 5-36　第 1、7 车端部座架摆放位置示意图(单位:mm)

摆，共计装载 50 根，总重约 300 t。第 1、7 车在距车辆车组中部一端约 6 100 mm处各放置 1 个端部座架，加固螺栓孔与从车组中部一端数第 4 个支柱槽对齐，如图 5-36 所示；第 2、5、6 车每车放置 2 个普通座架，第 3、4 车每车放置 2 个锁定座架，每车的 2 个座架分别位于从车辆两端数第 3 个支柱槽处，横向反向摆放，加固螺栓孔与支柱槽对齐，如图 5-37 和图 5-38 所示。除锁定座架采用拉牵加固和螺栓连接外，其他座架和车辆支柱槽仅采用螺栓连接。

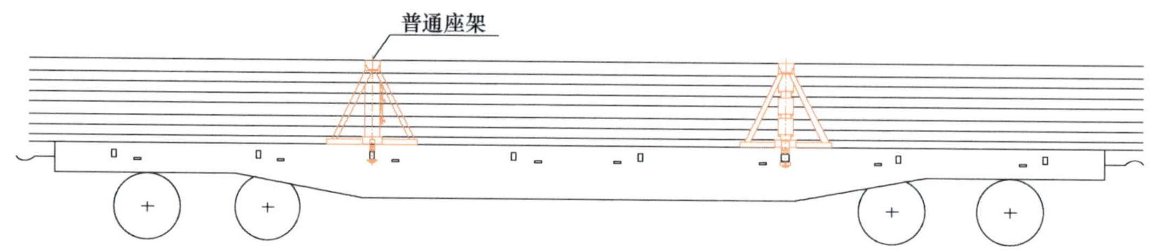

图 5-37　第 2、5、6 车普通座架摆放位置示意图

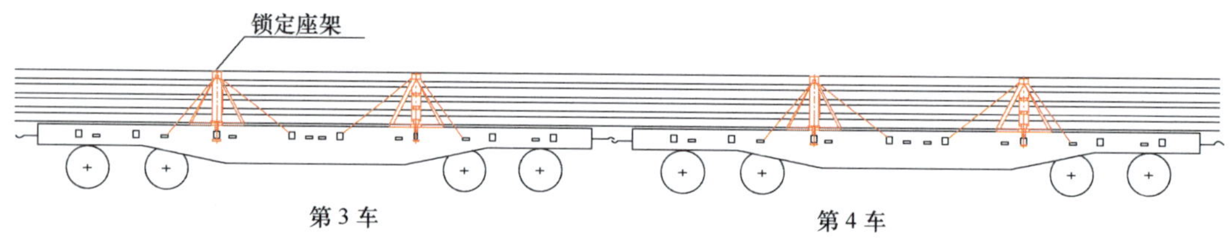

图 5-38　第 3、4 车锁定座架摆放位置示意图

装载钢轨前，保证所有座架两侧插板插入支柱槽内，用螺栓、螺母和方垫板与车侧支柱槽连接紧固，所有座架转动隔梁全部处于开启状态。装载时，应尽量按车组中心线对称装载，相同长度的钢轨一端端部应尽量对齐，因技术原因不能完全对齐时，则此端部长短差不得大于 200 mm。每一层钢轨装载完毕后，在一个锁定座架处使用 1 套紧固装置将本层钢轨紧固并与此座架固定为一体(4 个锁定座架分别锁定 4 层钢轨)。紧固装置每根螺栓两端分别使用 1 个紧固螺母紧固，使用 1 个防松螺母防松。每个紧固螺母紧固力矩约为 320 N·m，每个防松螺母紧固力矩约为 100 N·m，同时在钢轨两端部和锁定装置处标画纵向位移检查线。1～3层每层钢轨装载和锁紧完毕后，闭合上一层所有隔梁，再装载上一层钢轨和紧固装置。每层钢轨的重量分别通过隔梁中部支座和两端立柱传递到座架底梁上，再传递到车体上，上层钢轨对下层钢轨没有压力，各层相互独立。

钢轨装载完毕后，每个座架使用隔梁栓将 3 层隔梁锁定，再用 8 号镀锌铁线或锁具将隔梁栓锁固。同时在每个锁定座架两侧，用 ϕ12.5 mm 钢丝绳 2 股各拉牵一个八字形，捆绑加固在车侧丁字铁上或支柱槽上，钢丝绳与车辆棱角接触处采取防磨措施，座架与车体连接螺母再次紧固，紧固力矩约为100 N·m。

专用车组固定循环使用时，应将螺母焊牢，或采用双螺母紧固、螺母间点焊。

装载加固装置(材料)原车回送要求：卸轨后，座架在平车上保持原位置及加固方式不变；将 4 套紧固装置分别放置在 4 个锁定座架的第一层隔梁上，每套紧固装置的 6 根紧固螺栓上夹板内外各使用 1 个螺母紧固，如图 5-34 所示；使用隔梁栓将 3 层隔梁锁定并将隔梁栓加锁或用 8 号镀锌铁线绑固。

二、矩形装载加固方案

此前所制定的 100 m 轨运输方案均为梯形方案，每组装载 50 根钢轨。随着客运专线建设对 100 m 长钢轨需求量的增加，对钢轨运量提出了新的要求。从提高运量和节约运输成本的角度出发，基于转梁式运输座架，2009 年 8 月又制定了 3 个 100 m 长钢轨普通平车运输矩形装载加固方案，每层装载 14 根钢轨，每组装载 56 根，运量比既有梯形装载加固方案增加 12%。

(一)100 m 长定尺钢轨(60 kg/m)NX_{70}、NX_{70H}型平集共用车矩形装载加固方案

如图 5-39 所示，本方案车组是由 7 辆 NX_{70}、NX_{70H}型平集共用车组成，每组专用装载加固装置包括：2 个端部座架、6 个普通座架、4 个锁定座架和 4 副紧固装置。正线运行时，车组最高运行速度为 120 km/h。7 车跨装，各车之间不得使用车钩缓冲停止器，相邻车辆的车地板高度差不得大于 15 mm，若大于 15 mm，应采用木板垫高座架的方法，木板应铺满座架底面，木板各边缘超出座架底面各边缘的距离不小于 50 mm，但不得超过平车地板侧边沿，木板厚度根据高度差确定，使用圆钢钉将木板和车地板钉固。装轨前锁头反扣。沿车辆纵中心线装载 4 层，每层装载 14 根，皆为正摆，共计装载 56 根，总重约 336 t。第 1、7 车在距车辆车组中部一端约 6 100 mm 处各放置 1 个端部座架，加固螺栓孔与从车组中部一端数第 4 个支柱槽对齐，在车组端部第 1 个支柱槽处放置配重，如图 5-40 所示，配重货物示意图如图 5-43 所示；第 2、5、6 车每车放置 2 个普通座架，第 3、4 车每车放置 2 个锁定座架，每车的 2 个座架分别摆放于从车辆两端数第 3 个支柱槽处，横向反向摆放，加固螺栓孔与支柱槽对齐，如图 5-41 和图 5-42 所示。除锁定座架采用拉牵加固和螺栓连接外，其他座架和车辆支柱槽仅采用螺栓连接。

装载钢轨前，保证所有座架两侧插板插入支柱槽内，用螺栓、螺母和方垫板与车侧支柱槽连接紧固，所有座架转动隔梁全部处于开启状态。装载时，应尽量按车组中心线对称装载，相同长度的钢轨一端部应尽量对齐，因技术原因不能完全对齐时，则此端部长短差不得大于 200 mm。每一层钢轨装载完毕后，在

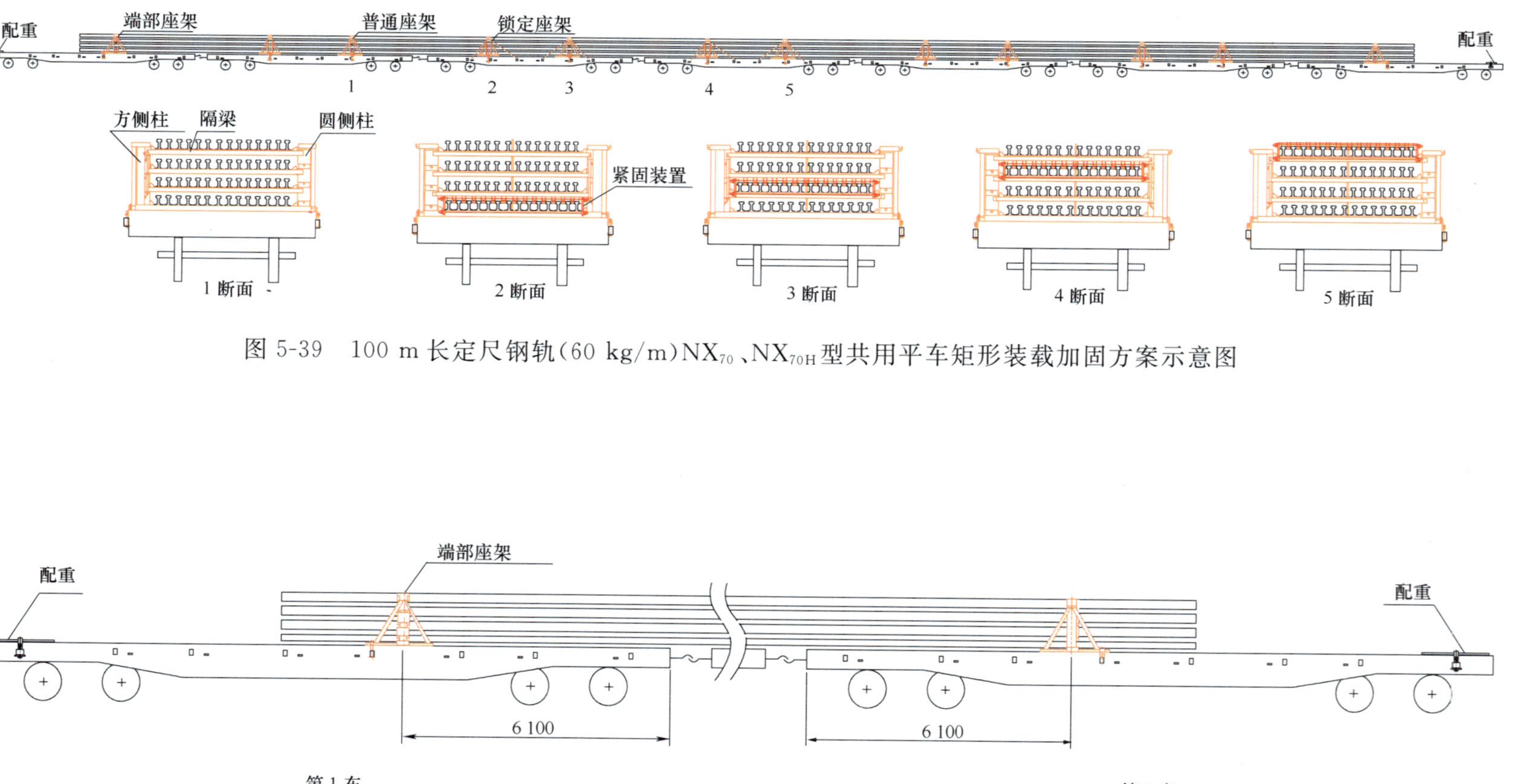

图 5-39　100 m 长定尺钢轨(60 kg/m)NX_{70}、NX_{70H}型共用平车矩形装载加固方案示意图

图 5-40　第 1、7 车端部座架和配重摆放位置示意图(单位:mm)

一个锁定座架处使用 1 套紧固装置将本层钢轨紧固并与此座架固定为一体(4 个锁定座架分别锁定 4 层钢轨)。紧固装置每根螺栓两端分别使用 1 个紧固螺母紧固,使用 1 个防松螺母防松。每个紧固螺母紧固力矩约为 320 N·m,每个防松螺母紧固力矩约为 100 N·m,同时在钢轨两端部和锁定装置处标画纵向位移检查线。1～3 层每层钢轨装载和锁紧完毕后,闭合上一层所有隔梁,再装载上一层钢轨和紧固装置。每层钢轨的重量分别通过隔梁中部支座和两端立柱传递到座架底梁上,再传递到车体上,上层钢轨对下层钢轨没有压力,各层相互独立。

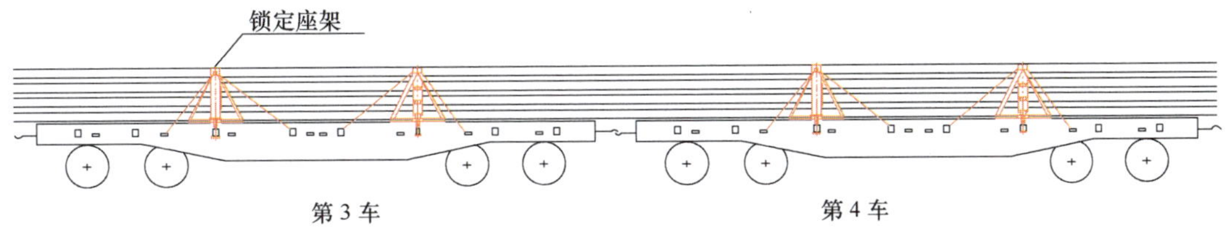

图 5-41　第 3、4 车锁定座架摆放位置示意图

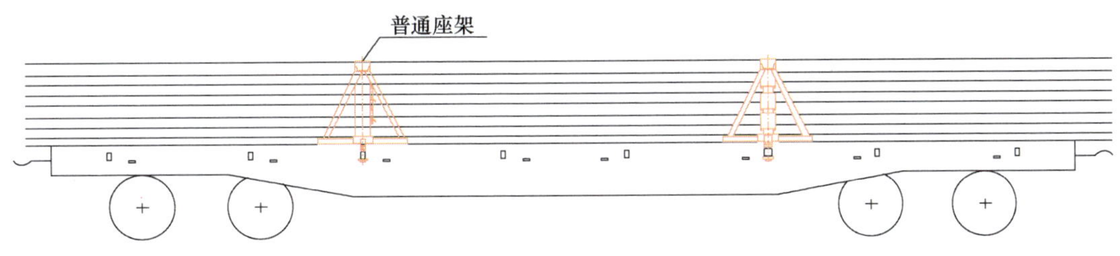

图 5-42　第 2、5、6 车普通座架摆放位置示意图

允许 100 m 钢轨只装载 3 层,装载在第 1、2、3 层上,每层装载 14 根,共 42 根。

钢轨装载完毕后,每个座架使用隔梁栓将 3 层隔梁锁定,再用 8 号镀锌铁线或锁具将隔梁栓锁固。同时在每个锁定座架两侧,用 ϕ12.5 mm 钢丝绳 2 股各拉牵一个八字形,捆绑加固在车侧丁字铁上或支柱槽上,钢丝绳与车辆棱角接触处采取防磨措施,座架、配重货物与车体连接螺栓再次紧固,紧固力矩约为 100 N·m。专用车组固定循环使用时,应将螺母焊牢,或采用双螺母紧固、螺母间点焊。

装载加固装置(材料)原车回送的要求:卸轨后,座架和配重货物在平车上保持原位置及加固方式不变;将 4 套紧固装置分别放置在 4 个锁定座架的第 1 层隔梁上,每套紧固装置的 6 根紧固螺栓上夹板内外各使用 1 个螺母紧固,如图 5-44 所示;使用隔梁栓将 3 层隔梁锁定并将隔梁栓加锁或用 8 号镀锌铁线绑固。

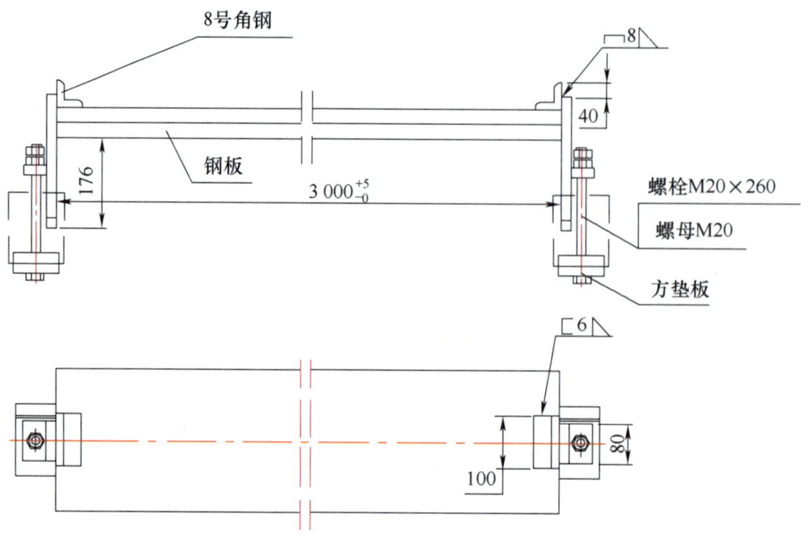

图 5-43　配重货物示意图(单位:mm)

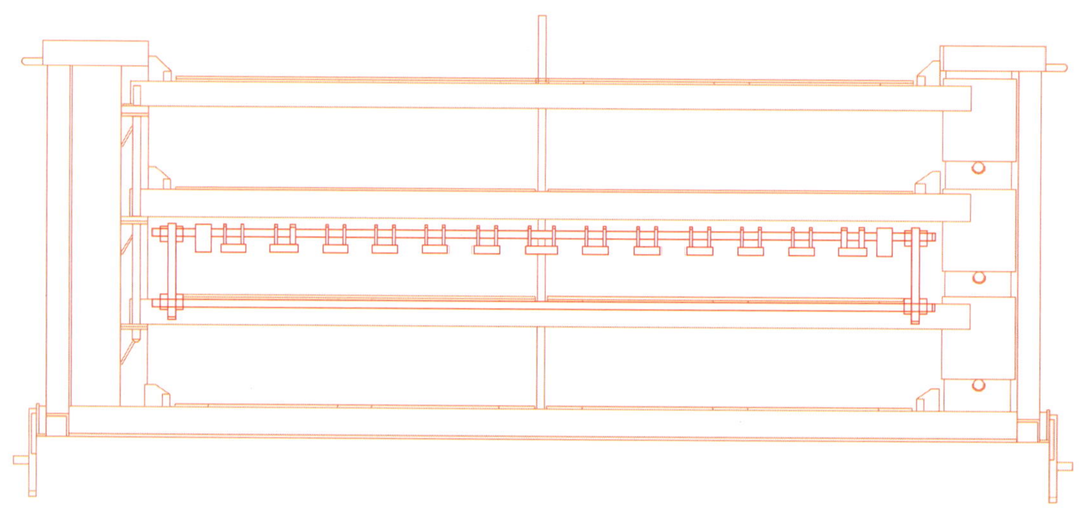

图 5-44　座架回送紧固装置安装示意图

(二)100 m长定尺钢轨(60 kg/m)换长1.5、1.3普通平车矩形装载加固方案

如图 5-45 所示，本方案车组是由 2 辆 NX_{70}、NX_{70H} 型平集共用车和 5 辆 13 m 长 60 t 木地板平车(包含平集共用车，N_{16}、N_{60} 除外)组成，每组专用装载加固装置包括：4 个普通座架、2 个端车座架、4 个次端车座架、4 个锁定座架和 4

副紧固装置。7 车跨装，第 2、6 位车为 NX_{70} 或 NX_{70H} 型平车，其他位次为 13 m 长 60 t 木地板平车，各车间不得使用车钩缓冲停止器，相邻车辆的车地板高度差不得大于 15 mm，若大于 15 mm，应采用木板垫高座架的方法，木板应铺满座架底面，木板各边缘超出座架底面各边缘的距离不小于 50 mm，但不得超过平车地板侧边沿，木板厚度根据高度差确定，使用圆钢钉将木板和车地板钉固。装轨前平集共用车锁头反扣。沿车辆纵中心线装载 4 层，每层装载 14 根，皆为正摆，共计装载 56 根，总重约 336 t。

第 1 车和第 7 车每车分别放置一个普通座架和一个端车座架，第 2、6 车每车放置 2 个次端车座架，第 5 车放置 2 个普通座架，第 3、4 车每车放置 2 个锁定座架。第 1、7 车端车座架摆放位置：端车座架分别位于从车辆端部数第 3、4 支柱槽之间，座架两侧插板插入第 3 个支柱槽内，如图 5-46 所示；第 2、6 车次端车座架分别位于从车辆两端数第 2、3 支柱槽之间，座架两侧插板插入第 3 个支柱槽内，如图 5-47 所示；其余座架均放置在从车辆两端数第 3 个支柱槽处，座架两侧插板插入支柱槽内，如图 5-48 所示。除锁定座架采用拉牵加固和螺栓连接外，其他座架和车辆支柱槽仅采用螺栓连接。

装载钢轨前，保证所有座架两侧插板插入支柱槽内，用螺栓、螺母和方垫板与车侧支柱槽连接紧固，所有座架转动隔梁全部处于开启状态。装载时，应尽量按车组中心线对称装载，相同长度的钢轨一端部应尽量对齐，因技术原因不能完全对齐时，则此端部长短差不得大于 200 mm。每一层钢轨装载完毕后，在一个锁定座架处使用 1 套紧固装置将本层钢轨紧固并与此座架固定为一体(4 个锁定座架分别锁定 4 层钢轨)。紧固装置每根螺栓两端分别使用1 个紧固螺母紧固，使用 1 个防松螺母防松。每个紧固螺母紧固力矩约为 320 N · m，每个防松螺母紧固力矩约为 100 N · m，同时在钢轨两端部和锁定装置处标画纵向位移检查线。1～3 层每层钢轨装载和锁紧完毕后，闭合上一层所有隔梁，再装载上一层钢轨和紧固装置。每层钢轨的重量分别通过隔梁中部支座和两端立柱传递到座架底梁上，再传递到车体上，上层钢轨对下层钢轨没有压力，各层相互独立。

允许 100 m 钢轨只装载 3 层，装载在第 1、2、3 层上，每层装载 14 根，共 42 根。

钢轨装载完毕后，每个座架使用隔梁栓将 3 层隔梁锁定，再用 8 号镀锌铁线或锁具将隔梁栓锁固。同时在每个锁定座架两侧，用 ϕ12.5 mm 钢丝绳 2 股各拉牵一个八字形，捆绑加固在车侧丁字铁上或支柱槽上，钢丝绳与车辆棱角接触处采取防磨措施，座架、配重货物与车体连接螺栓再次紧固，紧固力矩约为 100 N · m。专用车组固定循环使用时，应将螺母焊牢，或采用双螺母紧固、螺母间点焊。

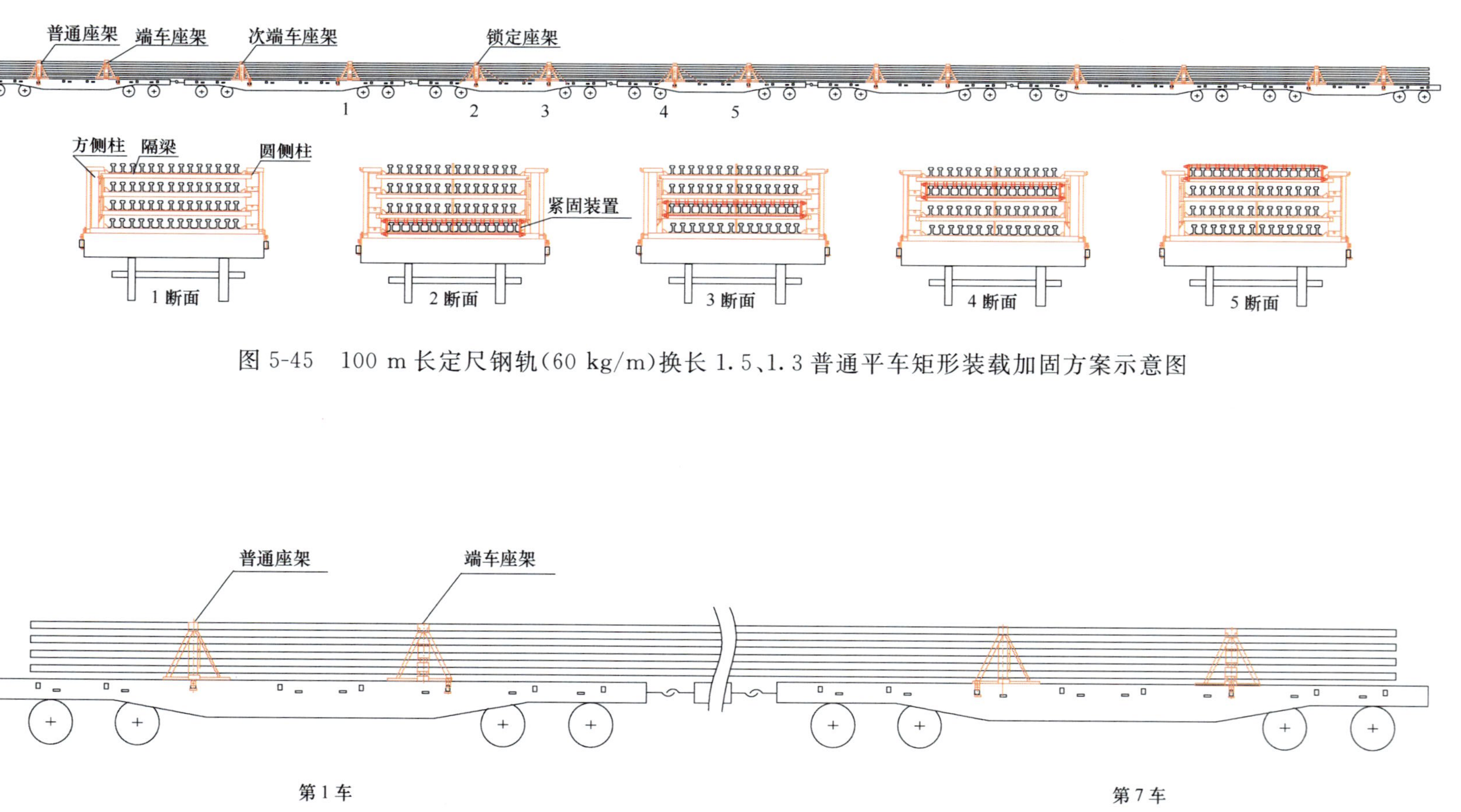

图 5-45 100 m 长定尺钢轨(60 kg/m)换长 1.5、1.3 普通平车矩形装载加固方案示意图

图 5-46 第 1、7 车普通座架和端车座架摆放位置示意图

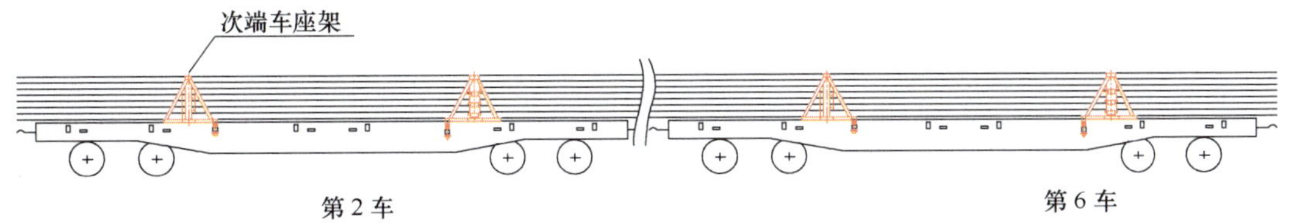

图 5-47 第 2、6 车次端车座架摆放位置示意图

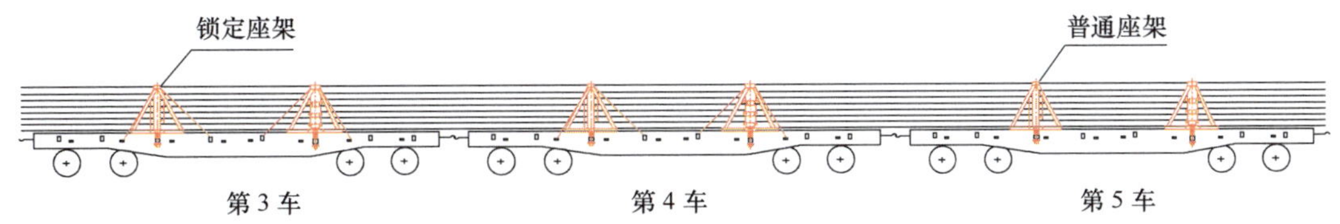

图 5-48 第 3、4、5 车锁定座架和普通座架摆放位置示意图

装载加固装置(材料)原车回送的要求:卸轨后,座架在平车上保持原位置及加固方式不变;将 4 套紧固装置分别放置在 4 个锁定座架的第一层隔梁上,每套紧固装置的 6 根紧固螺栓上夹板内外各使用 1 个螺母紧固,如图 5-44 所示;使用隔梁栓将 3 层隔梁锁定并将隔梁栓加锁或用 8 号镀锌铁线绑固。

(三)100 m 长定尺钢轨(60 kg/m)70 t 共用平车矩形装载加固方案

如图 5-49 所示,本方案车组是由 2 辆 NX_{70}、NX_{70H} 型平集共用车和 5 辆 NX_{70A} 型平集共用车组成,每组专用装载加固装置包括:4 个普通座架、2 个端车座架、4 个次端车座架、4 个锁定座架和 4 副紧固装置。7 车跨装,第 2、6 位车为 NX_{70} 或 NX_{70H} 型平集共用车,其他位次为 NX_{70A} 型平集共用车,各车间不得使用车钩缓冲停止器,相邻车辆的车地板高度差不得大于 15 mm,若大于 15 mm,应采用木板垫高座架的方法,木板应铺满座架底面,木板各边缘超出座架底面各边缘的距离不小于 50 mm,但不得超过平车地板侧边沿,木板厚度根据高度差确定,使用圆钢钉将木板和车地板钉固。装轨前锁头反扣。沿车辆纵中心线装载 4 层,每层装载 14 根,皆为正摆,共计装载 56 根,总重约 336 t。第 1 车和第 7 车每车分别放置 1 个普通座架和 1 个端车座架,第 2、6 车每车放置 2 个次端车座架,第 5 车放置 2 个普通座架,第 3、4 车每车放置 2 个锁定座架。

第 1、7 车端车座架摆放位置:端车座架分别位于从车辆端部数第 3、4 支柱槽之间,座架两侧插板插入第 3 个支柱槽内,如图 5-50 所示;第 2、6 车次端车座架分别位于从车辆两端数第 2、3 支柱槽之间,座架两侧插板插入第 3 个支柱槽内,如图 5-51 所示;其余座架均放置在从车辆两端数第 3 个支柱槽处,座架两侧插板插入支柱槽内,如图 5-52 所示。除锁定座架采用拉牵加固和螺栓连接外,其他座架和车辆支柱槽仅采用螺栓连接。

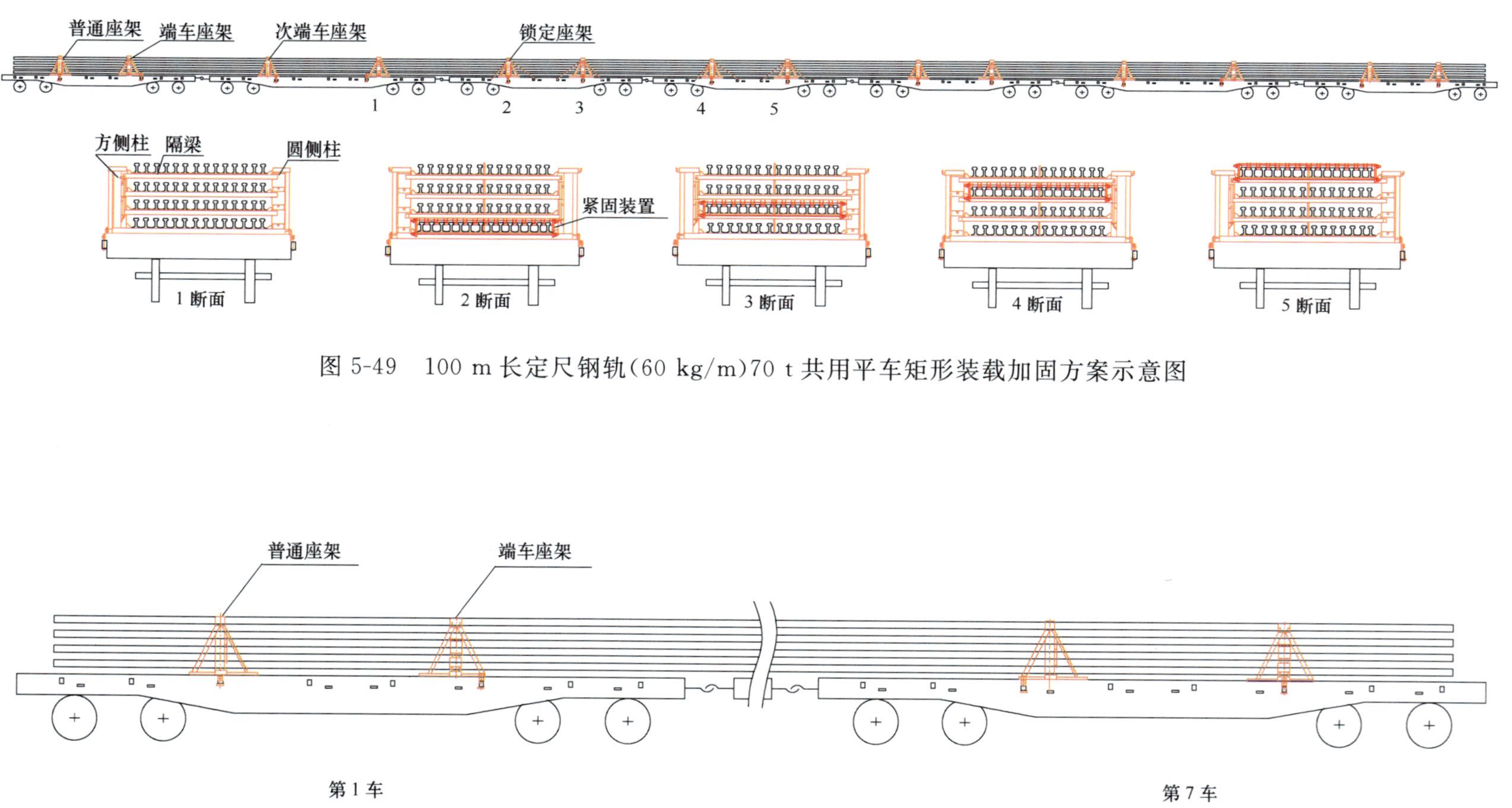

图 5-49 100 m 长定尺钢轨(60 kg/m)70 t 共用平车矩形装载加固方案示意图

图 5-50 第 1、7 车普通座架和端车座架摆放位置示意图

装载钢轨前，保证所有座架两侧插板插入支柱槽内，用螺栓、螺母和方垫板与车侧支柱槽连接紧固，所有座架转动隔梁全部处于开启状态。装载时，应尽量按车组中心线对称装载，相同长度的钢轨一端部应尽量对齐，因技术原因不能完全对齐时，则此端部长短差不得大于 200 mm。每一层钢轨装载完毕后，在一个锁定座架处使用 1 套紧固装置将本层钢轨紧固并与此座架固定为一体(4 个锁定座架分别锁定 4 层钢轨)。紧固装置每根螺栓两端分别使用 1 个紧固螺母紧固，使用 1 个防松螺母防松。每个紧固螺母紧固力矩约为 320 N·m，每个防松螺母紧固力矩约为 100 N·m，同时在钢轨两端部和锁定装置处标画纵向位移检查线。1～3 层每层钢轨装载和锁紧完毕后，闭合上一层所有隔梁，再装载上一层钢轨和紧固装置。每层钢轨的重量分别通过隔梁中部支座和两端立柱传递到座架底梁上，再传递到车体上，上层钢轨对下层钢轨没有压力，各层相互独立。

允许 100 m 钢轨只装载 3 层，装载在第 1、2、3 层上，每层装载 14 根，共 42 根。

钢轨装载完毕后，每个座架使用隔梁栓将 3 层隔梁锁定，再用 8 号镀锌铁线或锁具将隔梁栓锁固。同时在每个锁定座架两侧，用 ϕ12.5 mm 钢丝绳 2 股各拉牵一个八字形，捆绑加固在车侧丁字铁上或支柱槽上，钢丝绳与车辆棱角接触处采取防磨措施，座架、配重货物与车体连接螺栓再次紧固，紧固力矩约为 100 N·m。专用车组固定循环使用时，应将螺母焊牢，或采用双螺母紧固、螺母间点焊。

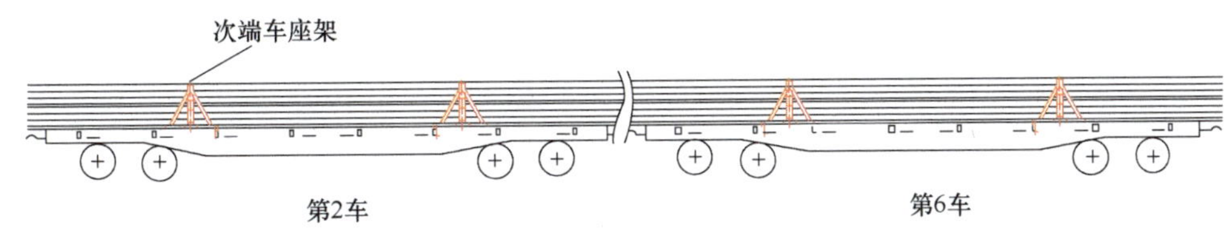

图 5-51　第 2、6 车次端车座架摆放位置示意图

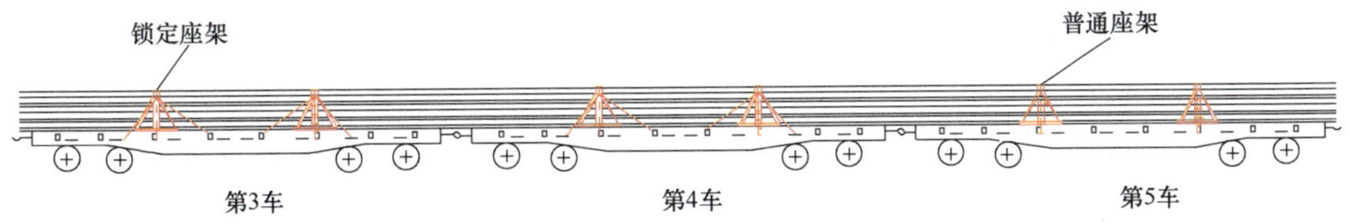

图 5-52　第 3、4、5 车锁定座架和普通座架摆放位置示意图

装载加固装置(材料)原车回送的要求：卸轨后，座架在平车上保持原位置及加固方式不变；将 4 套紧固装置分别放置在 4 个锁定座架的第一层隔梁上，每套紧固装置的 6 根紧固螺栓上夹板内外各使用 1 个螺母紧固，如图 5-43 所示；使用隔梁栓将 3 层隔梁锁定并将隔梁栓加锁或用 8 号镀锌铁线绑固。

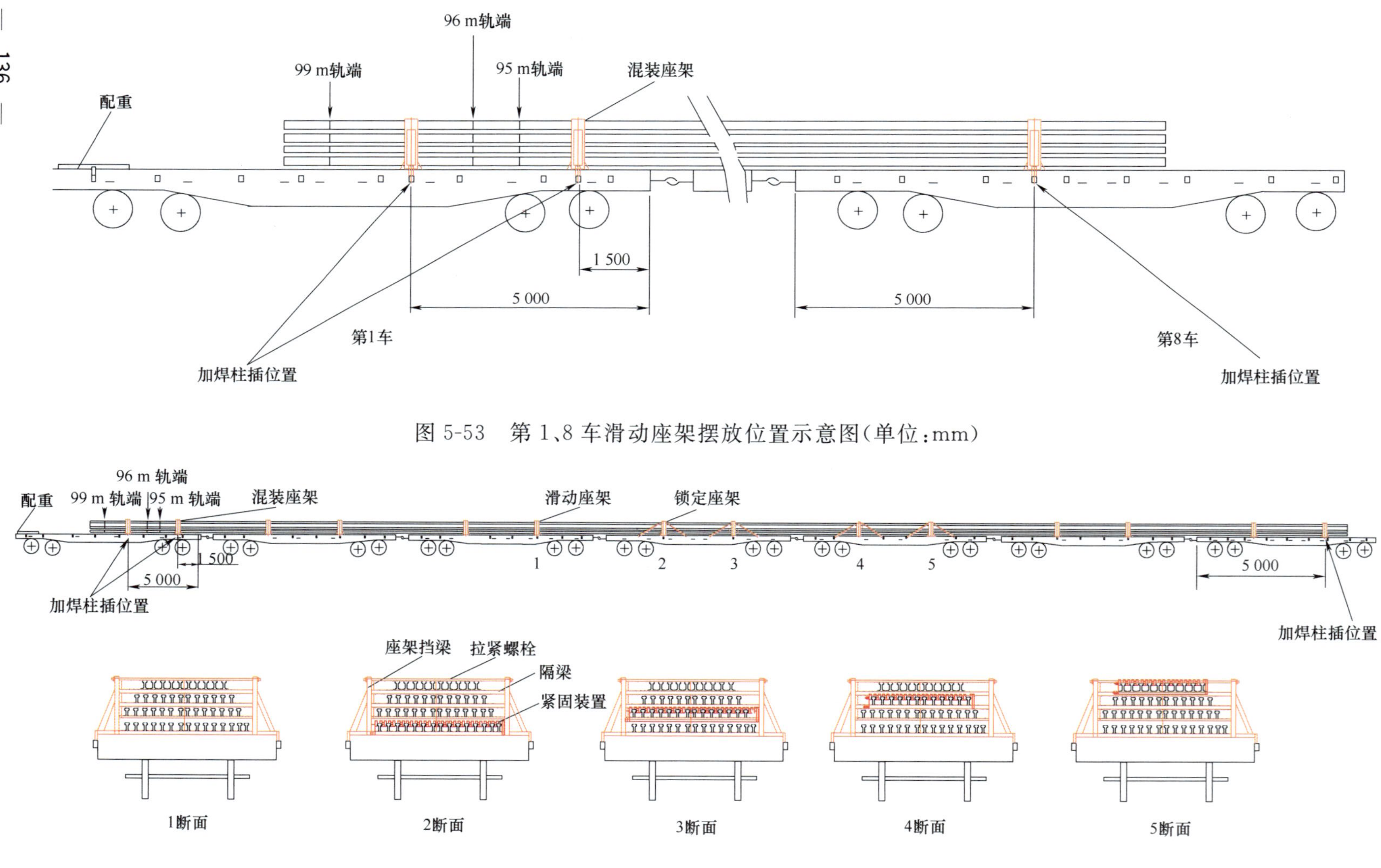

图 5-53　第 1、8 车滑动座架摆放位置示意图（单位：mm）

图 5-54　100 m 长定尺钢轨（60 kg/m）普通平车运输混装装载加固方案示意图（单位：mm）

第三节　100 m 长定尺和短尺钢轨混装装载加固方案

因短尺钢轨运输的需要，中国铁道科学研究院运输及经济研究所在制定 100 m 长定尺钢轨装载加固方案的基础上制定了 3 种梯形混装装载加固方案和 1 种矩形混装装载加固方案，如表 5-6 所示。表 5-7 为各混装方案所采用的车型和车辆数、座架数量和锁紧装置副数等。

表 5-6　100 m 长定尺和短尺钢轨（60 kg/m）混装装载加固方案

方案类型	序号	方案
梯形装载加固方案	一	100 m 长定尺和短尺钢轨（60 kg/m）普通平车混装装载加固方案
	二	100 m 长定尺和短尺钢轨（60 kg/m）换长 1.3 普通平车混装装载加固方案
	三	100 m 长定尺和短尺钢轨（60 kg/m）换长 1.5 普通平车混装装载加固方案
矩形装载加固方案	一	100 m 长定尺和短尺钢轨（60 kg/m）NX_{70}、NX_{70H} 型平集共用车矩形混装装载加固方案

表 5-7　各混装方案所采用的车型和车辆数、座架数量、锁紧装置副数和配重数量

方案类型	序号	车型	车辆数	座架类型	座架数量									锁紧装置副数			配重数量
					普通/滑动座架	锁定座架				端部座架	端车座架	次端车座架	混装座架	大号	中号	小号	
						1	2	3	4								
梯形装载加固方案	一	13 m 长、载重 60 t 木地板平车（包含平集共用车）	8	隔梁搬卸式	10	1	1	1	1	0	0	0	1	2	1	1	1
	二	13 m 长、载重 60 t 木地板平车（包含平集共用车，N_{16}，N_{60} 除外）	8	转梁式	8	1	1	1	1	2	0	0	1（混装底梁高度 75 mm）	2	1	1	1
	三	15.4 m 长平集共用车	7		6	1	1	1	1	2	0	0	1（混装底梁高度 70 mm）	2	1	1	1
矩形装载加固方案	一	NX_{70}、NX_{70H} 型平集共用车	7		6	1	1	1	1	2	0	0	1（混装底梁高度 60 mm）	4	0	0	1

注：本表中序号对应表 5.6 中方案序号。

一、梯形混装装载加固方案

（一）100 m 长定尺和短尺钢轨（60 kg/m）普通平车混装装载加固方案

如图 5-54 所示，本方案可装载 100 m 长定尺和 95 m、96 m、99 m 短尺钢轨，运输车组由 8 辆 13 m 长、载重 60 t 木地板平车（包含平集共用车）组成，专用装载加固装置为隔梁搬卸式座架和相应紧固装置，每组专用装载加固装置包括：

10 个滑动座架、4 个锁定座架、4 副紧固装置、1 个混装座架，每个座架包括 1 个座架框架、3 个隔梁、1 根拉紧螺栓、2 个螺母和 2 个垫圈。正线运行时，车组最高运行速度为 80 km/h。8 车跨装，相邻车辆的车地板高度差不得大于 15 mm，若大于 15 mm，应采用木板垫高座架的方法，木板应铺满座架底面，木板各边缘超出座架底面各边缘的距离不小于 50 mm，但不得超过平车地板侧边沿，木板厚度根据高度差确定，使用圆钢钉将木板和车地板钉固。沿车辆纵中心线装载 4 层，第 1～4 层分别装 14、14、12、10 根，皆为正摆，共计装载 50 根。

第 1、8 车在距车辆车组中部一端约 5 000 mm 处各放置 1 个滑动座架，第 1 车在距车辆车组中部一端约 1 500 mm 处放置 1 个混装座架，同时在此处的车辆两侧加焊柱插，混装座架底面高度不得高于相邻两座架底面高度，若不满足，须采用木板垫高使其达到要求。第 1 车在车组端部第 1 个支柱槽处放置一个配重货物，如图 5-54 所示，配重货物重 1.5～2 t，由钢板、角钢和槽钢焊接组成，钢板长度为 3 000 mm，钢板宽度和厚度可以调整，但宽度不得超过1 500 mm。多块钢板叠加时，各块之间焊接牢固，如图 5-55 所示；第 2、3、6、7 车从车辆两端数第 3 个支柱槽处各放置 1 个滑动座架，如图 5-56 所示；第 4、5 车从车辆两端数第 3 个支柱槽处各放置 1 个锁定座架，锁定座架两侧各用 ϕ12.5 mm 钢丝绳 2 股拉牵成一个八字形拴结在车侧支柱槽上，钢丝绳与车辆棱角处采取防磨措施，锁定座架摆放位置和拉牵方式见图 5-57。

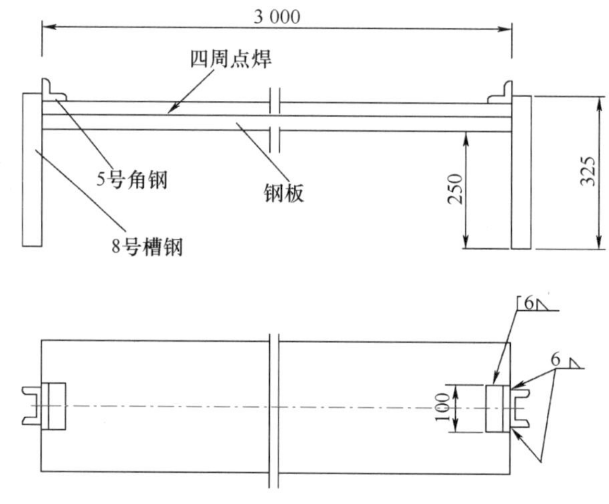

图 5-55　配重货物示意图(单位：mm)

首次装车后，在所有座架两侧侧挡上加焊 ϕ16 mm 圆钢钩，圆钢钩焊接方式见图 5-28。

第 1 层钢轨直接装在专用座架底座上，2～4 层钢轨分别装在每层的隔梁上，隔梁与座架相连，每层钢轨的重量分别通过隔梁中部支座和两端支点传递

图 5-56　第 2、3、6、7 车滑动座架摆放位置示意图

到座架底座上，再传递到车体上，上层钢轨对下层钢轨没有压力，各层相互独立。

95 m、96 m、99 m 钢轨可与 100 m 钢轨混装，每车组中 95 m、96 m、99 m 钢轨的总根数不超过 6 根。当 95 m、96 m、99 m 钢轨全部装在第 1 层时，可不使用混装隔梁；当 95 m、96 m、99 m 钢轨分层装载时，第 2～4 层每层装载 95 m、96 m钢轨的根数不超过 3 根。每车组仅装载 99 m、100 m 钢轨时，可不使用混装座架。

95 m、96 m 钢轨在每层中不得装在最外侧，95 m、96 m、99 m 钢轨尽可能沿车组纵中心线对称装载，95 m 或 96 m 钢轨与 99 m 或 100 m 钢轨相邻时，在 95 m或 96 m 钢轨缩进一端端头轨底上沿相邻部位 100 mm 范围内涂油脂。

装载时，定尺钢轨应尽量按车组中心线对称装载，第 8 车一端钢轨轨头尽量对齐，因技术原因不能完全对齐时，长短差不得大于 200 mm。每一层钢轨装载完毕后，在一个锁定座架处使用 1 套紧固装置将本层钢轨紧固并与此座架固定为一体(4 个锁定座架分别锁定 4 层钢轨)，同时在钢轨两端部和锁定装置处标划纵向位移检查线，然后在所有座架处安装隔梁(第四层除外)，再装上一层钢轨。紧固装置每根螺栓紧固力矩不小于 320 N·m。

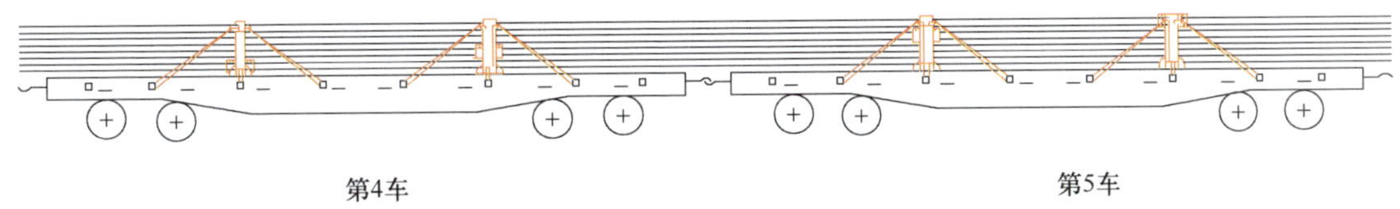

图 5-57　第 4、5 车锁定座架摆放位置示意图

4 层钢轨全部装在完毕后，使用拉紧螺栓、螺母和垫圈连接座架的两侧挡梁，拉紧螺栓的紧固力矩不小于 100 N·m。

专用车组固定循环运输时，装载加固装置(材料)原车回送的要求：卸轨后，座架和配重货物在平车上保持原位置及加固方式不变；将 4 套紧固装置分别反扣在 4 个锁定座架的第 1 层隔梁上，每套紧固装置的 6 根紧固螺栓上夹板内外各使用 1 个螺母紧固，如图 5-28 所示。

（二）100 m 长定尺和短尺钢轨（60 kg/m）换长 1.3 普通平车混装装载加固方案

如图 5-58 所示，本方案可装载 100 m 长定尺和 95 m、96 m、99 m 短尺钢轨，运输车组由 8 辆 13 m 长、载重 60 t 木地板平车（包含平集共用车，N_{16}，N_{60}除外）组成，每组专用装载加固装置包括：2 个端部座架、8 个普通座架、4 个锁定座架、1 个混装座架和 4 副紧固装置。正线运行时，车组最高运行速度为 120 km/h。8 车跨装，各之车间不得使用车钩缓冲停止器，相邻车辆的车地板高度差不得大于 15 mm；若大于 15 mm，应采用木板垫高座架的方法，木板应铺满座架底面，木板各边缘超出座架底面各边缘的距离不小于 50 mm，但不得超过平车地板侧边沿，木板厚度根据高度差确定，使用圆钢钉将木板和车地板钉固。若包含平集两用车，装轨前锁头反扣。沿车辆纵中心线装载 4 层，第 1～4 层分别装 14、14、12、10 根，皆为正摆，共计装载 50 根。

第 1、8 车在距车辆车组中部一端约 5 000 mm 处各放置 1 个端部座架；第 1 车从车组端部数第一个支柱槽上方放置一个配重货物，配重 3～3.5 t，其制作方法同图 5-43。端部座架加固螺栓孔与从车组中部一端数第 4 个支柱槽对齐，如图 5-59 所示；第 2、3、6、7 车从车辆两端数第 3 个支柱槽处各放置 1 个普通座架，如图 5-60 所示；第 4、5 车从车辆两端数第 3 个支柱槽处各放置 1 个锁定座架，如图 5-61 所示；在第 1 车车组中部端约 1 500 mm 处放置 1 个混装座架，加固螺栓孔与从车组中部一端数第 2 个支柱槽对齐，如图 5-59 所示，混装座架底面高度不得高于相邻两座架底面高度，若不满足，须采用木板垫高使其达到要求。除锁定座架采用拉牵加固和螺栓连接外，其他座架和车辆支柱槽仅采用螺栓连接。

95 m、96 m、99 m 钢轨可与 100 m 钢轨混装，每车组中 95 m、96 m、99 m 钢轨的总根数不超过 6 根。第 2～4 层每层装载 95 m、96 m 钢轨的根数不超过 3 根。每车组仅装载 99 m、100 m 钢轨时，可不使用混装座架。95 m、96 m 钢轨在每层中不得装在最外侧，95 m、96 m、99 m 钢轨尽可能沿车组纵中心线对称装载，95 m 或 96 m 钢轨与 99 m 或 100 m 钢轨相邻时，在 95 m 或 96 m 钢轨缩进一端端头轨底上沿相邻部位 100 mm 范围内涂油脂。

装载钢轨前，保证所有座架两侧插板插入支柱槽内，用螺栓、螺母和方垫板与车侧支柱槽连接紧固，所有座架转动隔梁全部处于开启状态。装载时，定尺钢轨应尽量按车组中心线对称装载，在第 8 车一端钢轨端部应尽量对齐，因技术原因不能完全对齐时，则此端部长短差不得大于 200 mm。每一层钢轨装载完毕后，在一个锁定座架处使用 1 套紧固装置将本层钢轨紧固并与此座架固定为一体（4 个

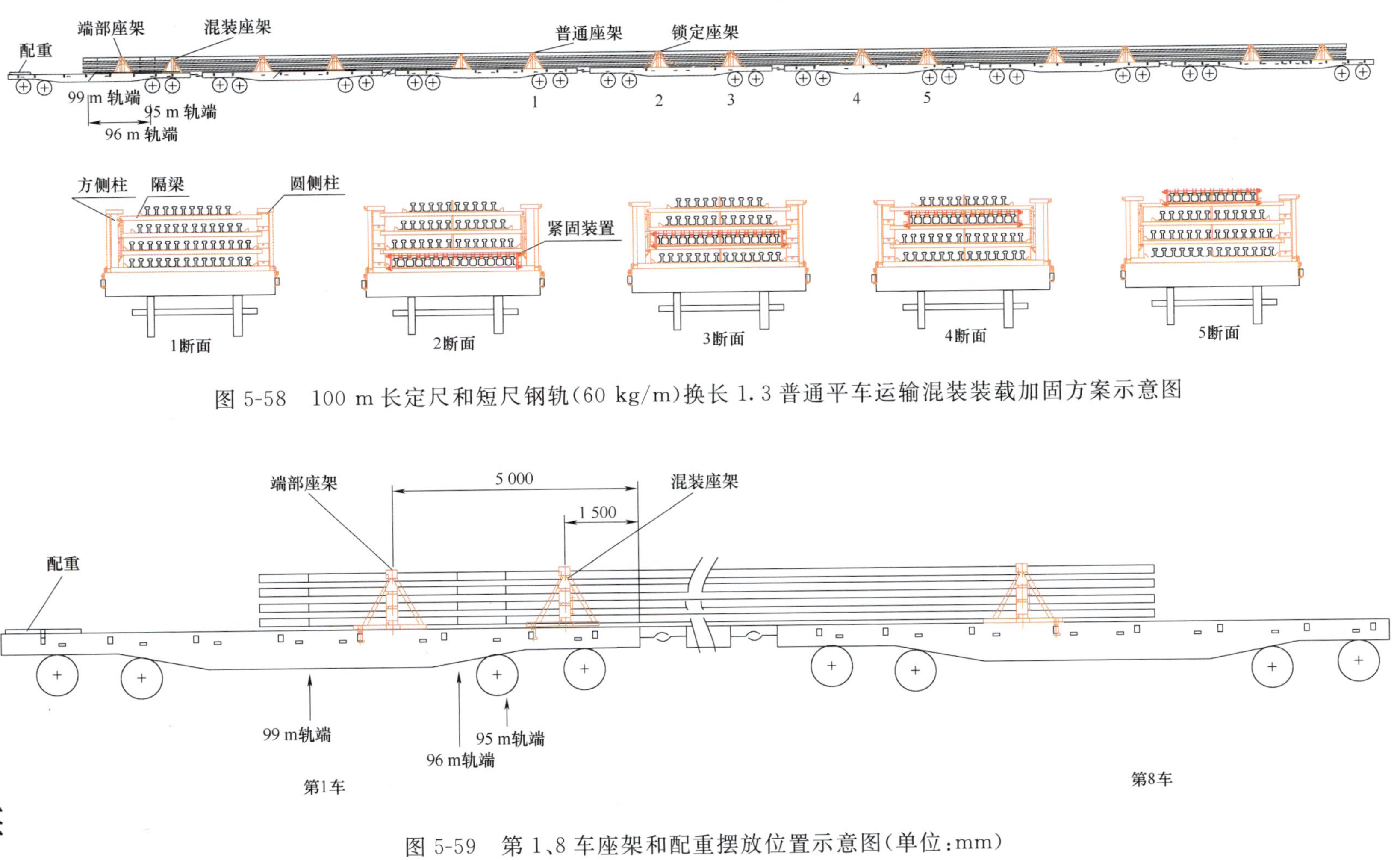

图 5-58 100 m长定尺和短尺钢轨(60 kg/m)换长1.3普通平车运输混装装载加固方案示意图

图 5-59 第1、8车座架和配重摆放位置示意图(单位:mm)

锁定座架分别锁定 4 层钢轨)。紧固装置每根螺栓两端分别使用 1 个紧固螺母紧固,使用 1 个防松螺母防松。每个紧固螺母紧固力矩约为 320 N·m,每个防松螺母紧固力矩约为 100 N·m,同时在钢轨两端部和锁定装置处标画纵向位移检查线。1～3 层每层钢轨装载和锁紧完毕后,闭合上一层所有隔梁,再装载上一层钢轨和紧固装置。每层钢轨的重量分别通过隔梁中部支座和两端立柱传递到座架底梁上,再传递到车体上,上层钢轨对下层钢轨没有压力,各层相互独立。

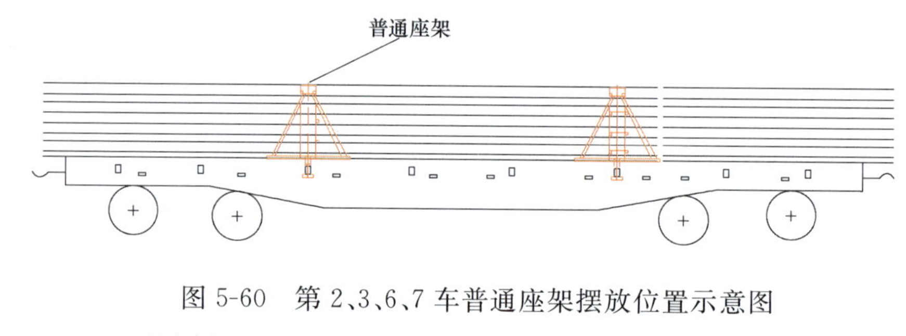

图 5-60 第 2、3、6、7 车普通座架摆放位置示意图

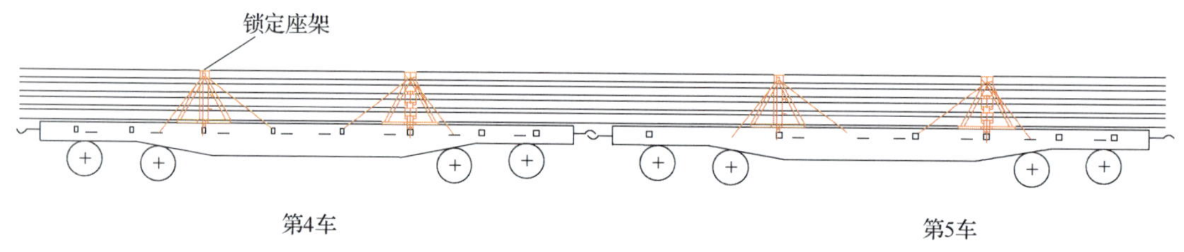

图 5-61 第 4、5 车锁定座架摆放位置示意图

钢轨装载完毕后,每个座架使用隔梁栓将三层隔梁锁定,再用 8 号镀锌铁线或锁具将隔梁栓锁固。同时在每个锁定座架两侧,用 ϕ12.5 mm 钢丝绳 2 股各拉牵一个八字形,捆绑加固在车侧丁字铁上或支柱槽上,钢丝绳与车辆棱角接触处采取防磨措施,座架、配重与车体连接螺栓再次紧固,紧固力矩约为 100 N·m,专用车组固定循环使用时,应将螺母焊牢,或采用双螺母紧固、螺母间点焊。

装载加固装置(材料)原车回送的要求:卸轨后,座架和配重货物在平车上保持原位置及加固方式不变;将 4 套紧固装置分别放置在 4 个锁定座架的第 1 层隔梁上,每套紧固装置的 6 根紧固螺栓上夹板内外各使用 1 个螺母紧固,如图 5-34 所示;使用隔梁栓将 3 层隔梁锁定并将隔梁栓加锁或用 8 号镀锌铁线绑固。

(三)100 m 长定尺和短尺钢轨(60 kg/m)换长 1.5 普通平车混装装载加固方案

如图 5-62 所示,本方案可装载 100 m 长定尺和 95 m、96 m、99 m 短尺钢轨,车组是由 7 辆 15.4 m 长平集共用车组成,每组专用装载加固装置包括:2 个端部座架、6 个普通座架、4 个锁定座架、一个混装座架和 4 副紧固装置。正线运行时,车组最高运行速度为 120 km/h。7 车跨装,各车间不得使用车钩缓冲停止器,相邻车辆的车地板高度差不得大于15 mm,若大于15 mm,应采用木板垫高座架的方法,木板应铺满座架底面,木板各边缘超出座架底面各边缘的距离不小于50 mm,但不得超过平车地板侧边沿,木板厚度根据高度差确定,使用圆钢钉将木板和车地板钉固。若包含平集两用车,装轨前锁头反扣。沿车辆纵中心线装载4层,第1～4层分别装14、14、12、10根,皆为正摆,共计装载50根,总重约300 t。

第1、7车在距车辆车组中部一端约6 100 mm处各放置1个端部座架,加固螺栓孔与从车组中部一端数第4个支柱槽对齐,如图5-59所示;第2、5、6车每车放置2个普通座架,第3、4车每车放置2个锁定座架,每车的2个座架分别位于从车辆两端数第3个支柱槽处,横向反向摆放,加固螺栓孔与支柱槽对齐,如图5-64和图5-65所示。在第1车车组中部端约2 240 mm处放置1个混装座架,加固螺栓孔与从车组中部一端数第2个支柱槽对齐,如图5-63所示,混装座架底面高度不得高于相邻两座架底面高度,若不满足,须采用木板垫高使其达到要求。第1车从车组端部数第1个支柱槽上方放置一个配重货物,配重3～3.5 t,其制作方法同图5-43。除锁定座架采用拉牵加固和螺栓连接外,其他座架和车辆支柱槽仅采用螺栓连接。

95 m、96 m、99 m钢轨可与100 m钢轨混装,短尺轨总装载根数不超过6根,其中,96 m钢轨的总根数不超过4根。第2～4层每层装载95 m、96 m钢轨的根数不超过3根。每车组仅装载99 m、100 m钢轨时,可不使用混装座架。

95 m、96 m钢轨在每层中不得装在最外侧,95 m、96 m、99 m钢轨尽可能沿车组纵中心线对称装载,95 m或96 m钢轨与99 m或100 m钢轨相邻时,在95 m或96 m钢轨缩进一端端头轨底上沿相邻部位100 mm范围内涂油脂。

装载钢轨前,保证所有座架两侧插板插入支柱槽内,用螺栓、螺母和方垫板与车侧支柱槽连接紧固,所有座架转动隔梁全部处于开启状态。装载时,定尺钢轨应尽量按车组中心线对称装载,在第7车一端钢轨端部尽量对齐,因技术原因不能完全对齐时,则此端部长短差不得大于200 mm。每一层钢轨装载完毕后,在一个锁定座架处使用1套紧固装置将本层钢轨紧固并与此座架固定为一体(4个锁定座架分别锁定4层钢轨)。紧固装置每根螺栓两端分别使用1个紧固螺母紧固,使用1个防松螺母防松。每个紧固螺母紧固力矩约为320 N·m,每个防松螺母紧固力矩约为100 N·m,同时在钢轨两端部和锁定装置处标划纵向位移检查线。1～3层每层钢轨装载和锁紧完毕后,闭合上一层所有隔梁,再装载上一层钢轨和紧固装置。每层钢轨的重量分别通过隔梁中部支座和两端立柱传递到座架底梁上,再传递到车体上,上层钢轨对下层钢轨没有压力,各层相互独立。

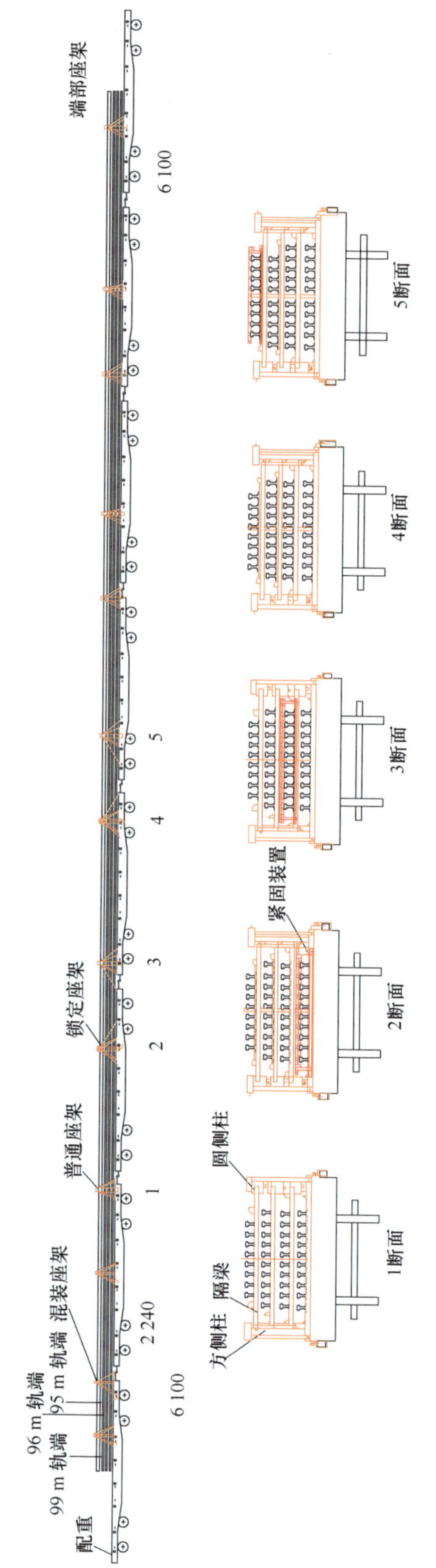

图 5-62　100 m 长定尺和短尺钢轨(60 kg/m)换长 1.5 普通平车混装装载加固方案示意图(单位:mm)

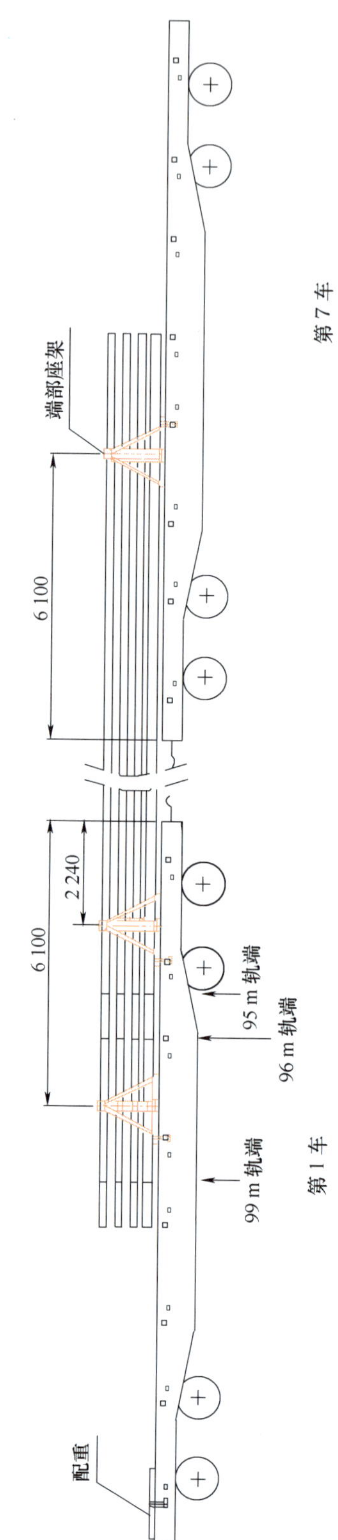

图 5-63　第 1、7 车端部座架摆放位置示意图(单位:mm)

钢轨装载完毕后，每个座架使用隔梁栓将 3 层隔梁锁定，再用 8 号镀锌铁线或锁具将隔梁栓锁固。同时在每个锁定座架两侧，用 ϕ12.5 mm 钢丝绳 2 股各拉牵一个八字形，捆绑加固在车侧丁字铁上或支柱槽上，钢丝绳与车辆棱角接触处采取防磨措施，座架、配重与车体连接螺栓再次紧固，紧固力矩约为 100 N·m，专用车组固定循环使用时，应将螺母焊牢，或采用双螺母紧固、螺母间点焊。

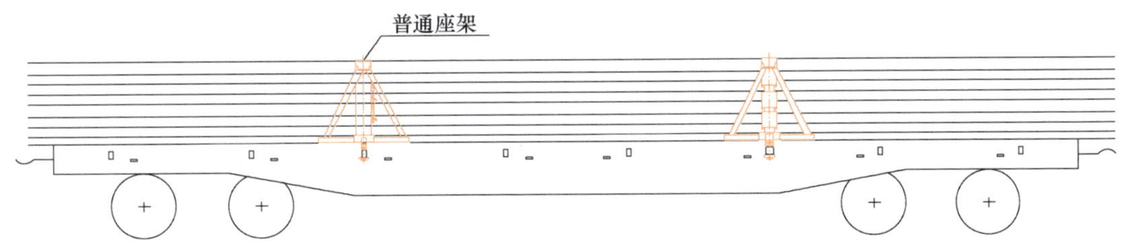

图 5-64　第 2、5、6 车普通座架摆放位置示意图

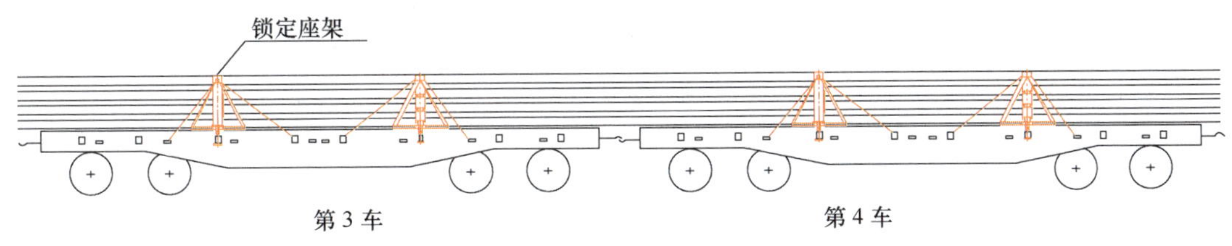

图 5-65　第 3、4 车锁定座架摆放位置示意图

装载加固装置(材料)原车回送的要求：卸轨后，座架和配重货物在平车上保持原位置及加固方式不变；将 4 套紧固装置分别放置在 4 个锁定座架的第 1 层隔梁上，每套紧固装置的 6 根紧固螺栓上夹板内外各使用 1 个螺母紧固，如图 5-34 所示；使用隔梁栓将 3 层隔梁锁定并将隔梁栓加锁或用 8 号镀锌铁线绑固。

二、矩形混装装载加固方案

矩形混装装载加固方案只有一种形式，为 100 m 长定尺和短尺钢轨(60 kg/m) NX_{70}、NX_{70H} 型平集共用车矩形混装装载加固方案，如图 5-66 所示。本方案可装载 100 m 长定尺和 95 m、96 m、99 m 短尺钢轨，车组是由 7 辆 NX_{70}、NX_{70H} 型平集共用车组成，每组专用装载加固装置包括：2 个端部座架、6 个普通座架、4 个锁定座架、1 个混装座架和 4 副紧固装置。正线运行时，车组最高运行速度为 120 km/h。7 车跨装，各车之间不得使用车钩缓冲停止器，相邻车辆的车地板高度差不得大于 15 mm，若大于 15 mm，应采用木板垫高座架的方法，木板应铺满座架底面，木板各边缘超出座架底面各边缘的距离不小于

50 mm,但不得超过平车地板侧边沿,木板厚度根据高度差确定,使用圆钢钉将木板和车地板钉固。若包含平集两用车,装轨前锁头反扣。沿车辆纵中心线装载 4 层,每层装载 14 根,皆为正摆,共计装载 56 根,总重约 336 t。

第 1、7 车在距车辆车组中部一端约 6 100 mm 处各放置 1 个端部座架,加固螺栓孔与从车组中部一端数第 4 个支柱槽对齐,在车组端部第 1 个支柱槽处放置配重,配重 5～5.5 t,如图 5-67 所示,配重货物示意图如图 5-43 所示;第 2、5、6 车每车放置 2 个普通座架,第 3、4 车每车放置 2 个锁定座架,每车的 2 个座架分别摆放于从车辆两端数第 3 个支柱槽处,横向反向摆放,加固螺栓孔与支柱槽对齐,如图 5-68 和图 5-69 所示。在第 1 车车组中部端约 2 240 mm 处放置 1 个混装座架,加固螺栓孔与从车组中部一端数第 2 个支柱槽对齐,如图 5-67 所示。混装座架底面高度不得高于相邻两座架底面高度,若不满足,须采用木板垫高使其达到要求。除锁定座架采用拉牵加固和螺栓连接外,其他座架和车辆支柱槽仅采用螺栓连接。

95 m、96 m、99 m 钢轨可与 100 m 钢轨混装,每车组中 95 m、96 m、99 m 钢轨的总根数不超过 6 根。95 m、96 m、99 m 钢轨可全部装载在第 1 层。当 95 m、96 m 钢轨分层装载在 2～4 层时,每层装载根数不超过 3 根,且在每层中不得装载在最外侧。

95 m、96 m、99 m 钢轨尽可能沿车组纵中心线对称装载,其在第 7 车一端钢轨轨头尽量与 100 m 钢轨轨头对齐。每车组仅装载 99 m、100 m 钢轨时,可不使用混装座架。95 m 或 96 m 钢轨与 99 m 或 100 m 钢轨相邻时,在 95 m 或 96 m钢轨缩进一端端头轨底上沿相邻部位 100 mm 范围内涂油脂。

装载钢轨前,保证所有座架两侧插板插入支柱槽内,用螺栓、螺母和方垫板与车侧支柱槽连接紧固,所有座架转动隔梁全部处于开启状态。装载时,定尺钢轨应尽量按车组中心线对称装载,在第 7 车一端钢轨轨头尽量对齐,因技术原因不能完全对齐时,则此端部长短差不得大于 200 mm。每一层钢轨装载完毕后,在一个锁定座架处使用 1 套紧固装置将本层钢轨紧固并与此座架固定为一体(4 个锁定座架分别锁定 4 层钢轨)。紧固装置每根螺栓两端分别使用 1 个紧固螺母紧固,使用 1 个防松螺母防松。每个紧固螺母紧固力矩约为 320 N・m,每个防松螺母紧固力矩约为 100 N・m,同时在钢轨两端部和锁定装置处标划纵向位移检查线。1～3 层每层钢轨装载和锁紧完毕后,闭合上一层所有隔梁,再装载上一层钢轨和紧固装置。每层钢轨的重量分别通过隔梁中部支座和两端立柱传递到座架底梁上,再传递到车体上,上层钢轨对下层钢轨没有压力,各层相互独立。

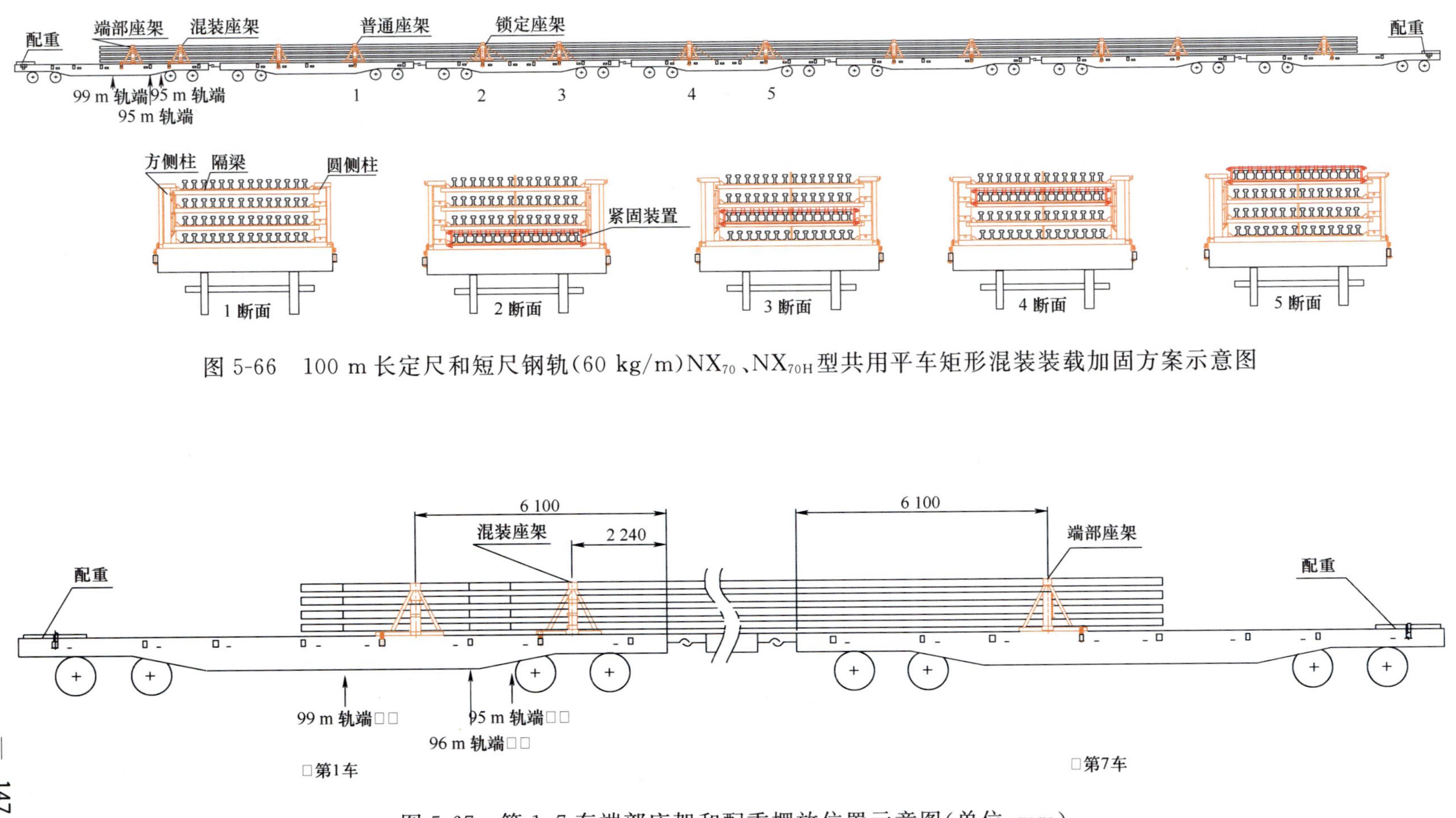

图 5-66　100 m 长定尺和短尺钢轨(60 kg/m)NX_{70}、NX_{70H}型共用平车矩形混装装载加固方案示意图

图 5-67　第 1、7 车端部座架和配重摆放位置示意图(单位:mm)

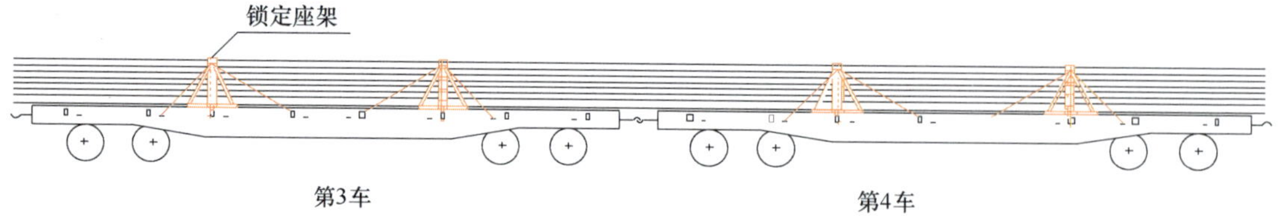

图 5-68　第 3、4 车锁定座架摆放位置示意图

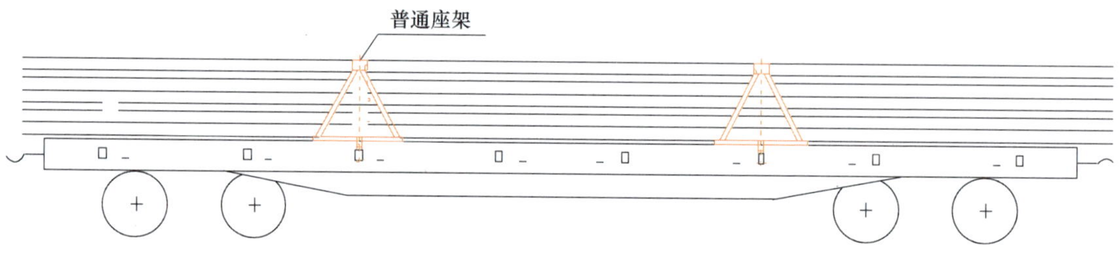

图 5-69　第 2、5、6 车普通座架摆放位置示意图

钢轨装载完毕后，每个座架使用隔梁栓将三层隔梁锁定，再用 8 号镀锌铁线或锁具将隔梁栓锁固。同时在每个锁定座架两侧，用 ϕ12.5 mm 钢丝绳 2 股各拉牵一个八字形，捆绑加固在车侧丁字铁上或支柱槽上，钢丝绳与车辆棱角接触处采取防磨措施，座架、配重货物与车体连接螺栓再次紧固，紧固力矩约为 100 N·m。专用车组固定循环使用时，应将螺母焊牢，或采用双螺母紧固、螺母间点焊。

装载加固装置(材料)原车回送的要求：卸轨后，座架和配重货物在平车上保持原位置及加固方式不变；将 4 套紧固装置分别放置在 4 个锁定座架的第 1 层隔梁上，每套紧固装置的 6 根紧固螺栓上夹板内外各使用 1 个螺母紧固，如图 5-44 所示；使用隔梁栓将 3 层隔梁锁定并将隔梁栓加锁或用 8 号镀锌铁线绑固。

第四节　100 m 长钢轨运输相关运用管理要求

一、基本要求

100 m 长(60 kg/m)钢轨普通平车运输装载加固方案的有关技术解释、技术指导由设计单位负责，方案和装载加固装置的更改由设计单位负责，并报铁道部批准；方案的运用、管理和装载加固装置的维修工作，坚持发站从严和维修质量从严的原则。安全管理责任按有关规定办理。

二、装载加固装置管理

装载加固装置设计和制造单位应建立完善的装载加固装置生产质量标准、质量监督和检验验收制度，并对生产的产品质量负责。在新造装载加固装置交付购置单位时，应出具产品质量合格证明。新造装载加固装置应按照本章第一节中技术条件要求涂打产品标记代号，既有装载加固装置的标记代号按照技术条件进行规范和调整。

装车单位应建立健全装载加固装置使用、管理、维修、报废制度。每次装车前，应对装载加固装置进行检查保养，并按技术条件要求及时维修，确保技术状态良好。

各铁路局、装载加固装置设计和制造单位应注意搜集装载加固装置的运用管理情况，提出改进建议，并报铁道部运输局装载加固主管部门。

三、装车作业

装车单位和车站应加强沟通协调，明确双方安全责任。铁路局应组织装车单位制定细化装车和加固的作业程序、操作要求和装车质量检查标准，避免装车作业过程中损坏座架，确保装车质量和效率。铁路局车辆部门要按方案要求，选扣技术状态良好的车辆，座架摆放位置处的车地板不得有破损和突起物，固定支柱槽不得有明显变形。不得使用支柱槽数量和位置有明显差异的车辆。车组重复使用不能解体，若包含平集两用车，装轨前锁头反扣，各车之间不得使用车钩缓冲停止器，相邻车辆的车地板高度差不得大于15 mm，同组平车的段修期应尽量控制在30天范围内。装车前，装车单位应放下货车端板，捆绑提钩杆、钩舌销和软管连接器，清扫车地板，将平集共用车的集装箱锁头反扣，并严格按方案装车。车站应与装车单位办理交接检查。

四、途中检查

沿途货检站要对长轨列车做重点检查，发现座架开焊，座架与车侧支柱槽的连接螺母松动、脱落，紧固装置的螺母松动、脱落以及危及行车安全的其他情形时，应按规定及时处理。

五、回送检查

装载加固装置原车回送前，卸车单位应重点做到座架隔梁闭合，隔梁栓锁闭、捆绑良好，紧固装置放置位置和锁固方法正确，紧固装置夹板内外螺母紧固良好，货车端板立起并关闭，货车车地板上杂物清理干净。

六、其他要求

车组按现行货车正常运行速度运行，重车车组禁止溜放，禁止通过驼峰。铁路局要会同装载加固装置设计和制造单位做好对钢厂、装车站、货检站、回送站等 100 m 长钢轨普通平车运输相关人员的培训工作，切实提高作业人员素质。装载加固装置设计和制造单位应向铁路局提供装载加固装置使用说明书，并协助铁路局做好技术指导和培训工作，铁路局应根据本文要求，结合实际情况细化管理措施，加强作业流程控制，确保运输安全。

第六章　500 m 长钢轨运输

第一节　500 m 长钢轨运输装载加固装置及技术条件

一、装载加固装置

500 m 长钢轨运输装载加固装置包括座架、紧固装置和安全防护门。座架的主要功能是隔离分层、支承钢轨和横向限位；安全防护门用于阻挡钢轨纵向移动时超出车端，具有纵向防护作用。座架和安全防护门固定于车地板上，可以拆卸。紧固装置和锁定座架配合使用，用于锁定钢轨，限制钢轨横向、纵向移动，防止钢轨侧翻。

(一)座　　架

根据结构、功能和安装位置的不同，座架可分为普通座架、锁定座架、端座架和次端座架。根据锁定层的不同，锁定座架又分为锁定座架 1、锁定座架 2、锁定座架 3、锁定座架 4。

普通座架主要由方侧柱、圆侧柱、底梁、隔梁、隔梁栓、斜撑、插板等组成，其结构如图 6-1 所示。底梁和隔梁设置有中部支座、滚轮组、中轮组、侧轮组。隔梁固定在圆侧柱上，可围绕圆侧柱转动开启和闭合，隔梁关闭后另一端由方侧柱支承板支承。隔梁栓用来锁定隔梁，防止隔梁与方侧柱脱离，是座架唯一分体部件，可拆卸。插板用于定位和固定座架。插板插入支柱槽后，用螺栓、螺母和垫圈紧固。滚轮用来直接支承钢轨，以减小钢轨与座架的摩擦力。特别是当车辆通过曲线时，钢轨在普通座架上自由伸缩将改善车辆的动力学性能。每个普通座架包含 50 个滚轮组，每个滚轮组由滚轮、滚轮轴、端盖和轴套组成，滚轮轴和端盖材质为 45 号钢，滚轮材质为 20 号钢，轴套为标准件JH1－B5040。中轮和侧轮具有横向限位和减小钢轨与座架摩擦的作用。

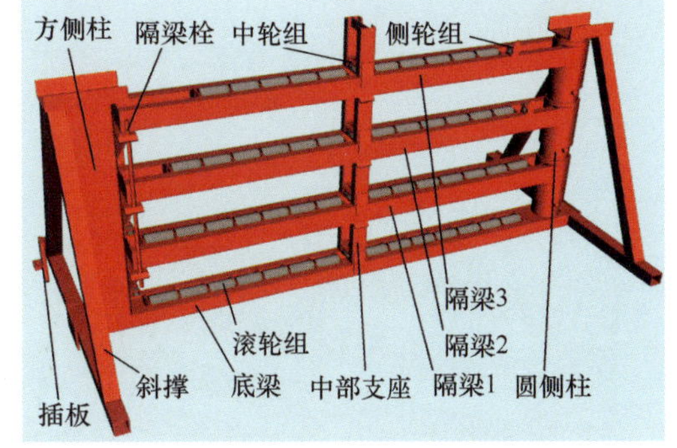

图 6-1　普通座架结构示意图

每个普通座架包含 4 个中轮组和 4 个侧轮组：底梁和 3 个隔梁均设置中轮组，在底梁和第 2 层隔梁方侧柱端各设置 1 个侧轮组，在第 3、4 层隔梁圆侧柱端设置 1 个侧轮组。支承座具有传递上层钢轨重量，支承上部隔梁的作用，位于底梁和隔梁中部。

锁定座架与普通座架相比，区别在于：①座架两侧焊有拉牵钩；②锁定座架锁定隔梁不设中轮组和侧轮组；③锁定层隔梁的钢轨支承面为钢板，如图 6-2～图 6-5 所示。

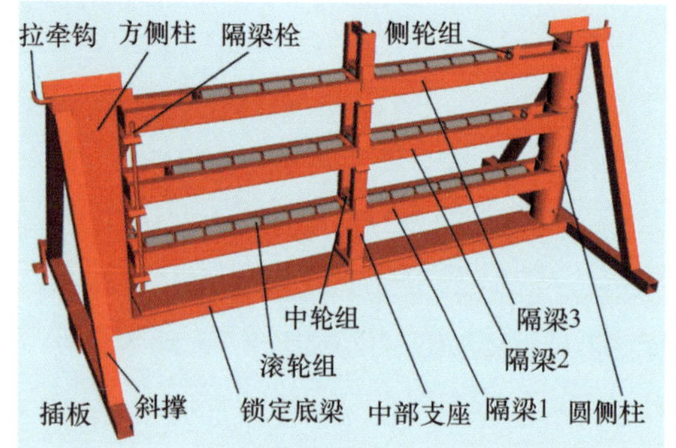

图 6-2　锁定座架 1 结构示意图

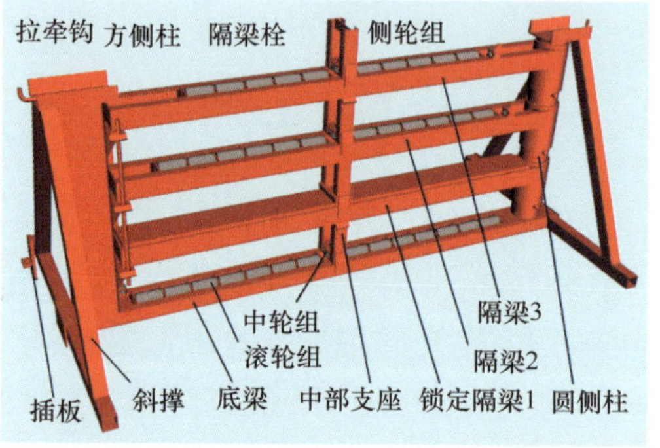

图 6-3　锁定座架 2 结构示意图

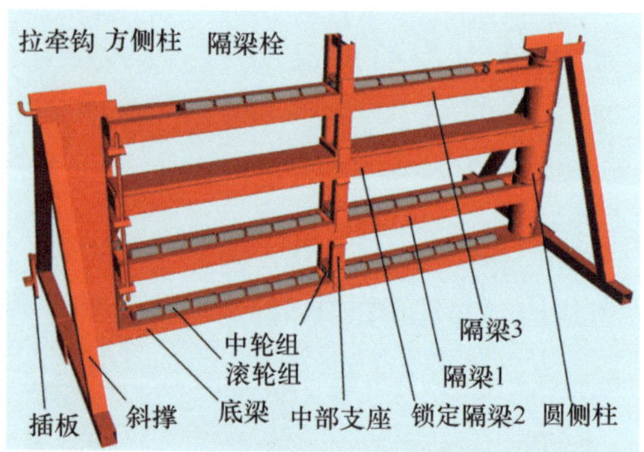

图 6-4　锁定座架 3 结构示意图

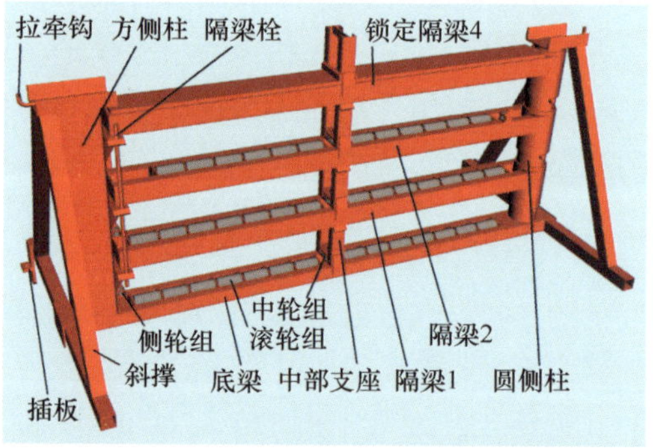

图 6-5　锁定座架 4 结构示意图

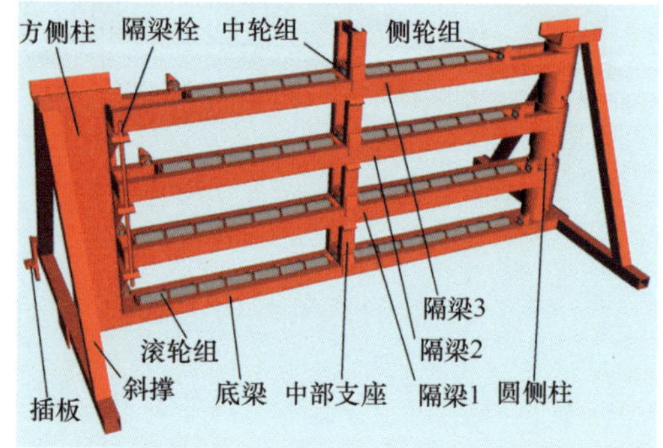

图 6-6　端座架结构示意图

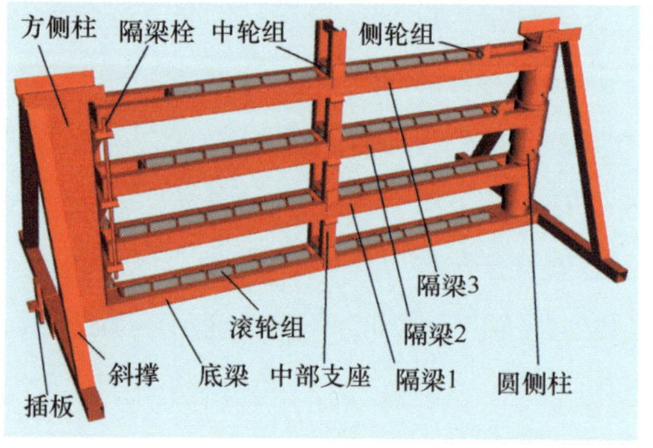

图 6-7　次端座架结构示意图

端座架、次端座架结构和外形尺寸与普通座架基本相同，但端座架的底梁和各层隔梁两端均设置侧轮，每个端座架设置 8 个侧轮，次端座架插板靠近侧柱，距侧柱中心线为 250 mm，而普通座架和锁定座架均为 780 mm，如图 6-6、图 6-7所示。

（二）紧固装置

紧固装置由夹板、小垫块、中垫块、大垫块、螺栓、紧固螺母和防松螺母组成，其结构如图 6-8 所示。紧固装置分大、中、小 3 种型号，其中大号紧固装置 4 套，用于第 1、2 层钢轨的锁定；中号紧固装置 2 套，用于第 3 层钢轨的锁定；小号紧固装置 2 套，用于第 4 层钢轨的锁定。各型号紧固装置除螺栓长度和中隔离块数量不同外，其他部件的尺寸和数量均相同。其中，大号紧固装置螺栓长度 2 410 mm，中垫块数量 12 件；中号紧固装置螺栓长度2 110 mm，中垫块数量 10 件；小号紧固装置螺栓长度 1 810 mm，中垫块数量 8 件。

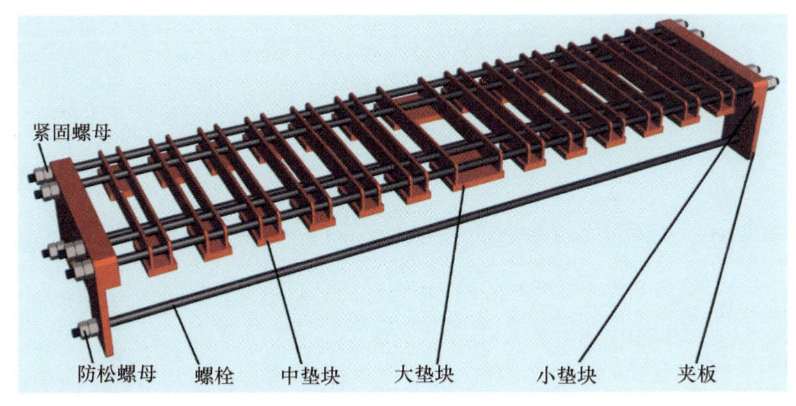

图 6-8　紧固装置结构示意图

（三）安全防护门

安全防护门由槽钢和钢板焊接组成，主要部件有门框、门和门锁，其结构如图6-9所示。门框的两侧焊有固定插板，用螺栓螺母与车辆支柱槽连接。门关闭时，阻挡钢轨纵向移动时不超出车端，保证车组行车安全。门打开时，可以纵向卸轨。

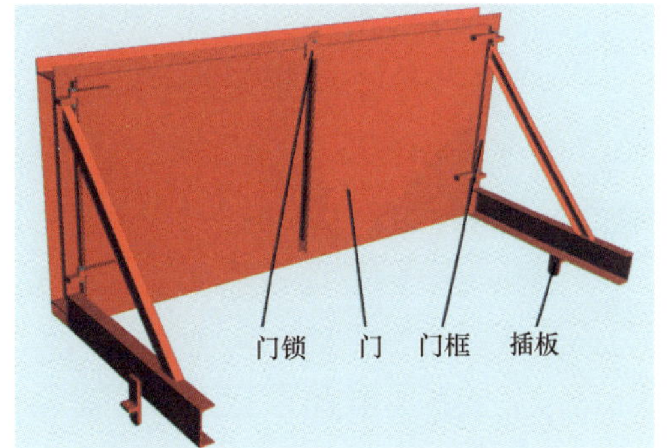

图 6-9　安全防护门结构示意图

二、技术条件

（一）范　　围

本技术条件适用于 500 m 长(60 kg/m)定尺钢轨普通平车运输专用装载加固装置，包括座架、紧固装置和安全防护门，其中规定了制造、检测、维修、报废等方面的技术要求。

（二）引用标准

下列标准所包含的条文，通过在本技术条件中引用而构成本技术条件的条文。在本标准出版时，所示版本均为有效。所有标准都会被修订，使用本技术条件的各方应探讨、使用下列标准最新版本的可能性。

GB/T 700—1988　碳素结构钢

GB/T 699—1999　优质碳素结构钢

GB/T 8162—1999　结构用无缝钢管

GB/T 6728—1986　结构用冷弯方形空心型钢

GB/T 707—1988　热轧槽钢

GB/T 18162—1999　结构用和输送流体用无缝钢管

JB/T 5000.9—1998　切削加工件通用技术条件

GB/T 709—1988　热轧钢板厚度的允许偏差

GB/T 5185—1985　焊接方法代号及注法

GB/T 324—1988、GB/T 12212—1990　焊缝符号表示方法

JB/T 5000.3—1998　焊接结构件未注尺寸公差与形位公差

JB/T 5000.12—1998　涂装通用技术条件

（三）术　语

本技术条件所包含的术语采用下列定义。

座架：安装于平车车地板上，具有支承、隔离分层和横向限位作用的钢制支架，主要由底梁、隔梁、圆侧柱、方侧柱、中部支柱、滚轮、侧轮和中轮组成。

底梁：底层钢轨承载梁，直接接触车地板。

隔梁：第 2～4 层钢轨承载梁，可绕圆侧柱水平旋转，装卸时可开启和闭合。

圆侧柱：位于座架一侧，支承隔梁并可绕其转动。

方侧柱：位于座架另一侧，隔梁闭合时支承隔梁另一端。

中部支座：位于底梁和隔梁中部，具有支承上部隔梁（第 4 层隔梁中部支座除外）、装载定位和导向的作用。

滚轮：位于底梁和隔梁上，具有支承功能的水平滚动轮。

侧轮：位于底梁和隔梁的两端，具有导向功能的垂向滚动轮。

中轮：位于中部支座上，具有导向功能的垂向滚动轮。

普通座架：除具有特殊功能或安装于特殊位置的座架之外的、结构相同的所有座架。

锁定座架：焊接有拉牵钩、具有纵向锁定功能的座架。

拉牵钩：具有拴结、拉牵作用，用圆钢弯成的 L 形钩。

端座架：安装在车组两端车辆的外端、底梁和隔梁两侧都设置侧轮的座架。

次端座架：安装在车组两端车辆的内端、插板靠近底梁的座架。

隔梁栓：隔梁闭合后，用于锁定隔梁的门栓。

紧固装置：具有锁定钢轨作用的装置，由夹板、小垫块、中垫块、大垫块、紧固螺栓、紧固螺母和防松螺母组成。

紧固螺栓：将同一层钢轨紧固为整体所使用的双头螺栓。

垫块：用于隔离钢轨轨头的钢制垫块，分为大、中、小 3 种规格。

夹板：用于夹紧整层钢轨的钢板。

一副紧固装置：由 24 个螺母、6 根螺栓、2 块夹板、2 个小垫块、1 个大垫块、数个中垫块组装而成的紧固装置。

一套紧固装置：由 8 副紧固装置组成的全套紧固装置。

安全防护门：位于车组两端车辆的最外端，由槽钢和钢板焊接制成，纵向卸轨时，可开启和关闭。具有阻止钢轨纵向移动时超出车端的作用。

一套装载加固装置：由 60 个普通座架、8 个锁定座架、2 个端座架、2 个次端座架、1 套紧固装置和 2 个安全防护门组成的全套装置。

(四)产品标记代号

产品标记代号分座架标记代号和安全防护门标记代号。

座架标记代号由 4 部分组成：制造单位代号、出厂年月、产品序列号及功能号。

制造单位代号	出厂年月	产品序列号	功　能　号

制造单位代号采用制造单位名称汉语拼音缩写 2 个字母，TY 表示中国铁道科学研究院运输经济研究所；出厂年月采用 4 位阿拉伯数字，前 2 位为出厂年份最后两位，后 2 位为出厂月份。产品序列号由设计单位统一分配管理。功能号按如下所示标记：

S1：第 1 层钢轨锁定座架；S4：第 4 层钢轨锁定座架；

S2：第 2 层钢轨锁定座架；D1：端座架；

S3：第 3 层钢轨锁定座架；D2：次端座架。

未标记功能号的座架为普通座架，所有普通座架结构相同，功能相同。座架标记代号用黑色油漆标记，标记于座架方侧柱外立面。

安全防护门标记代号由 3 部分组成：制造单位代号、出厂年月、产品序列号。编号方法同座架标记代号。安全防护门标记代号用黑色油漆标记，标记于门框两侧竖槽钢外面。

制造单位代号	出厂年月	产品序列号

(五)技术要求

紧固螺栓采用圆钢制造，材质为 45 号钢；紧固螺栓所用螺母为钢结构用高强度大六角螺母(GBT/T 1229—1984)；所有的型钢、钢板、圆钢应符合图纸对材质的要求，不得有明显的锈蚀痕迹；座架和紧固装置各零部件的尺寸、公差、材质、工艺及技术要求均应符合图纸要求；未注尺寸公差符合 GB/T 1804— m 要求；各装置制造完成后应进行试组装，组装完成后隔梁转动应灵活顺畅，不得有卡滞现象；喷漆前，应对所有焊缝进行目测检查，不得有明显的气孔、夹渣、裂纹、焊不透等缺陷；垫块与钢轨的接触面不得涂漆，其他金属构件表面均应进行防腐蚀处理，漆层应有防锈底漆，漆层表面应无气泡和漆渣，颜色桔红；滚轮端盖处加油脂润滑，座架每循环使用 10 次，加油脂 1 次；装置出厂运输时的码放、加固，装卸时的吊装应合理，不得对装置造成损伤。

(六)技术检测

检测前从一批产品中随机抽检 2 台座架(至少 1 台锁定座架)，一副紧固装置。首先根据图纸要求检查座架外形尺寸和焊接质量，座架和紧固装置的使用性能。然后检测座架各危险截面处的应力，座架和紧固装置的刚度。应力测点布置、检测方法和检测结果评定如下：

1. 应力测点布置

座架应力测点布置如图 6-10 所示，两个座架测点位置相同。1、6 测点测试底梁两端的最大垂向应力，测点位于底梁侧面，应变片竖直粘贴；2、5 测点测试第 2 层隔梁的最大弯曲应力，测点位于隔梁底面 1/4 处，应变片水平粘贴；3、4 测点分别测试底梁中部最大压应力和底梁中部支座最大压应力，测点分别位于底梁侧面和中部支座侧面，应变片均为竖直粘贴。

2. 检测方法

首先将 2 台座架分别置于 2 辆连挂在一起的平车上，2 台座架的距离为 14 m，座架位于平车的转向架正上方。然后装载 25 m 长 60 kg/m 钢轨，钢轨全部为正向装载，各层的钢轨数等同于 500 m 长钢轨各层装载数，装载时，使钢轨的中线与两座架的中线对齐，保证钢轨重量平均分配在两个座架上，用紧固装置紧固第 1 层钢轨，紧固螺栓的预紧力矩为 320 N·m。4 层钢轨装载完毕后，保持载荷不少于 10 min 后卸载。

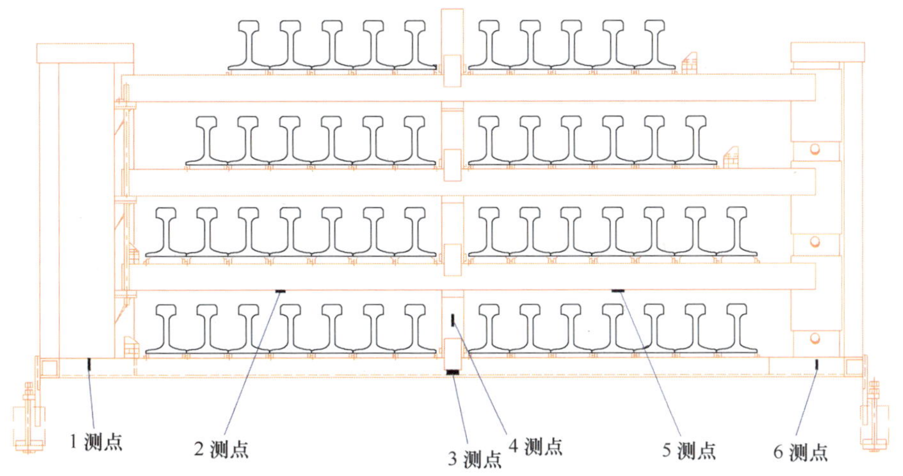

图 6-10　座架应力测点布置示意图

3. 检测结果评定

座架外形尺寸和焊接质量符合图纸要求；各部件之间、部件与钢轨之间装配顺利；测点最大折算应力值应小于材料许用应力值；卸载后目测检查所有隔梁、座架不得有永久性变形；紧固螺栓不得有滑丝、脱扣、咬扣等螺纹损毁现象，螺栓不得有永久变形；垫块与轨头的接触面不得有永久挤压变形；符合以上所有要求的产品为合格产品，不符合以上要求的产品不得出厂。

（七）维　　修

维修工作由产权单位负责，维修人员应经过专业培训。隔梁变形不能关闭时，应更换隔梁；滚轮支承板磨损深度大于 2 mm，应更换支承板；滚轮端盖磨损大于 2 mm，应更换滚轮端盖；用手转动滚轮，有卡死现象，应更换滚轮；滚轮表面磨损沟槽深度大于 3 mm，应更换滚轮；侧轮、中轮磨损沟槽深度大于 4 mm，应更换侧轮、中轮；隔梁支承销磨损深度大于 4 mm，应更换隔梁支承销；垫块磨损影响使用，应更换垫块；座架、隔梁任何焊缝出现开焊、裂纹时，应补焊，补焊后进行防腐处理；隔梁栓变形影响使用时，应修复或更换；维修人员应填报维修记录，包括：产品标记代号、维修原因、维修时间。

（八）更新与报废

座架使用寿命按承载运输次数计算，暂定使用 60 次；座架使用次数未达 60 次，但闲置时间超过 1 年，继续使用前需进行技术检测，根据检测结果确定能否继续使用或继续使用次数；紧固螺栓运输 12 次后应全部更换；紧固螺栓、垫块损坏后须及时更换；座架圆侧柱、方侧柱、底梁和隔梁发生明显变形或严重锈蚀，影响使用且不能修复时，座架整体应报废处理。

第二节　500 m 长定尺钢轨普通平车运输装载加固方案

如图 6-11 所示，500 m 长定尺钢轨普通平车运输装载加固方案车组由 36 辆木地板平车跨装组成，其中中部 34 辆车长 13 m 的 60 t 平车（含平集共用车），两端 2 辆长 15.4 m 的 61 t 平集共用车。各车间不得使用车钩缓冲停止器，相邻车辆的车地板高度差不大于 10 mm。装载加固装置包括座架 72 个，其中普通座架 60 个，锁定座架 8 个，端部座架 2 个，次端座架 2 个；紧固装置 8 副，每副包括紧固螺栓、紧固螺母、防松螺母、垫块、夹板；安全防护门 2 个。本方案为梯形装载方案，沿车辆纵中心线装载 4 层，第 1～4 层分别装 14、14、12、10 根，皆为正摆，共计装载 50 根，总重约 1 500 t。

座架安装前，将车地板清扫干净，若包含平集两用车，将锁头反扣。测量车地板高度（相对轨面），若相邻车辆车地板高度差大于 10 mm 时，采用木板垫高座架的方法，使高度差小于 10 mm。木板应铺满座架底面，木板各边缘超出座架底面各边缘的距离不小于 50 mm，但不得超过平车地板侧边沿，木板厚度根据高度差确定，使用圆钢钉将木板和车地板钉固。

36 车一组跨装。第 1、36 车每车放置 1 个安全防护门、1 个端部座架和 1 个次端座架，第 17～20 车每车放置 2 个锁定座架，其余每车放置 2 个普通座架。

车组两端（第 1、36）平车安装安全防护门、端部座架和次端座架，安全防护门位于车辆车组外端，插板插入靠近端部的第 1 个支柱槽内；端部座架位于车辆车组外端数第 3、4 支柱槽之间，插板插入第 3 个支柱槽内；次端座架位于车辆车组内端数第 2、3 支柱槽之间，插板插入第 3 个支柱槽内，如图 6-12 所示。

第 17～20 车每车放置 2 个锁定座架，座架均位于车辆端部数第 2、3 支柱槽之间，插板插入第 2 个支柱槽内，如图 6-13 所示。在锁定座架两侧，用 ϕ6.5 mm 盘条 4 股（2 股两周绞紧）各拉牵一个八字形，捆绑加固在车侧丁字铁上。

其余每车放置 2 个普通座架，摆放位置与锁定座架相同。所有座架和安全防护门用螺栓、螺母和垫板与车侧支柱槽连接。

装载钢轨前，保证所有座架两侧插板插入支柱槽内，用螺栓、螺母和方垫板与车侧支柱槽连接紧固，所有座架隔梁全部处于开启状态。钢轨中部与车组横中心线对齐装载，每层钢轨装载完毕后，在同一辆锁定车的两个锁定座架处各使用 1 套紧固装置将本层钢轨紧固并与座架固定为一体。紧固装置每根螺栓两端分别使用一个紧固螺母和一个防松螺母，紧固螺母紧固力矩不小于 320 N・m，防松螺母紧固力矩不小于 100 N・m，同时在钢轨两端部和紧固装置

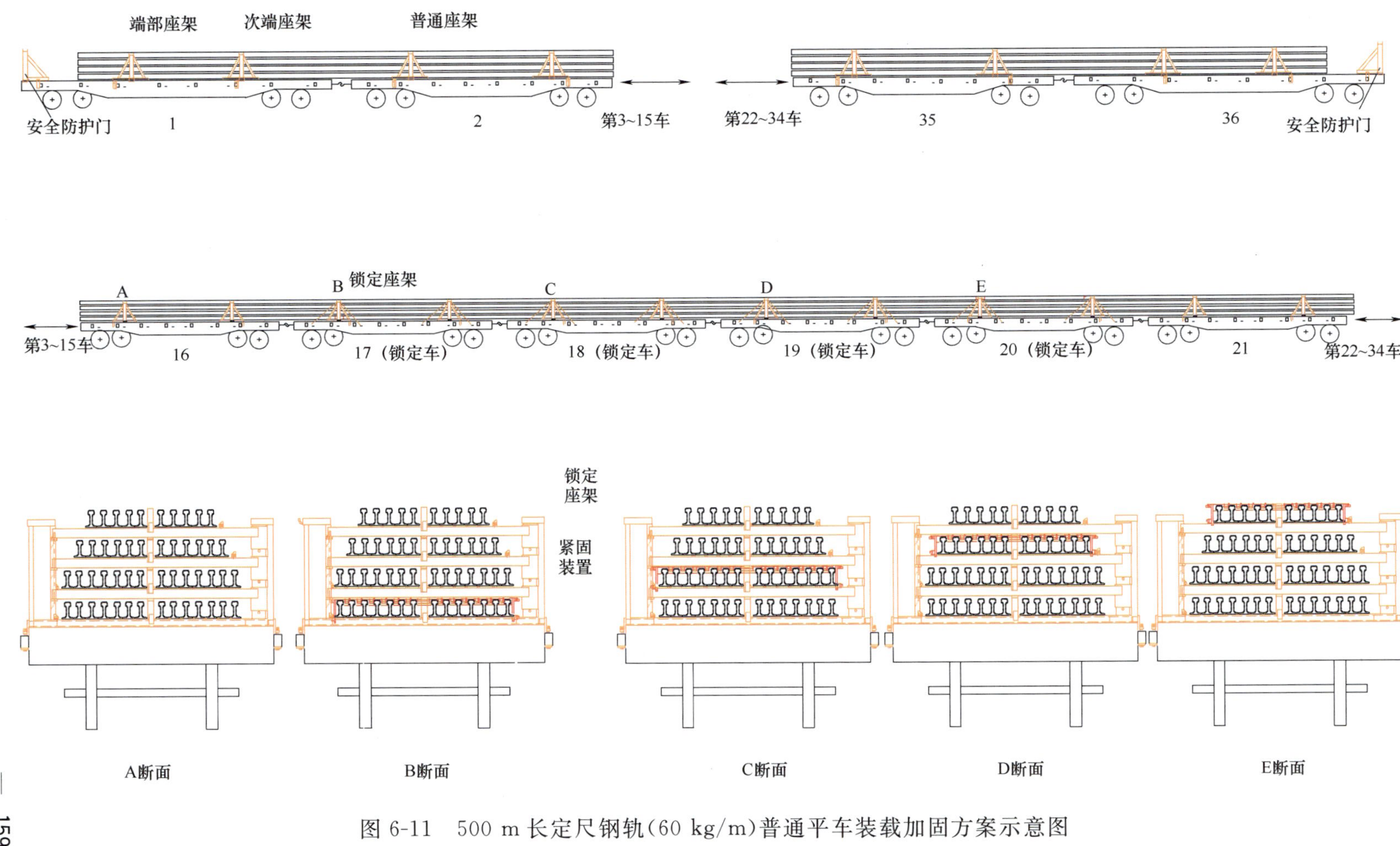

图 6-11　500 m 长定尺钢轨(60 kg/m)普通平车装载加固方案示意图

处标划纵向位移检查线。1～3 层每层钢轨装载和锁紧完毕后，闭合上层所有隔梁，再装载上一层钢轨。

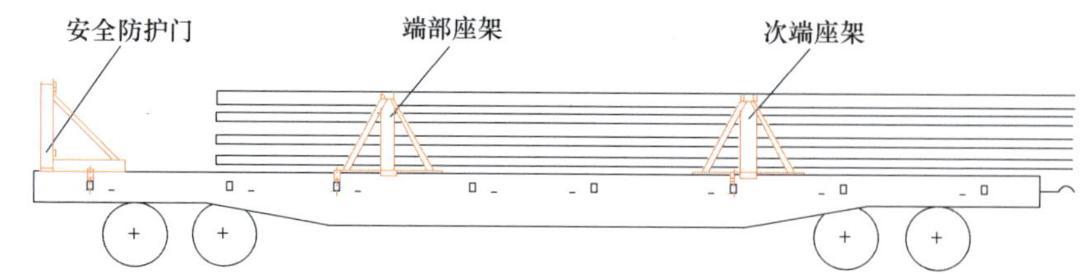

图 6-12　第 1(36)车座架和安全防护门安装位置示意图

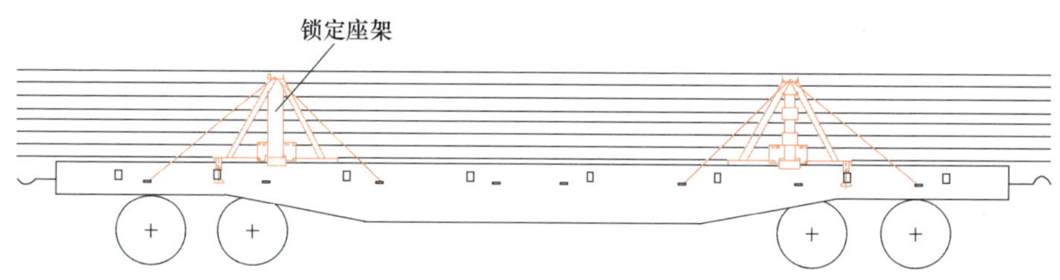

图 6-13　中部车锁定座架安装位置示意图

允许在第 4 层装载 490 m 和 495 m 两种长度的短尺钢轨，但根数不超过 6 根。装载 490 m 长钢轨时，纵向对称，钢轨中部与车组横中心线对齐；装载 495 m 长钢轨时，一端与 500 m 长钢轨端部对齐。短尺钢轨靠内侧并尽可能横向对称装载。

相同长度的钢轨端部应尽量对齐，因技术原因不能完全对齐时，则对齐端端部长短差不得大于 200 mm。

钢轨装载完毕后，每个座架使用隔梁栓将 3 层隔梁锁定，隔梁栓使用 8 号镀锌铁线绑固。座架与车体连接螺母进行紧固，紧固力矩不小于 100 N·m。专用车组固定循环使用时，应将螺母焊牢，或采用双螺母紧固、螺母间点焊。

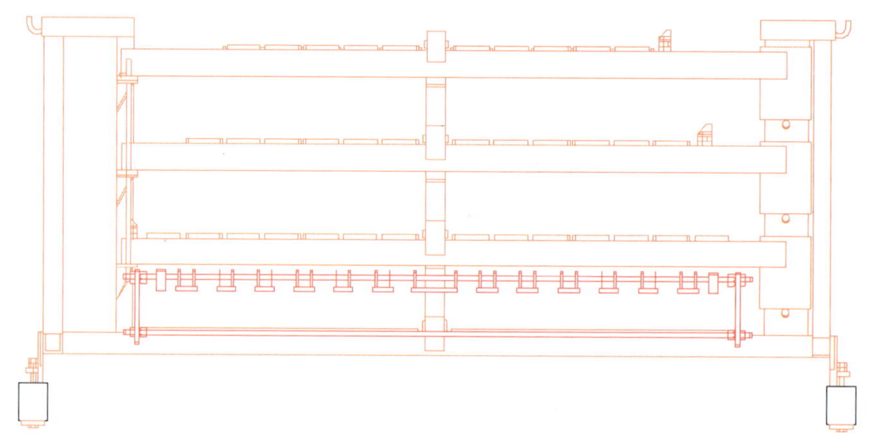

图 6-14　座架回送紧固装置安装示意图

卸轨后，座架、安全防护门在平车上保持原位置及加固方式不变。将 8 副紧固装置分别置于 8 个锁定座架的底梁上，每根紧固螺栓两端的夹板内外各使用 1 个螺母锁固夹板和紧固螺栓，如图 6-14 所示，夹板外侧螺母的紧固力矩不小于 100 N·m。关闭所有隔梁，将隔梁栓插入座架方侧柱的座孔内，旋转隔梁栓使锁眼对齐，上锁或用 8 号镀锌铁线锁固并剪断余头。

第三节　500 m 长定尺钢轨普通平车运输管理要求

一、装载加固装置管理

装载加固装置设计和制造单位应建立完善的装载加固装置生产质量标准、质量监督和检验验收制度，并对生产的产品质量负责。在新造装载加固装置交付购置单位时应出具产品质量合格证明。新造装载加固装置应按照本章第一节中技术条件要求涂打产品标记代号，既有装载加固装置的标记代号要按照技术条件进行规范和调整。

装车单位应建立健全装载加固装置使用、管理、维修、报废制度。每次装车前，应对装载加固装置进行检查保养，并按技术条件要求及时维修；每套装载加固装置每完成 8 次运输应由产权单位进行一次全面检修，确保技术状态良好。装载加固装置产权转让、租借时，原产权单位应同时提供装载加固装置已使用次数、检测检修情况等相关材料。

各铁路局、装载加固装置设计和制造单位应注意搜集装载加固装置的运用管理情况，提出改进建议，并报铁道部运输局装载加固主管部门。

二、装车作业

装车单位和车站应加强沟通协调，进一步完善专用线运输协议，将 500 m 长钢轨普通平车运输的有关规定纳入协议中，明确双方安全责任。铁路局应组织装车单位制定细化装车和加固的作业程序、操作要求和装车质量检查标准，避免装车作业过程中损坏座架，确保装车质量和效率。铁路局车辆部门要按方案要求，选扣技术状态良好、定检周期基本一致（下次段修日期应控制在 30 天范围内）且不过期的货车。

装车前，装车单位应放下货车端板，捆绑提钩杆、钩舌销和软管连接器，清扫车地板，将共用车的集装箱锁头反扣，并严格按方案装车。车站应与装车单位办理交接检查。

三、途中检查

沿途货检站要对长轨列车做重点检查，发现座架、安全防护门开焊，座架、安全防护门与车侧支柱槽的连接螺母松动、脱落，紧固装置的螺母松动、脱落以及危及行车安全的其他情形时，应按规定及时处理。

四、回送检查

装载加固装置原车回送前，卸车单位应重点做到座架隔梁闭合，隔梁栓锁闭、捆绑良好，安全防护门关紧锁闭，紧固装置放置位置和紧固方法正确，紧固装置夹板内外螺母紧固良好，货车端板立起并关闭，货车车地板上杂物清理干净。

五、其他要求

车组按现行货车正常运行速度运行，重车车组禁止溜放，禁止通过驼峰，铁路局要会同装载加固装置设计和制造单位做好对装车站、焊轨厂、货检站、回送站等 500 m 长钢轨普通平车运输相关人员的培训工作，切实提高作业人员素质，装载加固装置设计和制造单位应向铁路局提供装载加固装置使用说明书，并协助铁路局做好技术指导和培训工作，铁路局应根据要求，结合实际情况细化管理措施，加强作业流程控制，确保运输安全。

第七章　T11 长钢轨运输专用车运输

第一节　T11 长钢轨运输专用车

T11 长钢轨运输专用车自产生以来，先后有 T11 型、T11A 型、T11B 型、T11BK 型等系列产品。T11 型车组于 1988 年 8 月通过铁道部鉴定，并在北京铁路局率先投入运用，经过修改设计后，改为 T11A 型，正式投入批量生产。T11B 型是在 T11A 型的基础上对车组进行了局部改进设计，减掉了宿营车，增加 1 辆作业中车形成的。T11BK 型长钢轨列车在车体结构、车上设施等方面进行了全面改进，采用了转 K2 型转向架等一系列新技术。本节对比较具有代表性的 T11A 型和 T11BK 型 4 层 500 m 长钢轨运输专用车做详细介绍。

一、T11A 型长钢轨运输专用车

（一）列车组成

T11A 型 4 层 500 m 长钢轨运输专用车，它由 43 辆不同用途的作业车辆组成，前部是一辆宿营车和一辆发电车，中部是 37 辆运钢轨车，后部是 4 辆作业车。运输车组总长为 605.8 m。满载运输时，一次共装载 4 层、56 根 500 m 长钢轨，可铺设无缝线路 14 km。全列编组顺序如图 7—1 所示。

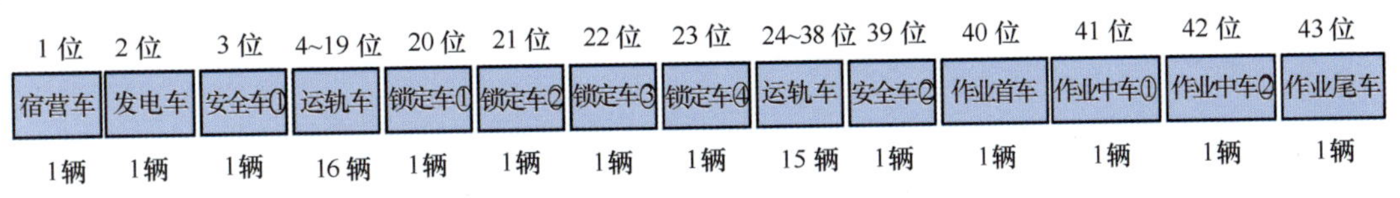

图 7-1　T11A 型 4 层 500 m 长钢轨车组编组示意图

车组主要技术参数见表 7-1。

（二）车组主要性能参数

专用车总长：605.8 m；

专用车自重：1 211.5 t；

装轨重：1 680 t；

其他：32 t；

表 7-1 T11A 型 4 层 500 m 长钢轨车组构造技术参数

车位号	车种	数量（辆）	每辆车		车辆长度（mm）	车辆定距（mm）	车辆最大宽×高（mm×mm）	地板面高度（mm）	底架长×宽（mm×mm）	转向架型号	车钩	缓冲器	制动	
			自重（t）	载重（t）									制动缸型号	三通阀
1	宿营车	1	28	5	13 438	8 700	3 142×4 372		12 500×3 100	转 9A	13 号	2 号	203×3 050D	K1
2	发电车	1	39	6	17 938	12 000	3 262×4 556		17 000×3 100	转 8A	13 号	2 号	356×254	GK
3	安全车①	1	28	21	13 938	9 000	3 160×3 915	1 100	13 000×2 980	转 8A	13 号	2 号	356×254	GK
4	运轨车	31	27	47.35	13 938	9 000	3 210×2 665	1 100	13 000×2 980	转 8A	13 号	2 号	356×254	GK
20	锁定车①	1	27.5	47.35	13 938	9 000	3 210×2 665	1 100	13 000×2 980	转 8A	13 号	2 号	356×254	GK
21	锁定车②	1	28.5	47.35	13 938	9 000	3 210×2 665	1 100	13 000×2 980	转 8A	13 号	2 号	356×254	GK
22	锁定车③	1	29	47.35	13 938	9 000	3 210×3 570	1 100	13 000×2 980	转 8A	13 号	2 号	356×254	GK
23	锁定车④	1	29	47.35	13 938	9 000	3 210×3 570	1 100	13 000×2 980	转 8A	13 号	2 号	356×254	GK
39	安全车②	1	26	27.2	13 938	9 000	3 210×3 221	1 100	13 000×2 980	转 8A	13 号	2 号	356×254	GK
40	作业首车	1	33.5	1	13 938	9 000	3 210×4 170	1 100	13 000×2 980	转 8A	13 号	2 号	356×254	GK
41	作业中车①	1	40.5	1	13 938	9 000	3 160×4 250	1 100	13 000×2 980	转 8A	13 号	2 号	356×254	GK
42	作业中车②	1	26.5	4	13 938	9 000	3 100×1 895	1 100	13 000×2 980	转 8A	13 号	2 号	356×254	GK
43	作业尾车	1	39	4	16 938	11 500	3 142×4 510		16 000×3 100	转 8A	13 号	2 号	356×254	GK

注：运轨车、锁定车高度不包括临时灯杆高度，灯杆高度为 3 610 mm。

专用车配重：10～15 t；

专用车总重(不含配重)：2 941.5 t；

运轨车滚道中心距：4.500 m；

相邻辆车滚道中心距 ：4.938 m；

下层滚轮顶面距轨道上轨面高度(空车)：1.278 m；

上层滚轮顶面距轨道上轨面高度(空车)：2.478 m；

同车上下相邻滚轮中心距：0.400 m；

卸轨出口两侧中心距：2.650～2.750 m；

列车最大运行速度：90 km/h；

最小通过曲线半径：300 m；

车组可以通过最小道岔：9 号道岔；

转向架型式：转 8A 型(宿营车用转 9A 型)；

车钩缓冲装置：13 号车钩、2 号缓冲器；

限界：符合 GB 146.1—1983《标准轨距铁路机车车辆限界》的要求。

(三)车组结构及用途

宿营车：1 辆，供车组乘务、操作人员生活、休息、住宿之用。全车有 3 个宿营间，设有厨房、卫生间及温水循环采暖装置，采用 48 V 荧光灯照明，可由车组或外接电源直接供电。全车为钢木结构，车体由底架、端侧墙、车顶等组成。底架由中梁，端、枕、横梁组成，端、侧墙由薄板压筋的端、侧板及各柱、横带所组成，车顶由薄板、弯梁组焊成半圆弧形，类似一般客车结构。车内的门、窗、行李架等配件及其他辅助件，均采用与普通客车相同的配件或通用件，按一般常规车辆设计。

发电车：1 辆，主要为车组各种作业、装置、照明、通讯提供电力。车体为钢木结构，由发电机室、配电室、卧室、厨房锅炉间及卫生间组成。发电机室内部安装 150 kW 柴油发电机 1 台(主机)，24 kW 柴油发电机 1 台(辅机)，并设有 4 台轴流排风扇、1 个手动齿轮油泵、钳工案和工具材料箱等，配电室 1 间，卧室 1 间(软卧 4 个)，以及厨房和卫生间。采暖和照明与宿营车相同，车下设有燃油箱，蓄电池箱等，车顶设有通风器及消音器等。

安全车：2 辆，主要用于安全防护，防止或减缓长钢轨的冲撞，以保护人员、设备的安全。车体为全钢电焊结构，底架与普通 60 t 平车相似，铁地板。第一辆安全车位于车组 3 号位，装有钢制固定安全档 1 座，工具材料贮藏室 1 间，内设物品材料存放架 1 个，车的另一端装有 1 组 4 层旋转式滚道，用以装载长钢轨；第 2 辆安全车位于车组 39 号位，底架上部装设 2 组 4 层旋转式滚道，活动门式安全档 1 座，收卸轨时可以将安全门打开，运轨时把安全门关闭，以防止运行中长钢轨的冲撞，保护人身、设备安全。

运轨车：31 辆，用于装载长钢轨。车体底架与普通 60 t 平车基本相同，铁木混合地板结构，设有 3 座 4 层旋转式滚道及整体侧柱，每个滚道由钢梁(用 60 kg/m 钢轨制作)、滚轮座及 14 个滚动轴承式的滚轮组成，下层滚道直接组装在底架上，上面 3 层滚道以两边侧柱上的托架为支点，可旋转 90°，便于吊装多层长钢轨。装载的长钢轨直接压在滚轮上，可以在车辆纵向自由伸缩。最上层的滚道装有横向拉紧装置，可以把两个侧柱与滚道连接起来，组成封闭式框架，以改善受力状态。每辆车的中部滚道装有间隔铁，起限制长钢轨横向移动的作用，避免车辆左右偏载。

锁定车：共计 4 辆，每辆车各锁定一层长钢执，锁定车编号与锁定长钢轨的层数相对应，其构造与运轨车相同，仅在中部滚道处以两组锁定梁取代一组滚道，上面 3 层锁定梁可旋转 90°，下层为固定式锁定装置。锁定车②～④同时各增加一对侧柱，用以支撑锁定梁。锁定梁上设有螺旋扣件式锁定夹具，以紧固列车上的长钢轨，防止长钢轨在车组运行中前后窜动。每层钢轨锁定两处。

作业首车：1 辆，全钢结构，底架上部安装调高、拨轨装置 2 座。调高部分以电动机为动力，通过构架、减速器、齿轮箱、传动轴、导柱、螺旋丝杠等带动装有滚轮的升降托架，起到调整长钢轨高度的作用，以适应卸轨和收轨时不同滚道高度的需要。拨轨部分也以电动机为动力，通过减速器、齿轮箱、传动轴以及托架上的横向丝杠等带动拨轨器作横向移动，调整卸或收作业中长钢轨的横向位置，以利于卸轨和收轨。

作业中车①：1 辆，车体底架全钢结构。在底架上部装有拉轨卷扬机 2 座、长钢轨输送机 2 座、钢丝绳拉轨卡具回送装置 1 座、操纵控制台 2 个、拨轨器 2 个、锁轨装置 2 组、液压站 1 个、卸轨滑槽 2 个、车棚 1 座等，主要用于机械化卸轨作业。其中拉轨机左右各设置 1 台，由电动机、减速器、滚筒及钢丝绳卡具、液压制动器、手动离合器组成，用以拽拉长钢轨；长钢轨输送机左右各 1 座，由下部主动轮、上部液压升降从动轮组成，通过调速电动机和齿轮箱带动主动轮转动，利用从动轮下降将长钢轨压紧所产生的摩擦力使长钢轨前进，并通过调速电动机调节输送速度，以达到卸轨目的；锁轨装置左右各 1 台，利用液压油缸、锁钩压紧，起到对长钢轨锁定作用，防止列车运行时待卸轨的窜动；操纵控制台在车体左右两侧各 1 个，上部装有电气控制柜，通过按钮来操纵控制各种机械装置；钢丝绳拉轨卡具回送装置由滑轮架、小型卷扬机、滑车、滑道等组成；其余如卸轨滑槽均为型钢、板材焊制，车棚由立柱及顶棚组成，以防雨雪。

作业中车②：1 辆，在底架上部左右两侧各设有卸轨导槽及调高弹性支承 1 组，并可调整长钢轨出口时的高度，以利长钢轨顺利进入作业尾车，车体中间装有 3 组收轨滚轮及护板，车上还装有工具箱、夹具箱等。该车作用是调整卸轨时长钢轨的高度，使之平顺过渡，以适应长钢轨在卸轨时下垂挠度的需要。

作业尾车：1 辆，分上、下两层。上层为钢木结构，与发电车相似，内设卧室、工作间、厨房，采用温水循环采暖装置取暖，48 V 荧光灯照明等。车体下部为卸轨及收轨装置。卸轨系统两侧各 1 组，由导向器、锁定夹具、卸轨孔道、调高拨轨器组成；收轨系统由收轨孔道、电动收轨架（收轨小车）组成，收轨架长约 7 m，可利用电动卷扬机，直接送到线路上去或直接收上来，以减少辅助作业时间。本车主要用于引导及控制卸轨时长钢轨落地的位置，或引导旧轨顺利回收上车，以及车组运行或作业过程中的无线电联系等。

全列车还设有输电系统，利用车下电缆把电能输送到各用电的车辆上去。列车设有探照灯和生活用照明灯，车组前后及中部均配有高压水银灯，以备夜间或在隧道内的卸轨作业用。

此外，车上装有音响设备、信号装置，车组前后均装有紧急制动装置、消防器材，并配有专用夹具、卡具、工具、备品及易耗件。

（四）装载加固方法

长钢轨车组推入装轨线，对位准确后，按照由第 1 层向第 4 层的顺序逐层进行，第 1 层装轨前，依次松开各车上部手轮，放倒间隔铁，把上面 3 层滚道梁旋转 90°至滚道托处，用挡铁卡住滚道。然后利用地面装轨设备，把各层长钢轨吊装入车。每层装轨后，拨动长钢轨校对横向位置，把各层挡铁卡好，锁定夹具把长钢轨与锁定梁夹紧，翻上间隔铁，间隔铁与轨端距离不大于 15 m，间隔铁与间隔铁、间隔铁与锁定梁之间距离不大于 50 m，并锁定压铁将长轨纵向锁定。

T11A 型车组采取用压铁对长钢轨上下压紧的方式锁定长钢轨，可实现单根或多根锁定。在锁定车锁定长轨时，锁定螺栓要准确对位，防止运行中螺栓松动和锁定失效。每根长轨必须在同一车体上锁定两处，60 kg/m 钢轨锁定扭力矩应大于 280 N·m，75 kg/m 钢轨锁定扭力矩应大于 350 N·m，并采取防松措施。当一层没有装满钢轨时，采取在最外侧钢轨的锁定处增加一根短轨的方法辅助对长钢轨进行锁定，如图 7-2 所示。

图 7-2　最外侧采用短轨辅助锁定

保证长钢轨端部与滚道梁的安全伸缩距离，防止运行过程中由于钢轨伸缩撞断滚道梁，当轨端位于安全车上时，500 m 长钢轨轨端至末端滚道梁距离应不小于 2.3 m，其他长度的长钢轨悬伸长度按比例调整。采取适当的防止撞击横梁措施后，长钢轨另一端至末端滚道梁距离可小于 2.3 m。当装车的长钢轨长度不同时，对悬伸长度小于规定的钢轨，应采取捆绑等措施，同时不得将短钢轨装在最外侧。

最后，把上层滚道端部用手轮与各侧柱连接起来。长钢轨装完后，关好安全车上的活动门，并插好销挡。

（五）卸轨和回收旧轨作业方法

1. 卸轨

(1)准备工作。卸轨前，整个车组停在卸轨区间的前一站，做好以下各项准备工作：检查车组各种设备，使处于良好技术状态；列车开始发电、输电、启动各用电设备，确认空载运转良好；各有关人员按分工上岗，开始进行各项准备工作；最后把待卸的第 1、2 对长钢轨拉至预定部位锁好，并把第 3 对长钢轨处于待拉状态之后，车组准备工作即告完成。

(2)卸轨。列车接到命令进入卸轨区间，抵达卸轨地点时，由指挥人员发布卸轨命令。随着列车低速前进的同时，启动输送机，把第 1 对长钢轨输送到地面上去。此时，操作人员控制输送机推送长钢轨的速度与列车速度同步，待第 1 对长钢轨落地 30～40 m 时，提升输送机压轮，停止工作，列车开始加速前进，而靠长钢轨与地面的摩擦阻力，把其余部分的长钢轨从车上拖下去。对于第 2 对长钢轨，采用同样的方法，紧跟第 1 对长钢轨进行卸车作业。与此同时，把第 3 对长钢轨用车上配备的拉轨机拉至输送机处。如此循环，直到把长钢轨全部卸完。当卸完最后 1 对长钢轨时，可按行车调度命令，返回焊轨厂基地，或者准备回收旧轨作业。

2. 回收旧轨

收轨系统，在作业尾车中间，设有收钢轨的通道，收轨架系由电动机、减速卷扬机、收轨铲槽等组成。收轨时，收轨架伸放到线路钢轨上，将放置在道心的两根旧轨合拼在一起，列车倒退时，旧轨被铲起，通过收轨架的铲槽，进入车上的收轨通道，收到运轨车上。

（六）技术改进

T11A 型 500 m 长钢轨运输专用车自出厂以来，为铁路工务部门铺设无缝线路起了很大的作用。各铁路局在应用过程中，结合现场实际情况，对原设计存在的一些与现场施工不相适应之处进行了局部改造，以最大限度地发挥其应有作用，不断提高 T11A 型长钢轨运输专用车的运输生产性能，保证了铁路长钢轨运输的安全、高效。主要的改进措施有：

1. 滚道梁滚轮改为水平斜向

原设计运输车组滚道梁上的滚轮在水平面上都与车组卸轨方向垂直，卸轨时，先将滚道梁两端靠近车辆两侧立柱的长钢轨，通过作业车沿列车纵向，经作业尾车卸到道床两侧，再依次把滚道梁中间的长钢轨往滚道梁两端拨出后卸下。此时由于滚轮轴线与卸轨方向垂直，水平横向分力为零，所以长钢轨在沿卸轨方向纵向移动时，向滚道梁两端移动的摩擦力很大，装载在滚道梁中间的长钢轨在被牵拉过程中会出现由滚道梁中间向安装在作业中车①两侧的卸轨输送机斜穿的现象，从而加重了卸输送机的工作负荷。

针对这一现象，采取的改进措施是将每根滚道梁上 14 个滚轮中间的 12 个，沿车辆纵向中心线分为每侧 6 个一组，在水平面上将滚轮轴线由原来的与滚道梁平行，改为与滚道梁成 2.8°角，由车体中心线向两侧对称排列，沿卸轨方向分别朝车辆两侧斜装。改造后，滚轮轴线斜装，卸轨时，被输送机牵引的长钢轨将受到大约 2 440 kN 的水平横向分力，该水平分力使钢轨向两侧分开，从而减少了钢轨横向移动时轨底的侧向摩擦阻力；另外，由于水平横向分力使钢轨向两侧分开，相应地减少了作业首车上拨轨器的拨轨阻力和磨损，延长了拨轨器的使用寿命。现场卸轨时，经作业中车①输送机的动力牵引，长钢轨沿卸轨方向移动时，由于有了两个方向相悖的水平横向分力，长钢轨就能较顺利地向滚道梁两端移动，大大减轻了长钢轨斜向穿拉的摩擦力，提高了卸轨速度。

2. 加装长钢轨防侧翻装置与绝缘遮棚

长钢轨在装车及运输时每层都在列车中段的一辆锁定车上装有锁定装置，基本上不会发生侧翻。卸轨时，由于锁定装置已拆除，长钢轨除轨底与滚道梁上的滚轮接触外，其他各个方向没有受到约束，处于半自由状态，如发生侧翻，要 60 人左右才能将钢轨立起,影响行车安全和卸轨作业。为了防止长钢轨在卸轨时发生侧翻现象,如南昌铁路局鹰潭工务机械段采取在原车上增加防侧翻装置的方式来解决。

3. 加装绝缘遮棚

随着电气化线路里程的延伸,长钢轨运输列车在电气化线路区段进行卸轨作业时,锁定装置上进行解锁作业的操作人员,站在装载 4 层钢轨的锁定装置上,距离高压输电线比较近,为了保护操作人员的安全,必须加装绝缘遮棚。绝缘遮棚的高度可根据实际情况加以调整。

4. 加大拉轨卷扬机电动机功率

卸轨时,由作业中车①上的拉轨卷扬机将长钢轨从运输车组牵引到卸轨输送机,原设计卷扬机电动机为 Y132M2-6 型(5.5 kW,960 r/min),功率较小,特别是在曲线区段,动力明显不足。后将电动机改为 Y160L-8 型(7.5 kW,720 r/min),大大提高了拉轨牵引力。

5. 卸轨输送机改造

作业中车①原设计驱动电动机功率 40 kW,速比 $i=9.6$,由于速比小,在曲线路段卸轨时,长钢轨在水平面上被强行扭弯,纵向摩擦力增大,输送机的驱动压轮时有打滑,存在安全隐患。改造方案:改变输送机机体传动结构,将原输送机机体清洗干净后,进行划线镗孔,加装一级传动轴和减速齿轮,将速比改为 $i=17.2$。改造后输送机的牵引力达 28 000 N,提高了卸轨时输送机压轮对长钢轨的黏着力,合理解决了在曲线路段拉不动钢轨问题。

6. 加装液压拨轨装置

按照原车设计方案,卸轨时长钢轨通过卸轨槽后落在线路两侧,在直线区段卸轨时,只要将卸轨槽出口处的调整架调好位置即可,但在曲线路段则需要人工用撬棍将钢轨拨到合适位置。由于拨轨人员在线路上跟着长钢轨运输车组跑,边跑边拨轨,人的速度比车慢,为了加快拨轨速度,一般配备 6 人交替拨轨,但卸轨稍微快点,拨轨速度仍然跟不上。所以在作业尾车长钢轨卸出的一端端梁下方,加装机动液压拨轨器。

7. 宿营车相关改造措施

宿营车出厂时分为 3 间房,每间 4 个卧铺,与发电车连接的一端有通道,另一端全封闭。为了更好地满足运输生产的需要,各使用单位陆续进行以下改进措施:

(1)在封闭端开一端门,便于运行时瞭望和调车作业;

(2)将靠近发电车一端的一个房间拆去隔墙和卧铺,同时拆去取暖锅炉及配套管路，改造成厨房和餐厅，解决随车乘务人员的生活问题；

(3)将原普通钢板水箱改为不锈钢水箱，以解决饮用水被铁锈污染问题。

二、T11BK 型长钢轨运输专用车

T11BK 型长钢轨列车组是 T11A 型长钢轨列车组的换代产品，在车体结构、车上设施等方面进行了有效改进，采用了转 K2 型转向架等一系列新技术。

(一)列车组成

T11BK 型 500 m 长钢轨专用车由发电车、安全车、运轨车、锁定车、作业车、作业尾车等 13 种车型共 43 辆车组成，各种车辆的主要用途与 T11A 型基本相同，其名称、数量、部分技术参数和主要设施如表 7-2 所示。它用于长度为500 m 的 60 kg/m 和 75 kg/m 长钢轨的装卸运输及 50 kg/m 和 60 kg/m 长钢轨的回收作业。该车组每次可运输 40 根 75 kg/m 重的 500 m 长钢轨，或装载 56 根 60 kg/m 重的 500 m 长钢轨，每次作业可铺设长达 10～14 km 的铁路无缝线路，如图 7-3 所示。

图 7-3　T11BK 型 4 层 500 m 长钢轨专用车

(二)主要技术参数

轨距：1 435 mm；

车辆使用的环境温度：－40 ℃～＋50 ℃；

商业运行速度：120 km/h；

制动率(常用制动位)：空车≤80%，重车≥30%；

通过最小曲线半径：空车为 145 m，重车为 300 m；

限界：符合 GB 146・1—1983《标准轨距铁路机车车辆限界》的要求。

(三)主要结构特点

装载加固：T11BK 运轨车对钢轨的装载加固的方法和 T11A 型基本一致，仍采用下压式加固方法。T11BK 型运轨车现场装轨作业如图 7-4 所示。

表 7-2　T11BK 型 500 m 长钢轨车组参数一览表

序号	名　称	数量（辆）	车辆长度（mm）	自重（t）	车辆定距（mm）	地板面高（mm）	载重（t）	总重（t）	主　要　设　施
1	发电车	1	18 203	41	12 000	1 182	9	50	设 1 台 235 kW 和 56 kW 柴油发电机，4 个卧铺
2	安全车①	1	13 938	28	9 000	1 125	56	84	设 1 组 4 层滚道梁，一个安全门，一台拉轨卷扬机
3	运轨车	31	13 938	27	9 000	1 125	57	84	设 3 组滚道梁，每组 4 层，装有钢轨防翻轨装置
4	锁定车①	1	13 938	29	9000	1 125	55	84	各设 1 组滚道梁，3 组锁定梁，每组 4 层。锁定车④设有静电屏蔽装置
5	锁定车②	1	13 938	29	9 000	1 125	55	84	
6	锁定车③	1	13 938	29	9 000	1 125	55	84	
7	锁定车④	1	13 938	29	9 000	1 125	55	84	
8	安全车②	1	13 938	28	9 000	1 125	56	84	设 2 组滚道梁，每组 4 层，1 个安全门
9	作业首车	1	13 938	30	9 000	1 125	20	50	设 2 组调高拨轨总成和 1 组卡具回送装置
10	作业中车①	1	13 938	39	9 000	1 125	11	50	设 2 台液压马达驱动输送机，2 台液压拉轨卷扬机，2 组微机控制自动卸轨装置
11	作业中车②	1	13 938	26	9 000	1 125	24	50	设 2 组卸轨导槽
12	作业中车③	1	13 938	29	9 000	1 125	21	50	设 2 组卸轨导槽，1 组收轨装置
13	作业尾车	1	16 938	38	11.5	1 182	12	50	设 2 组卸轨导槽，1 组拨轨装置，2 个卧铺

图 7-4　T11BK 型长钢轨车装载作业现场

车体：发电车、作业尾车的底架由中梁、侧梁、枕梁、端梁等部件组成。中梁为高 310 mm 的乙型钢，材质为 09 V 低合金钢，按 YB/T 5182—1993 标准，保证在－40℃下的低温冲击功 Akv 值不小于 23.2J；侧梁及其他型钢、板材采用 Q235-A 钢。车体外墙板采用厚 2.5 mm 的钢板，内墙板采用聚乙烯防火板和隔热材料。其他车辆底架结构与 NX_{17A} 型平车相同，中梁、侧梁均采用厚512 mm 的 H 型钢。

发电车、作业尾车参照 25B 型客车进行改造，改善作业环境，并在发电车中增设了烟火报警系统。

转向架：采用转 K2 型转向架。

车轮：采用辗钢车轮或铸钢车轮。辗钢车轮应为 HD-SA 型车轮，铸钢车轮应为 HD-ZC 型车轮。同一车辆应装用同一型号车轮。采用 SKF197726 型或设有工程塑料保持架的 352226X2-2RZ 型滚动轴承，装用 LZ_{50} 钢车轴，弹性旁承体。

车钩缓冲装置：采用 C 级钢 13A 型车钩及与其配套的钩尾框或 E 级钢 13A 型车钩及 13A 型钩尾框，采用合金钢钩尾销和 M-3 型缓冲器。

制动装工：采用制动主管压力能满足 500 kPa 和 600 kPa 的制动装置。装设 120 型控制阀、直径 254 mm 的整体旋压密封式制动缸、ST2-250 型双向闸瓦间隙自动调整器、编织制动软管总成、奥一贝球铁衬套、货车脱轨自动制动装里、高摩合成闸瓦。除发电车和作业尾车外，其余车型均装用无级空重车自动调整装置。

运输座架：采用 H 型钢的新型滚道梁、防翻梁。新型滚道梁、防翻梁与原采用钢轨制作的滚道梁比较，重量轻，可减轻作业人员转动滚道梁的劳动强度，加之焊接工艺性好，有利于保障生产质量和检修质量。

卸轨装置：首次采用液压卸轨系统和计算机控制技术，输轨力大于50 kN，降低了作业故障率，实现了自动卸轨。取消原作业尾车上的收轨系统，在第二辆作业中车上设计加装了新式收轨系统，提高了收轨作业的安全性和可靠性。

另外，在锁定车④上设计加装静电屏蔽防护装置，可保障在电气化线路带电作业时，在第4层钢轨上作业人员的安全。

第二节　长钢轨运输列车管理要求

长钢轨运输列车是同时具备运、收、卸长钢轨作业能力的专用设备，适用于50 m及以上长钢轨运输。正确使用、精心维护、确保安全、周期检修、适时改造，使长钢轨运输列车处于良好的技术状态，是管理的基本任务。

一、管　　理

长钢轨运输列车实行铁道部、铁路局、站段三级管理模式。

（一）铁道部管理职责

铁道部运输局基础部是全路长钢轨运输列车的主管部门，主要负责制定全路长钢轨运输列车的发展规划和管理的规章制度；监督、检查和组织协调全路长钢轨运输列车的使用、管理工作；掌握全路长钢轨运输列车的数量、技术状况和使用情况；负责长钢轨运输列车的采购、分配、调拨和报废工作；组织编制长钢轨运输列车厂修送车计划；并参与长钢轨运输列车事故的调查处理工作。

（二）铁路局管理职责

铁路局工务部门是各路局长钢轨运输列车的主管部门，其职责是贯彻执行上级有关长钢轨运输列车管理的规章制度，负责全局长钢轨运输列车运用管理工作；掌握路局长钢轨运输列车的数量、动态、能力、技术状态，按时统计、汇总和呈报有关报表；负责组织新造分配长钢轨运输列车的接车工作；负责提出长钢轨运输列车的调拨和报废申请；参与长钢轨运输列车事故的调查处理工作；负责协调本局内长钢轨运输列车的厂、段修送车工作；负责组织全局长钢轨运输列车有关人员的技术业务培训工作。

（三）配属站段管理职责

配属站段是本路局内长钢轨运输列车的直接管理者，它的职责是落实上级有关长钢轨运输列车管理的规章制度，制定本单位的管理细则和实施办法；掌握长钢轨运输列车能力，合理使用长钢轨运输列车，按时完成上级下达的长钢轨运输列车运输生产任务，充分挖掘设备潜力，提高设备利用率；建立健全长钢轨运输列车台账，掌握并上报长钢轨运输列车的动态、技术状况、使用和安全情况，按时做好统计分析工作，及时填报长钢轨运输列车报表；负责长钢轨运输列车的管理、作业、维修及相关人员的选拔、确定和培训工作；参加长钢轨运输列车接收工作。

（四）其他管理要求

为保证长钢轨运输列车运用中的行车、作业、人身和设备安全，相关人员应认真执行《铁路技术管理规程》、《铁路工务安全规则》和有关长钢轨运输列车的安全措施。作业人员应严格执行长钢轨运输列车使用与保养制度、操作细则、岗位责任制和作业标准。此外，长钢轨运输列车作业人员应通过培训，经考试合格后，持证上岗。

铁路局负责配备宿营车、餐车等附属车辆，并制定有效的消防制度及安全措施，长钢轨运输列车上还应配备火焰切割工具和相应的起复设备。铁路局及配属使用单位应定期组织设备安全检查和安全技术考核。

长钢轨运输列车车上设施的日常、定期维护由配属使用单位负责，应按时实施厂修、段修和辅修，厂修时车上设施由配属单位进行验收。当设施需要进行加装改造时，应制定改造方案并报上级主管部门批准后实施，重大结构改变须报铁道部批准。

二、运行组织

长钢轨运输列车运输按路用列车开行，牵引机车（含由车站出入焊轨厂专用线作业的机车）由机务部门安排机车担当。列车运行所经区段，由担当该区段货运机车交路的机务段负责，必要时安排带道、加挂补机。

长钢轨运输列车的牵引机车纳入铁路局年度使用计划。配属段按时向铁路局申报年度机车使用计划，由铁路局机务处在机车运用工作计划中下达，站段按计划与相关机务段签订安全协议。机车使用应比照出租机车办理，具体要求由铁路局根据铁道部有关规定制定。

长钢轨运输列车若进入施工地段施工，应纳入施工计划，并按规定提前3天向铁路局调度所提报。需开行时，由站段提前1天（上午10:00前）向铁路局调度所申请，并提出运行条件，由铁路局调度所在日班计划中安排。作业完毕后，铁路局调度所应及时安排返回。

三、作　　业

（一）装　　轨

长钢轨运输列车进入装轨线，要准确对位，做好防溜措施，防止长轨车移动。防溜措施一般采取将防溜铁鞋(止轮器)放在车轮下对其进行阻挡,防溜铁鞋如图 7-5 所示。

装轨前,长钢轨运输列车负责人检查确认长轨车及车上各种设备处于良好状态,查点并补齐各种夹具、卡具、工具备品,并放置在固定地点,在确认无误后,再开始装载长钢轨。先装载第 1 层钢轨,再装第 2、3、4 层,每层装轨前,应先将该层所有滚道梁关闭,翻下间隔铁,然后逐根吊装钢轨。

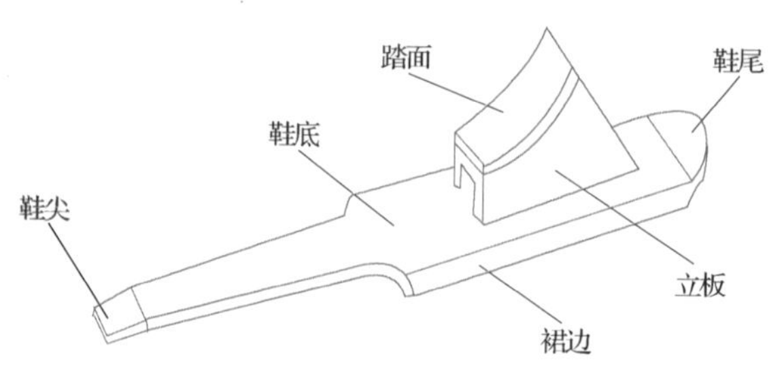

图 7-5　防溜铁鞋(止轮器)示意图

每层装轨后,拨动长钢轨对好横向位置,翻起间隔铁,间隔铁与轨端距离不大于 15 m,间隔铁与间隔铁、间隔铁与锁定梁之间距离不大于 50 m,并锁定压铁将长轨纵向锁定。在锁定车锁定长轨时,锁定螺栓要准确对位,防止运行中螺栓松动和锁定失效,并且每根长轨必须在同一锁定车体上锁定两处,60 kg/m 钢轨锁定扭力矩应大于 280 N·m,75 kg/m 钢轨锁定扭力矩应大于350 N·m,并采取防松措施。

保证长轨轨端与滚道梁的安全伸缩距离,防止运行过程中由于长轨伸缩撞断滚道梁,当轨端位于安全车上时,500 m 长轨轨端至末端滚道梁距离应不小于 2.3 m,其他长度的长轨悬伸长度按比例调整。采取适当的防止撞击横梁措施后,长钢轨另一端至末端滚道梁距离可小于 2.3 m。当装车的长钢轨长度不同时,对悬伸长度小于规定的长轨应采取捆绑等措施,同时不得将短长轨装在最外侧。如遇短轨需要夹板连接运输的,夹板和接头螺栓不得有伤损,两根轨端拧紧不少于 2 根普通接头螺栓。

装轨作业完成后,关好安全车上的活动门,并插好销挡。长钢轨运输列车空载层滚道梁均应处于关闭状态。另外,长轨车上严禁装载料具,防止运行中脱落,危及行车安全。装车时,长钢轨应尽量排列整齐,并在每层钢轨顶面横向画一条标记线,以便检查长钢轨运输过程中的窜动情况,随车作业人员与装车负责人共同逐层检查,确认长钢轨的装载及锁定符合要求,并作出相应记录。

(二)运　轨

发车前,由长钢轨运输列车负责人安排随车作业人员检查列车各项设备及钢轨装载情况,使之处于正常状态,确认各车钩提杆与提杆座用铁丝捆绑牢固、车钩安装防跳木,并不再与车站办理交接检查。

长钢轨运输列车按专列办理,要求平稳起动、运行和停车,列车不得溜放,禁止通过驼峰。重车情况下，列车在经过 300～500 m 曲线半径时，列车限速 45 km/h，在经过 300 m 以下曲线半径或侧向通过 9 号以下道岔时，列车限速 25 km/h。列车运行限速等有关要求应在开车前以书面命令形式向机车乘务员传达。在不危及本列安全的情况下，禁止使用紧急制动，一旦使用了紧急制动，在前方车站随车人员要对长钢轨车状态和长钢轨装载状态进行全面检查。

长钢轨运输机车与长钢轨运输列车连挂速度，在重车情况下不得超过 3 km/h。另外，作业尾车液压拨轨装置必须处于收回状态，列车所有部件均不得超出机车车辆限界。重车运行时，随车作业人员应注意观察运行情况、钢轨端部摆动量和钢轨窜动情况，发现影响行车安全时，立即通知机车乘务员停车（或采取停车措施）。

列车运行时，长钢轨上部、长钢轨与安全档之间严禁人员停留。在中途站停车时，随车作业人员应对长钢轨装载情况、间隔铁、锁定卡具、标记线及长钢轨车连接状态进行检查，发现问题及时处理；在电气化区段运行、停车检查或作业时，严禁把工具、物品置于距接触网 2 m 范围之内，不得攀登列车顶部；当通过超偏载检测装置及 TPDS 检查发现长钢轨运输列车超偏载情况时，检测站应及时通知随车人员检查处理。

（三）卸　　轨

卸轨作业前，列车随车作业人员应检查发电机、输送机、通风照明等设备工作状态是否正常，提前将卸轨地段的线路砟肩推平，使枕木头石砟不高于枕木头平面，清除障碍物并对行车设施进行保护。列车进入区间作业时，由施工单位派人员登乘机车，指挥机车乘务员运行，作业时的起动或停车，以施工单位的指挥为准，作业要平稳操作、速度均匀。进出作业区间如需要推进运行时，随车车长应派专人在列车前端进行引导，并随时和机车乘务员保持联系，推进速度不得高于 30 km/h。

操作人员应在列车停稳后再进行长钢轨解锁作业，开始卸轨作业时方可放下间隔铁。途中分卸时，应均衡卸轨；分卸后，保证不偏载并及时恢复间隔铁。长钢轨运输列车卸轨最高速度不超过 15 km/h，长大坡道、小半径曲线地段卸轨时，应制定相应措施，防止解锁后长钢轨纵向移动。当需要地面拉轨时，拉轨卡具固定处距离作业尾车尾端不小于 2 m。

若两线线间距小于 5 m，当邻线通过列车时，两线间严禁站人；拉轨作业时严禁任何人在长钢轨端与输轨台之间行走。夜间或隧道内卸轨时，必须有足够的照明。

（四）收　　轨

为确保收轨作业安全，应在作业尾车、安全车、作业首车、锁定车安装紧急制动阀，收轨前确认各紧急制动阀良好，风表压力达到 500 kPa。工长必须对各种机械装置进行检查，确认滚道梁侧位锁定可靠，指挥人员、电话员与司机联系畅通，保证随时停车。

收轨推进运行速度不大于 5 km/h，且匀速推进。正常情况下长轨列车组收轨 2 层。在特殊情况下可收轨 3 层，但第 3 层收轨速度不大于 3 km/h。每组旧轨对位后，在锁定车对其锁定，锁定螺栓要准确对位，防止运行中螺栓松动和锁定失效。旧轨按规定锁定完毕后，方可动车。

收轨小车空载顶进限速 10 km/h，跳跃施工超过 5 km 进行收轨，应将收轨小车拖上尾车。每层收轨后及时翻起间隔铁，收轨结束关闭安全档，收回工具、轨卡、梭头，在前方站停靠后，将空载滚道梁置于关闭状态。

四、其他要求

车辆部门必须按照铁道部规定对长钢轨运输列车实施定期检修，配属使用单位应配合车辆部门及时对车辆做出调整，双方要密切配合，不得延误车辆定期检修，要制定监控干部、安全专职、设备专职添乘检查制度，及时发现和消除不安全因素，确保长钢轨运输列车运用安全。

第八章　钢轨运输专用装卸机械及属锁具

第一节　钢厂装卸机械及属锁具

保证钢轨在装卸过程中零损伤、零变形是长钢轨吊具结构形式及吊运技术方案设计的关键。目前，鞍钢、包钢、攀钢和武钢等四大钢厂的钢轨生产车间布局基本一致，搬运长钢轨时一般都采用桥式起重机。桥式起重机是横架于车间、仓库或料场上空进行物料吊运的起重设备。由于它的两端坐落在高大的水泥柱或者金属支架上，形状似桥，所以又称“天车”或者“行车”。桥式起重机的桥架沿铺设在两侧高架上的轨道纵向运行，起重小车沿铺设在桥架上的轨道横向运行，构成一矩形的工作范围，可以充分利用桥架下面的空间吊运物料，不受地面设备的阻碍。它是使用范围最广、数量最多的一种起重机械。

鞍钢、包钢、攀钢和武钢均采用多台桥式起重机并联方式同时起吊 100 m 长钢轨，起重机结构和工作原理基本一致，吊具由挂梁和安装在挂梁上的锁具组成。目前四大钢厂采用的锁具类型有两种，一种是旋锁式锁具，另外一种是电磁盘式。旋锁式锁具仅在包钢使用，其他钢厂均为电磁盘式。

四大钢厂采用的 25 m 长钢轨吊具，以及 12.5 m 长钢轨吊具也均为电磁盘式吊具，结构、原理和 100 m 长钢轨吊具相似，只是电磁盘数量相应减少，吊装钢轨时仅需单台起重机作业即可。本节主要对 100 m 长钢轨吊装器具作介绍。

一、攀　　钢

攀钢采用 2 台起重机并联作业，起重机吊具由上挂梁、下挂梁和电磁盘组成。电磁盘安装在下挂梁上，每根下挂梁安装 8 个电磁盘，如图 8-1 所示。2 台起重机同时作业，每次可同时起吊 7 根 100 m 长钢轨，单台作业时可一次吊装 7 根 50 m 长道岔轨，起重设备如图 8-2 所示。

（一）技术参数

起重量：21 t（单台），42 t（并车）；

跨度：28 m；

起升速度：15 m/min，1.5 m/min；

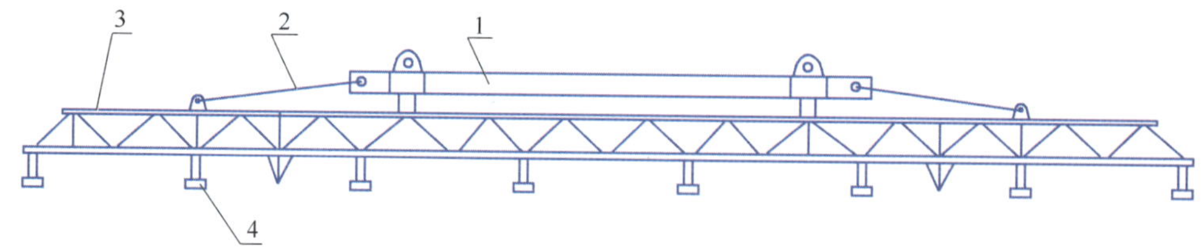

图 8-1　攀钢百米钢轨专用吊具示意图

1-上挂梁;2-拉杆;3-下挂梁;4-电磁盘。

图 8-2　攀钢百米轨起重机

起升高度:4.3 m;

堆垛高度:3 m;

小车运行速度:45 m/min,4.5 m/min;

大车运行速度:100 m/min,10 m/min;

极限:滑线侧 1 800 mm,司机室侧 2 200 mm;

电源:交流 380 V、50 Hz;

工作级别:A7;

操作方式:司机室操作,2 台车既可单独操作也可并车操作;并车操作时,1 台起重机为主车,另 1 台起重机为从车,主车从车可自由切换;

调速方式:所有机构均采用变频调速方式;

并车控制系统:以激光测距装置和高速无线数据传输装置为主组成的远程无线并车控制系统;

并车控制精度:大、小车运行±10 mm/10 m,起升±5 mm/1 m。

(二)结构组成

该起重机由桥架、大车运行机构、水平轮装置、小车运行机构、吊具、司机室、电力拖动系统、小车供电系统、变频调速系统、无线并车控制系统及附属装置等组成。

1. 桥架

桥架为双梁、双轨结构，由 2 根主梁、4 根端梁、2 个连接杆、小车轨道装置及附属钢结构组成。主梁为宽翼缘偏轨箱形梁。在主梁中间布置有电气室，用来放置所有电控设备。为减少外界对电气室的热影响，在电气室两端，内侧面、底面等均设置了隔热措施，并且在电气室两端各装有 1 套空调系统。主梁上方铺设有小车轨道，小车轨道布置在主梁外侧。端梁和主梁焊接，每个端梁端部各装有 1 个车轮，通过调整 2 个车轮与小车轨道之间的距离，使每个车轮所受的轮压相等，这种布置方式的特点是起重机宽度大、轮距大，满足了起重机稳定性要求。

2. 大车运行机构

大车运行机构主要由 4 套三合一减速电机、8 轮装置组成。

3. 水平轮装置

攀钢的起重机安装在改造的老厂房内，轨道直线度有较大偏差，且起重机的桥架上安装有属于并车控制系统重要组成部分的大车激光测距装置和无线数据传输装置。为了避免起重机在运行过程中产生偏斜而造成激光测距数据和无线数据传输的不稳定，在该机桥架的一侧安装 2 组水平轮装置，既可防止起重机运行时啃轨，又能保证激光测距数据和无线数据传输的可靠性。

4. 小车机构

小车由起升机构、运行机构、小车架、导筒装置、电力拖动和控制设备等组成。起升机构由 2 套独立的机构组成，每套机构由变频电机、减速器、盘式制动器、卷筒装置、卷筒联轴器、上滑轮装置和平衡臂等组成。钢丝绳在卷筒上为单层缠绕，安全系数＞7，钢丝绳一端固定在卷筒上，另一端用楔套和绳夹固定在平衡臂上，2 套机构共 4 根钢丝绳，可保证其中任何 1 根钢丝绳断裂后，吊具仍可保持水平，不会发生事故。

采用电气控制方法实现单台起重机上 2 套独立起升机构的同步运行，还通过无线并车控制技术实现 2 台起重机上 4 套独立起升机构的高精度同步运行。

上滑轮装置装有超载限制器，载荷达到额定起重量的 90%时发出报警信号；当起重量达到 110%额定起重量时，切断起升机构的起升回路并发出禁止起升报警信号。在上滑轮组旁安装一套重锤式限位开关（仅针对上升有效），与安装在卷筒上的旋转限位开关共同作用以实现起升双重安全保护作用。它可以保证吊具起升到极限位置时自动切断起升的动力电源，并发出报警信号。

小车运行机构为常规的 2 组分别驱动形式，由电动机、减速器、制动器、鼓形齿联轴器、万向联轴器、车轮装置等组成。导筒装置为多节伸缩式刚性导筒，由固定导筒、活动导筒、与活动导筒相配的导向套、自润滑衬套及附属装置组成。小直径活动导筒套装在大直径活动导筒中，大直径活动导筒套装在固定导筒中，固定导筒安装在小车架上，小直径活动导筒下端通过销轴与吊具连接，这样小车与吊具的连接变为刚性连接。当吊具在上极限时，活动导筒全部收缩在固定导筒中；当吊具在下极限时，活动导筒全部拉开。

由于安装了导筒装置，使小车与吊具成为一个刚性体，大大降低了起重机运行时吊具的晃动，提高了钢轨吊运、堆垛作业效率。导筒装置的设置还可避免由于吊具晃动而产生的起升激光测距数据的不稳定，保证 2 台起重机起升机构同步运行的可靠性。

5. 专用吊具

专用吊具重 26 t，由上挂梁、拉杆、下挂梁和电磁盘组成(见图 8-1)。上挂梁为双吊点、箱形梁结构，上面装有 2 组滑轮，通过钢丝绳与卷筒连接。下挂梁为桁架式结构，主要采用热轧矩形管、方管和工字钢焊接而成。上挂梁的两端与下挂梁的两端各用 2 根拉杆相连，上下挂梁的中间用 2 对共 4 个销轴连接，这样使得上下挂梁成为 1 个整体，避免了下挂梁的摆动。

该吊具具有以下特点：

(1)上下挂梁之间增加了拉杆，由于拉杆拉力作用点在下挂梁的端部，因此大大降低了下挂梁端部的下挠，改善了下挂梁的受力。

(2)拉杆中心与上挂梁腹板中心、下挂梁上弦杆中心对正，这种结构形式拉杆只受拉力而不受弯矩，增加了拉杆的使用寿命。

(3)拉杆的连接采用了左右旋梯形圆螺纹，不但承载能力大，疲劳强度高，而且可以根据上下挂梁的制造误差进行调节拉杆的长度。

(4)下挂梁采用桁架式结构，降低了吊具的重量，从而降低了起重机的成本。

(5)电磁盘的链条与下挂梁之间的连接采用左右旋螺纹副，可调节链条长度。

6. 远程无线并车控制系统

由于 2 台起重机桥架距离达 30 m，无法进行 2 台起重机的刚性连接，也很难进行通讯电缆的铺设，因此采用远程无线并车控制系统来控制 2 台起重机的并车运行。

该起重机采用无线光电传输方案，以 1 台起重机相应机构的位置作为目标值，通过控制系统程序运算，对相应机构的变频器进行加减速调整，在每台起重机上各自独立地进行同步控制。

二、鞍　　钢

鞍钢采用3台桥式起重机并联方式同时起吊，起重机吊具由挂梁和电磁盘组成。每台车正下方有一个挂梁，每个挂梁上安装有4个电磁盘，搬运钢轨时挂梁上的电磁盘吸住钢轨，由起重机搬运。3台起重机同时作业，每次可同时起吊7根100 m长钢轨，如图8-3所示。鞍钢的100 m长钢轨起重设备作业原理和攀钢基本一致。

图8-3　鞍钢百米轨起重机

三、武　　钢

武钢采用的100 m长钢轨起重机及吊具与攀钢完全相同，如图8-4所示。

图8-4　武钢百米轨起重机

四、包　　钢

包钢用于100 m长钢轨作业的起重机共有4台，两台一组同时作业。其中两台起重机吊具由上挂梁、下挂梁和电磁盘组成，结构和攀钢完全一样，仅是在下挂梁上少安装了1个电磁盘（每个下挂梁安装7个电磁盘），如图8-5所示。

图8-5　包钢百米轨起重机（电磁盘式吊具）

另外两台起重机吊具由挂梁和旋锁式锁具组成，旋锁式锁具安装在挂梁上，每个挂梁安装5个；挂梁直接通过钢丝绳吊挂在起重机小车上，2台起重机每次可同时起吊4根100 m长钢轨，见图8-6。下面介绍包钢采用的旋锁式吊具的结构和作业原理。

图8-6　包钢百米轨起重机（旋锁式吊具）

旋锁式吊具由电动机、减速器、摩擦安全联轴器、齿轮轴、齿扇、旋锁轴、轨道检测器件、旋锁连杆、旋锁曲柄、旋锁主体、旋锁、水平复位装置、转角检测器件、机架、销轴等组成，如图8-7所示。

电动机的输出端是减速器的输入端，减速器的输出端是摩擦安全联轴器的输入端，摩擦安全联轴器与齿轮轴是键联接，齿轮轴与齿扇是齿联接，齿扇与旋

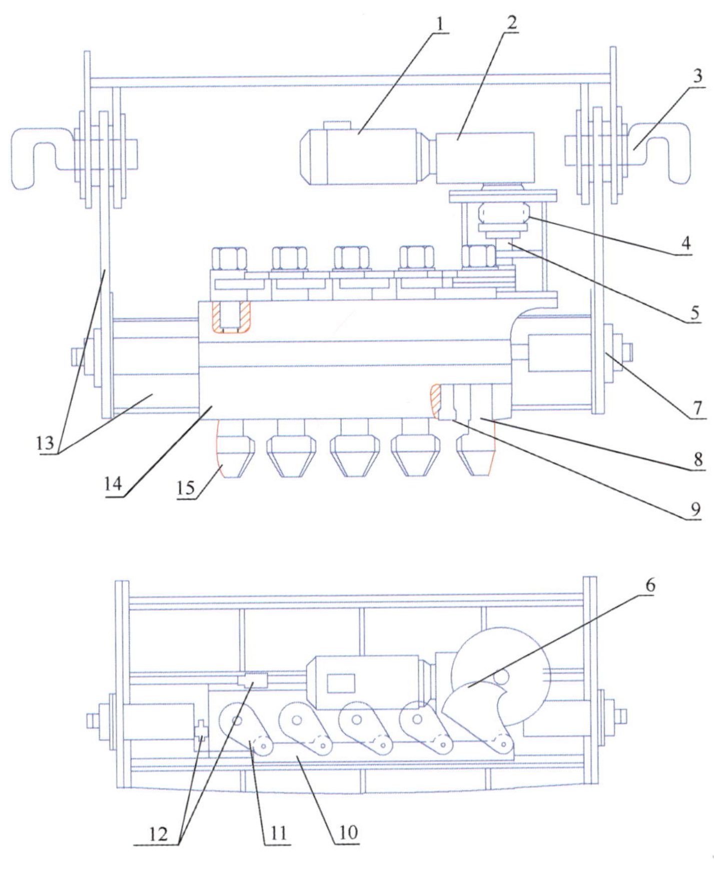

图 8-7　旋锁式吊具示意图

1-电动机；2-减速器；3-销轴；4-摩擦安全联轴器；5-齿轮轴；6-齿扇；7-水平复位装置；8-旋锁轴；9-轨道检测器件；10-旋锁连杆；11-旋锁曲柄；12-转角检测器件；13-机架；14-旋锁主体；15-旋锁头

锁连杆动联结，齿扇的旋转带动旋锁连杆水平移动，从而推动与旋锁连杆动联结的旋锁曲柄转动，与旋锁曲柄键联结的旋锁轴作相应的转动，旋锁主体上设有轴孔，旋锁轴、轨道检测器件插入其中，旋锁轴与旋锁主体螺纹联结，轨道检测器件以螺母固定并与旋锁主体下沿齐平；机架的两个箱体上设有凹凸形水平滑道，旋锁主体座在该滑道上，并可沿滑道作水平滑动；两个转角检测器件分别装于机架的两个箱体壁上；水平复位装置一端用螺母固定于机架的端板内侧，另一端与旋锁主体端部相接；销轴穿过机架的端板并以螺栓固定机架于吊具的吊梁上。旋锁轴下端的旋锁头呈锥形，旋锁主体设有左右 25 mm 的浮动量，旋锁头离开轨缝后由水平复位装置将其自动复位于设定位置。

吊运钢轨时，将吊具对准钢轨夹缝放下，旋锁头分别插入钢轨夹缝中，通过旋锁主体压紧轨面后，接触旋锁主体下部的轨道检测器件，给司机发出对准指示信号，显示动作正确无误。电气联锁保证吊具全部就位，同时切断起升机构下降回路。司机便可操作闭锁控制器，使全部旋锁同时转动到闭锁位置，转角检测器件发出闭锁信号，表示全部旋锁已闭锁，此时即可起吊钢轨。将钢轨运至目的地并着地后，司机操作开锁控制器，使全部旋锁同时转动到脱开位置，转角检测器件显示已开锁信号，司机操作起升机构，全部旋锁便可从钢轨缝隙中顺利脱出。

第二节　焊轨基地装卸机械及属锁具

焊轨基地的长钢轨装卸主要有 100 m 长钢轨的装卸和 500 m 长钢轨的装卸。

一、100 m 长钢轨装卸设备

目前，焊轨基地 100 m 长钢轨的装卸作业均采用门式起重机，门式起重机是桥式起重机的一种变形，主要用于室外的货场、料场货、散货的装卸作业。它的金属结构像门形框架，承载主梁下安装两条支脚，可以直接在地面的轨道上行走，主梁两端可以具有外伸悬臂梁。门式起重机具有场地利用率高、作业范围大、适应面广、通用性强等特点，在港口货场得到广泛使用。

焊轨基地大多采用 4 台门式起重机配合钢轨吊具同时作业，即 4 台门式起重机联动，如图 8-8 所示。其中吊具为多根钢轨吊具，可根据工况不同调整吊装钢轨根数。

图 8-8　焊轨基地 100 m 钢轨装卸作业图

吊具一般有三种形式，第一种是钳夹式吊具；第二种是剪式结构吊具，在起吊过程中采用重力夹取方式自动夹紧钢轨，在放松吊具时松开钢轨；第三种是需使用操纵杆完成夹紧或放松钢轨作业的吊具，简称操纵杆式吊具，具体如图

8-9～图 8-11 所示。

钳夹式吊具和剪式结构吊具是利用钢轨自重，运用杠杆原理来夹持钢轨的装卸机具。为了保证吊装安全，运用了较大的杠杆比，有足够大的夹持力吊运钢轨。而操纵杆式吊具与前面所述两吊具有较大区别。

图 8-9　钳夹式吊具

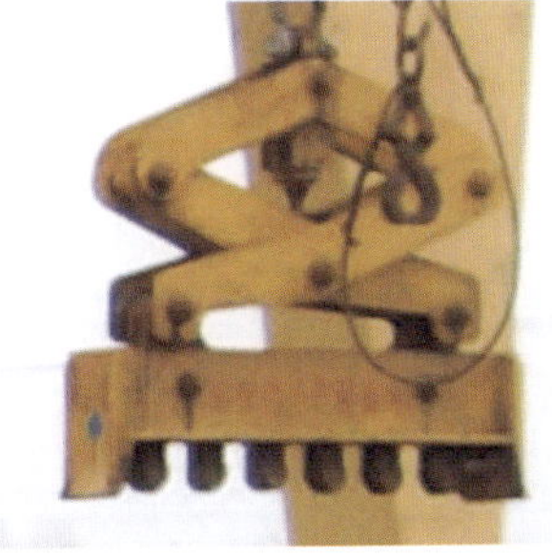

图 8-10　剪式结构吊具

图 8-11　手动操纵式吊具

操纵杆式吊具为机械传动式装卸机具。它主要由传动系统、手动操纵系统、固定夹板、活动夹、吊轴Ⅰ、吊轴Ⅱ、拉板、卸扣等部件组成，具体如图 8-12 所示。

图 8-12 为其整体结构图。当操纵杆处在虚线位置（见图 8-12右侧）时为放松钢轨状态，当操纵杆处在实线位置（即图 8-12 部件 7）时为夹紧钢轨状态。作业时，通过扳动操纵杆，带动传动系统的齿轮转动，齿轮带动齿条（即活动夹）移动，使吊具夹紧或放松钢轨。

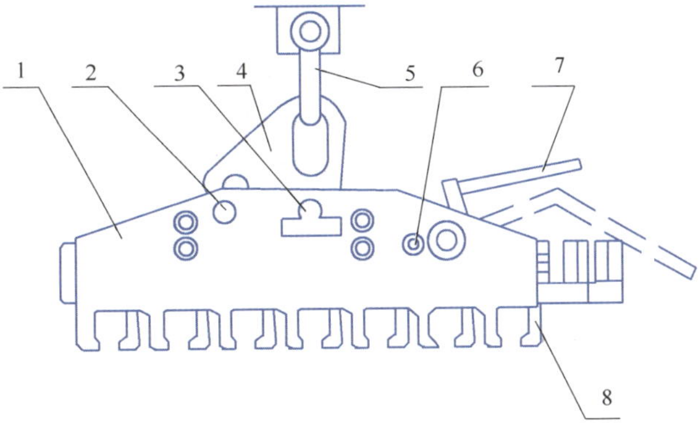

图 8-12　多根钢轨吊具整体结构图

1-固定夹板；2-吊轴Ⅱ；3-吊轴Ⅰ；4-拉板；5-卸扣；6-传动系统；7-操纵系统；8-活动夹

1. 传动系统

传动系统由齿轮、齿轮轴、齿条、轴承座等部件组成，它将手动操纵杆的轴向转动转变为齿条（活动夹）的直线移动，用于夹紧、放松钢轨。

2. 手动操纵系统

手动操纵系统由操纵杆、操纵杆轴、手柄、手柄轴套等部件组成，吊具夹紧、放松钢轨的两个工作状态都集中在右侧的一个操纵杆上，现场作业简单、方便。

3. 固定夹板与活动夹

固定夹板、活动夹在工作中为主要承载件，活动夹随齿条移动用来夹紧、放松钢轨。

4. 吊具和吊架的连接

吊具通过拉板、卸扣与吊架连接，使吊具和吊架间的连接为刚性连接，减小了吊具及吊起的钢轨在作业时的摇摆。在现场作业起吊钢轨时，吊具及钢轨基本上没有摆动，不需要人工辅助作业。

二、500 m 长钢轨装卸设备

各焊轨基地，500 m 长钢轨的装卸方式基本相同，均采用数个龙门吊组成的排吊形式，龙门吊的个数略有差别，有的焊轨基地采用 30 个、有的是 32 个、34 或 36 个，龙门吊的结构形式和作业原理也基本相同。排吊的现场排列如图8-13 所示。

图 8-13　500 m 长钢轨装卸作业排吊

图 8-14　济南铁路局焊轨基地 500 m 长钢轨装卸锁具

图 8-15　广铁集团焊轨基地 500 m 长钢轨装卸锁具

500 m 长钢轨装卸用的设备是最为常用的龙门吊，电动走行小车安装在大梁上，在小车的底部安装有电葫芦，通过电葫芦控制吊具的起降。吊具在形状上略有不同，但均为钳夹式结构，如图 8-14 所示的是济南铁路局焊轨基地500 m 长钢轨装卸锁具，图 8-15 为广铁集团焊轨基地 500 m 长钢轨装卸锁具。

第三节　作业安全管理

机械的安全管理分为两个阶段，生产型企业制造机械阶段和企业使用机械阶段。企业使用机械阶段为购置、安装、调试、使用、维修、更新、报废、再制造阶段，这一阶段的安全管理，即为作业安全管理。

一、钢轨装卸作业管理

钢轨运输专用装卸机械及属锁具主要用于钢轨装卸作业。在钢轨装卸作业过程中，由于设备、人员、环境和管理上的缺陷，存在着众多的危险因素，发生事故的几率也较高，必须把安全生产工作放在各项工作的首位。而避免事故发生的关键在于正确识别作业过程中存在的危害和风险，采取适当的防范措施，强化现场监督管理，同时做好现场监护。

钢轨专用装卸机械主要包括起重设备及属锁具。起重设备的安装、操作、维护保养等作业人员及其相关管理人员属于特种设备作业人员，其作业人员必须具有一定的文化、专业知识及实践经验，取得国家规定的特种设备从业资格证书并服从相关的规定。

钢轨专用装卸机械及属锁具装卸钢轨作业的安全性及效率的高低，很大程度上取决于起重设备及属锁具使用过程中进行安全技术检查、日常维护保养和管理的质量。做好起重机及属锁具的安全技术检查，并根据检查情况对其进行维修保养，对提高装卸效率及设备寿命，消除事故隐患，保证安全生产，具有重要的意义。做好安全技术检查，是钢轨运输专用锁具作业安全管理的关键。

（一）安全技术检查

1. 起重设备行走部分检查：行走轮踏面损耗，各开式齿轮、联轴节处防护罩，变速箱的基础螺栓是否松动，行走轮轴的油孔是否通畅。

2. 金属结构的检查：金属结构的塑性变形以及焊接部位的焊接状况，主要结构连接螺栓是否松动以及断裂情况。

3. 各机构和零部件的检查：制动器的性能、状况，减速器是否漏油，钢丝绳和滑轮的磨损、锈蚀等情况，各联轴节是否有松动。

4. 液压传动部分检查：伸缩臂油缸有无泄漏现象，各油泵、阀类、液压锁的运行状况，检查液压油状况。

5. 起重机电器检查：电动机使用状况，集电装置、电源滑线磨损情况，电器元件及控制系统使用状况。

(二)日常维护保养和管理

装卸机械及属锁具的维护保养和管理,是提高作业效率及安全的重要措施,使用单位应对起重机定期进行维护保养,维护保养必须由持《特种设备作业人员资格证》的人员进行。本单位没有能力维护保养的,可委托有资格的单位进行维护保养。维护保养的项目应包括:

1. 对钢丝绳、齿轮联轴器、制动器各绞点、链传动进行润滑。

2. 检查吊钩滑轮组、卷筒组、制动器、减速器、联轴器、车轮及角型轴承。检查各传动件及支承件。

3. 清洁、检查电动机。检查接触器、继电器、电磁铁、限位器。

4. 检查照明、声响及供电装置等。

此外,要做好日常检查及维护保养、设备故障与事故的记录。长钢轨的装卸是一项难度较大的工作。由于起重机固有危险及有害因素的存在,为了保证装卸效率及长钢轨质量状态,必须对长钢轨装卸作业环境进行规范管理。

长钢轨必须按序摆放到固定装载平台,每次吊装钢轨数量要小于等于规定数目,以免钢轨掉落损伤;钢轨吊装过程中,吊具下方不得有作业人员;锁具应标明额定载荷并上架管理,大车滑线、扫轨板、电缆卷筒应涂红色安全色,吊具、台车、有人行通道的起重机端梁外侧、夹轨器、大车滑线挡板应涂有黄黑相间的安全色;司机室操控人员要听从指挥人员的指挥,确保吊装到位,避免设备和钢轨的损伤。

二、钢轨装卸作业安全要求

(一)100 m 长钢轨装卸作业

1. 钢轨存放

确保不同牌号、不同型号、不同钢轨生产厂、不同技术标准、不同交货状态的 100 m 长钢轨分类存放,明确标志,并注明存放钢轨的牌号、型号、钢轨生产厂、技术标准、交货状态、到货日期等;钢轨应正向排列码放在存放台上,排列要整齐、平直、稳固,钢轨端应对齐,相错量不大于 100 mm;多层存放时,层间应布置钢质垫物,垫物尺寸应相同,层垫物出现变形后应及时更换。

2. 钢轨装卸

(1)工作人员横跨或沿着铁路线行走时,必须密切注视来往车辆,吊车吊钢轨时,不得在吊物下行走或逗留。

(2)吊装前检查起重机及其他工具状态,确保状态良好。

(3)钢厂装车前,首先确定吊车与运输车组位置,保证吊车的磁盘或其他锁具不与专用座架发生干涉，并符合吊装吨位、钢轨纵向位置要求。100 m 长钢轨运输车组的中心应与长钢轨的长度中心位置对齐，保证钢轨装载的对称性。在车组对位完毕后，开动吊车至运输车组位置，将吊具空放在车地板上，检查吊具与座架及其他装置有无干涉，确认无误后，即可进行装轨作业。

(4)严格按照既定的装载加固运输方案装车。

(5)钢轨水平起吊到位后方可走行，走行期间应避免钢轨摆动，走行到位确认钢轨平稳后下落即可。

(6)钢轨落吊未稳时，严禁手或脚触碰钢轨，撬钢轨时身体要侧开，防止砸手砸脚。

(二)500 m 长钢轨装载作业

1. 钢轨存放

严格按照《TB/T 1632—2005》中的有关规定对焊接后的 500 m 长钢轨进行全面的外观质量检查，填写质量检查记录、留存钢轨焊接的设计文件、配轨表、焊接参数记录、探伤记录及检验记录等资料；钢轨正向排列堆放，轨端长短差不超过 200 mm，各层之间放垫铁，垫铁位置应均匀、平稳、上下对齐。

2. 钢轨装载

(1)操作人员作业时要穿好工作服，戴好安全帽和手套等劳动保护用品，严禁穿中、高跟鞋，在轨排上行走时，要踩稳钢轨，以防踏空扭伤。

(2)吊装前确保起重设备及属锁具状态良好。

(3)吊钩挂轨时应手持挂钩外侧，不得将手伸进铁环或挂钩中间以防挤手，不准站在吊葫芦下方操作。

(4)严格按照既定的装载加固运输方案装车。

(5)起吊时，先装卡 500 m 长钢轨的两侧，防止滑下伤人，各吊在吊运过程中要同起同落，防止钢轨产生变形。各吊与所吊钢轨必须上下对正，防止吊起后左右牵挂造成钢轨摆动碰伤人员。各吊吊起到水平高度一致后方可走行，走行到位确认钢轨平稳后下落即可。

(6)吊装完毕，吊钩移到横梁一侧停靠整齐、有序，关掉电源，将操作手柄挂到吊卡上，以防摔坏。

第九章　铁路钢轨普通平车运输经济社会效益分析

一、铁路钢轨普通平车运输经济及社会效益评价基本方法

（一）哲学基础

项目评价活动属于人类认识价值的活动。在哲学层面上，评价论既属于认识论，又属于价值论，即价值的实质是反映价值关系，认识是对现实的能动反映，评价的本质是对价值关系的认识。对于评价问题的研究应该从价值论的角度进行研究，但认识论研究是最高的哲学层次的研究，价值论的研究不能违背认识论研究所揭示的原则。评价的本质是一种认识活动，评价是价值在意识中的反映，是以一定的价值关系的主体对客体价值运动所形成的事实的反映。评价主体的需要是价值得以生成的前提，而评价是认识的基础，进而成为人们做出决策的依据。

认识论、价值论和评价论是项目评价的哲学基础，是进行评价研究的本源，是人们形成项目评价世界观和方法论的哲学知识体系，也是能否正确地认识评价的关键；在评价实践中，评价标准与价值论密切相关，评价目的与认识论密切相关，评价理论是在评价论的指导下，结合特定的评价标准和评价目的，经过实践的升华而形成的，评价方法体系又以评价理论、评价标准和评价目的为基础，最终指导评价实践。项目评价的方法论体系如图 9-1 所示。

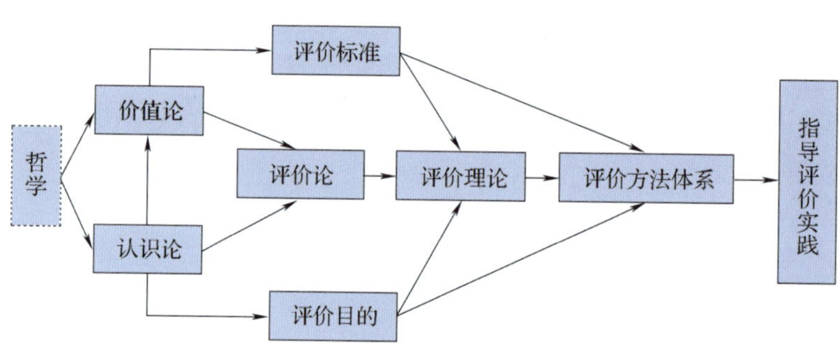

图 9-1　项目评价的方法论体系

（二）基本思路

项目评价方法论的发展经历了古代传统整体方法论、近代还原分析方法论以及现代综合集成方法论。古代传统整体方法论的主要思想是整体大于部分之和，把客观事物的整体形态作为考察的基本原则，从事物的相关联系上把握对象，但其中联系的细节不可能说明；近代还原分析方法论所遵循的途径是把事物分解成局部或低层事物来研究；现代综合集成方法论是在钱学森提出的系统方法论基础上形成的，综合集成方法论是把传统整体方法论与近代还原分析方法论结合起来。

随着经济社会的发展，项目评价体系从最初的财务评价发展为现在的财务评价阶段、经济评价阶段、社会影响评价阶段、环境影响评价阶段和综合后评价阶段，如图 9-2 所示。

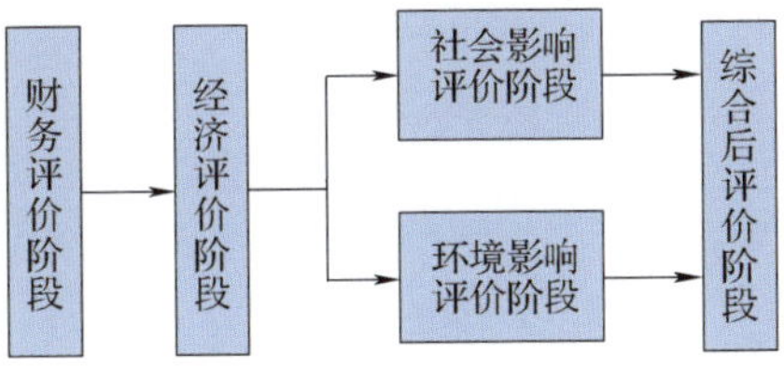

图 9-2 项目评价方法的演进

财务评价也被称之为传统的费用——效益分析(CBA)。肯尼思·巴顿(2006)指出，20 世纪 60、70 年代，运输投资评估主要采用经济标准来评估许多大规模投资项目，小规模运输项目标准程序则运用 CBA 的改进方法(COBA：一揽子估计程序；世行的估价运输计划程序)；在经历了 20 世纪 30 年代的大萧条之后，凯恩斯主义盛行，大规模的政府投资行为使得项目评价不能仅仅从私人企业收益的角度进行，更偏重于对宏观经济的影响分析；随着经济的复苏和发展，其并没有很好地解决原有的以及伴随经济发展产生的严重的社会问题(贫富差距等)，因此项目评价由单纯的经济评价发展为经济评价加收入分配评价，最后发展为独立的社会影响评价。之后，环境问题的日益严重，使得项目评价的内容更加丰富。综合后评价阶段是为了在项目实施之后总结经验教训，以便更好地做出决策、服务社会为目的的。

（三）铁路长钢轨运输的项目评价思路

铁路长钢轨运输是一个新技术替代既有技术应用方案，从这一角度，对铁路长钢轨运输方案的评价主要是按照有无对比法进行财务评价。但是，作为一个重要的运输行业和国民经济的重要产业部门，铁路长钢轨运输也直接和间接地带来了很多宏观效益，比如保证铁路建设进度，从而促进铁路运输供求关系的协调，促进交通运输体系的结构优化。

考虑铁路长钢轨运输技术存在一个升级的过程，即 100 m 长钢轨的运输存在梯形方案和矩形方案，同时还采用了 1.3 和 1.5 换长的不同的车辆。为便于分析，将整体效益分析分解成几个部分，结构关系如图 9-3 所示。

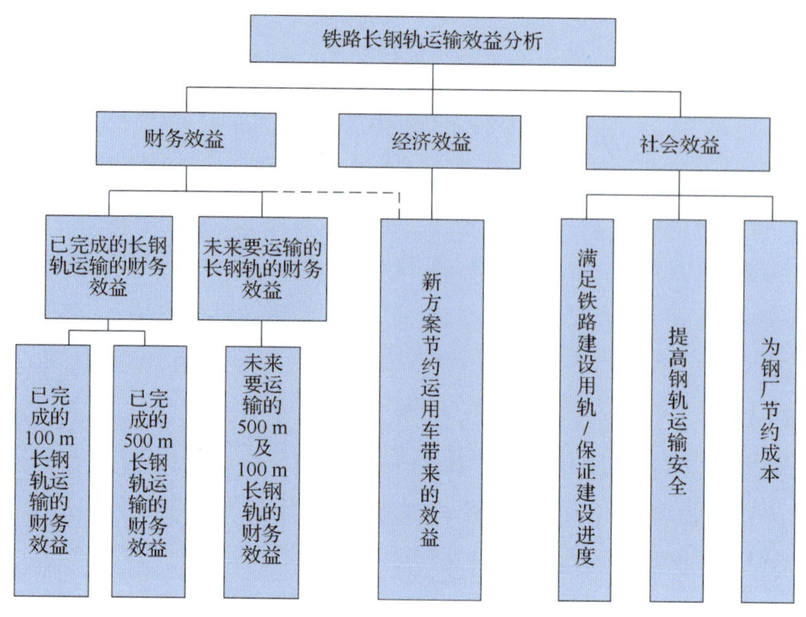

图 9-3 铁路长钢轨运输效益结构

二、方案自投入运用以来产生的直接经济效益

(一)100 m 长钢轨普通平车运输方案比较分析

目前,100 m 长钢轨主要采用普通平车运输,截至 2010 年 2 月,100 m 长钢轨普通平车梯形运输方案已运输 100 m 长钢轨 260 多万 t,可铺设 21 667 km 高速铁路和客运专线。按照普通平车运输 100 m 长钢轨梯形装载加固方案每个车组运输 50 根长钢轨、座架平均循环使用 20 次计算,则需要约 434 个普通平车车组(相当于 87 个 T11 专用车组)完成上述运输。从车辆投入(运输 100 m 长钢轨普通平车车组投入约 161 万元/组,T11 专用车车组投入约 2 400 万元/列)比较,普通平车运输需车辆投入约 7 亿元,若投入 T11 专用车,车辆投入约为 21 亿元,则用普通平车运输 100 m 长钢轨,较之投入 T11 专用车运输,节省了直接车辆投入约 14 亿元,按资金占用成本 6%计算,可节省资金占用成本约 0.84 亿元;按机车车辆年折旧率 6%计算,节省折旧成本约 0.84 亿元;从车辆维修成本(普通平车每辆车维修成本 5 700 元/年,T11 专用车每辆车维修成本 28 090 元/年)比较,普通平车维修成本约为 0.2 亿元,T11 专用车维修成本约为 0.9 亿元,则普通平车运输比 T11 专用车运输节省维修费用约 0.7 亿元;从回空成本(运输 100 m 长钢轨普通平车每辆车千公里回空成本 0.43 万元/次,T11 专用车每辆车千公里回空成本 1.54 万元/次)比较,按普通平车全部回空、平均运距 2 000 公里计算,普通平车全部回空的成本约为 0.3 亿元,T11 专用车回空成本约为

0.99 亿元，则普通平车运输较 T11 专用车运输节省回空成本约 0.69 亿元。

综上，截至 2010 年 2 月，已完成的 100 m 长钢轨运输共节省投资约 14 亿元，已节省的总成本约为 3.07 亿元，平均每吨 100 m 长钢轨节省约 118.08 元。

（二）500 m 长钢轨普通平车运输方案比较分析

目前，500 m 长钢轨采用 T11 型钢轨专用车、普通平车专列两种方式运输。截至 2009 年底，500 m 长钢轨普通平车已运输钢轨 513 列，共计运输长钢轨 76.95 万 t，可铺设 3 206.25 km 高速线路。

按照普通平车运输 500 m 长钢轨梯形装载加固方案每个车组运输 50 根长钢轨、座架平均循环使用 12 次计算，则需要 43 个车组完成上述全部运输。从车辆投入（运输 500 m 长钢轨普通平车车组投入约 936 万元/列，T11 专用车车组投入约 2 400 万元/列）比较，普通平车运输车辆投入约 4 亿元，若投入同等数量 T11 专用车，车辆投入约为 10.3 亿元，则用普通平车运输 500 m 长钢轨，较之投入 T11 专用车运输，节省了车辆投入约 6.3 亿元，按资金占用成本 6%计算，可节省资金占用成本约 0.378 亿元；从车辆维修成本（运输 500 m 长钢轨普通平车每辆车维修成本 5 700 元/年，T11 专用车每辆车维修成本 28 090 元/年）比较，普通平车维修成本约为 0.088 亿元，T11 专用车维修成本约为 0.45 亿元，则普通平车运输比 T11 专用车运输节省维修成本约 0.362 亿元。从折旧成本（运输 500 m 长钢轨普通平车每个车组折旧成本 56.19 万元/年，T11 专用车平车每个车组折旧成本 144 万元/年）比较，普通平车折旧成本约为 0.24 亿元，T11 专用车折旧成本约为 0.62 亿元，则普通平车运输比 T11 专用车运输节省折旧成本约 0.38 亿元。从回空成本（运输 500 m 长钢轨普通平车每辆车千公里回空成本 1.17 万元/次，T11 专用车每辆车千公里回空成本 1.54 万元/次）比较，按普通平车全部回空、平均运距 2 000 公里计算，普通平车全部回空的成本约为 0.36 亿元，T11 专用车回空成本约为 0.49 亿元，则普通平车运输比 T11 专用车运输节省回空成本约 0.13 亿元。

综上，到目前为止，已完成的 500 m 长钢轨运输共节省投资约 6.3 亿元，减少成本支出约 1.25 亿元，平均每吨 500 m 长钢轨节省约 162.44 元。

综上所述，截至 2010 年 2 月，100 m 长钢轨和 500 m 长钢轨普通平车梯形运输方案已节省的总成本约为 4.32 亿元。

三、方案为高速铁路建设期带来的预期经济效益

目前，我国大规模铁路建设已进入黄金时期。预计 2010 年至 2012 年，新线投产达到 2.6 万 km，其中客运专线 9 200 km。2010 年鞍钢 100 m 轨产量预计

为42万t,包钢预计为54万t,攀钢预计为56万t,武钢预计为60万t,合计100 m轨产量约为212万t。可见,100 m长钢轨运输需求巨大,客观上需要投资少、灵活性大的运输工具。

T11专用车生产周期长,即使获得投资,也不能及时满足铁路建设的需要,将会影响高速铁路建设的进度。若使用普通平车运输,用户只需配备一定数量专用的装载加固装置就可以使用,投入资金少,并且长钢轨装车时间短,效率高,与使用T11运轨专用车相比,运输成本可大幅度降低。假设2010～2012年每年钢轨运输需求均为200万t测算,则每年可节省100 m长钢轨运输支出约2.36亿元,可节省500 m长钢轨运输支出约3.25亿元,合计可得,2010～2012年,平均每年可节省长钢轨运输支出约5.61亿元。

四、普通平车运输长钢轨节省铁路运用车辆

随着我国高速铁路网建成后,客货逐步分线,货运需求将快速增长,被运能不足压制的货运需求将被释放,特别是高速铁路建设项目的集中开工建设,对长钢轨运输需求的集中度高。目前,T11专用车存有量仅有54列,部分T11专用车还要满足线路大修的需要,当出现几条线路集中铺轨时,将产生调配困难供不应求现象,有限的T11专用车不可能满足如此大的需求,而制造更多的专用车将投资巨大,而且在铁路客专建设完成后,这些车很难改作他用,造成运力浪费,所以使用专用车运输方式不适应我国高速发展的铁路建设。而使用普通平车运输长钢轨,可以选用铁路常用的木地板平车,配备可装卸的专用装载加固装置,按照规定的方案进行装载加固,就可以按货车正常运行状态进行运输,不受车辆来源和数量的限制,能够大大提高长钢轨运输能力,是长钢轨运输的优势之选。

随着我国客运专线建设进程的加快,在100 m长钢轨供销之间搭建安全、高效的运输通道迫在眉睫。铁道部已将矩形方案作为试运方案公布在2010年出版的《铁路货物装载加固规则》附件6中。100 m长钢轨矩形方案与梯形方案相比,提高了钢轨装卸效率,节省了运用车,增加了运量和运输收入。

(1)采用矩形方案装载方式改变,运能提高。矩形装载加固方案,每层装载14根钢轨,每组可装载钢轨56根,而梯形装载加固方案,每组可装载长钢轨50根。矩形装载方式运能比既有梯形装载方式提高12%。

(2)采用矩形方案节省运用车,增加运量和收入。按钢轨年运量200万t计算,采用换长1.3平车梯形方案,平均每日需要普通平车146辆;采用换长1.5平车梯形方案,平均每日需要普通平车128辆;采用矩形方案,平均每日需普通平车114辆,较换长1.3梯形方案每日节省运用车32辆、较换长1.5梯形方案

每日节省运用车 14 辆，明显提高了运输效率。按照普通平车平均静载重 70 t、2008 年货物平均每吨收入率 58.16 元估算，矩形方案较之换长 1.3 平车梯形方案和换长 1.5 平车梯形方案，每日可分别多运货物 2 240 t 和 980 t，每年多运货物 81.76 万 t 和 35.77 万 t，每年增加运输收入 4 755.16 万元和 2 080.38 万元，合计平均每年能增加运输收入约 6 836 万元。

综合以上分析，2008～2012 年，100 m 长钢轨和 500 m 长钢轨普通平车运输装载加固方案总效益约为 42.13 亿元。

五、我国长钢轨普通平车运输装载加固方案社会效益

普通平车运输对推动我国高速铁路和客运专线建设意义重大。一是解决了高速铁路和客运专线建设中钢轨运输问题。100 m 长定尺 60 kg/ m 钢轨是铁道部在 2003 年确定为我国高速铁路和客运专线用轨，而当时，我国铁路 500 m、250 m 长钢轨采用 T11 运轨专用车运输，这种运输方式存在空车回送、浪费运能、车源紧张等问题，运输成本很高。随着我国高速铁路建设对长钢轨需求量的日益加大，解决长钢轨运输问题迫在眉睫。50 m 钢轨普通平车运输方案解决了 50 m 钢轨运输的难题。此前，没有用 T11 运输专用车运输 50 m 钢轨的方案。若采用长大货物车的运输方式，仅能通过 180 m 半径曲线，技术上不可行。2007 年 2 月，铁道部运输局下发电报，100 m 长(60 kg/m)钢轨梯形装载加固方案正式投入运营。该方案与国际铁联推荐的方法不同，是自主研发的性能优越的适合中国国情的可行方案，开启了我国普通平车运输超长钢轨的崭新一页。之后，改进方案又解决了只适用于换长 1.3 普通平车运输造成的车辆来源不足、限速 80 km/h、隔梁装卸不便、隔梁容易丢失等问题。矩形方案又提高了作业效率与安全、提高了运力资源利用效率(由梯形方案运输 50 根/组提高到 56 根/组)。而 500 m 长(60 kg/m)钢轨普通平车装载加固方案于 2008 年 7 月通过技术评审开始试运，该方案创造了我国铁路使用普通平车联挂车辆最多和运输货物最长的记录。可以说，100 m 长钢轨普通平车运输系列化方案和 500 m 长钢轨普通平车运输装载加固方案是顺应我国高速铁路建设对钢轨运输需求的产物，为高速铁路及客运专线建设提供了坚实可靠的技术支撑。

二是提高了钢轨运输安全性，确保了高速铁路的顺利建设。在速密重并举、客运专线陆续开通、客货混跑的运输环境下，货运安全的重要性和面临的压力都是空前的。全面做好铁路建设用长钢轨安全装运工作尤为重要。目前提出的 100 m、500 m 长钢轨和 50 m 道岔轨普通平车运输的系列装载加固方案均是在理论计算、充分试验和现场反馈逐步改进的基础上总结形成的，方案的装

载加固性能、车辆动力学性能、线路及道岔运行安全性等各项指标满足安全运输评判标准，为完成高速铁路和客运专线长钢轨运输任务提供了技术保障。100 m 长钢轨运输方案指标比较见表 9-1。

表 9-1　100 m 长钢轨运输方案指标比较

方案类型	序号	方　案　名　称	座架数量(个)	车辆数	装载钢轨数量(根)	总重(t)	平均每车载重(t)	每日运用车数
梯形装载加固方案	1	100 m 长定尺钢轨(60 kg/m)普通平车装载加固方案	14	8	50	300	37.5	146
	2	100 m 长定尺钢轨(60 kg/m)换长 1.3 普通平车装载加固方案	14	8	50	300	37.5	146
	3	100 m 长定尺钢轨(60 kg/m)换长 1.5 普通平车装载加固方案	12	7	50	300	42.9	128
矩形装载加固方案	1	100 m 长定尺钢轨(60 kg/m) NX_{70}、NX_{70H} 型平集共用车矩形装载加固方案	12	7	56	336	48	114
	2	100 m 长定尺钢轨(60 kg/m)换长 1.5、1.3 普通平车装载加固方案	14	7	56	336	48	114
	3	100 m 长定尺钢轨(60 kg/m)70 t 共用平车矩形装载加固方案	14	7	56	336	48	114

注：每日所需运用车数按照每年运输 200 万 t 计算。

六、小　　结

长钢轨普通平车运输装载加固技术的运用，为我国高速铁路和客运专线建设的顺利进行提供了技术保障，并产生了巨大的经济效益和社会效益。截至 2010 年 2 月，100 m 长钢轨和 500 m 长钢轨普通平车梯形运输方案已节省的总成本约为 4.32 亿元。矩形方案较之 T11 型钢轨专用车运输，预计 2010～2012 年平均每年可节省长钢轨运输支出约 5.61 亿元。2008～2012 年，100 m 长钢轨和 500 m 长钢轨普通平车运输装载加固方案总效益约为 42.13 亿元。随着我国高速铁路和客运专线建设进程的加快，今后几年长钢轨运输需求将保持稳步快速增长。矩形方案较之梯形方案，不仅能够提高装卸作业效率，避免隔梁丢失，更重要的是能减少伤害事故发生，提高作业安全性，充分利用运力资源。鉴于矩形方案在提高作业效率与安全、提高运力资源利用效率(由梯形方案运输 50 根/组提高到 56 根/组)等方面的技术经济优势，普通平车运输长钢轨装载加固技术将进一步推进长钢轨运输的安全管理，为确保我国高速铁路和客运专线建设顺利开展作出新贡献！

附录　国外长钢轨运输简介

国外钢轨运输主要可归结为两种运输方式：专用车运输和普通平车连挂运输。美国、德国、英国等国家一般采用专用车运输钢轨，而奥地利、新西兰等国家长钢轨基本上是采用多辆普通平车连挂运输。从总体上看，国外对于长钢轨运输还是以专用车运输为主，美国、日本、前苏联、德国、英国等国家长钢轨专用列车的基本数据如附表1所示。本章主要以北美、欧洲及其他国家简单介绍国外长钢轨运输方式。

附表1　国外长钢轨专用运输车基本情况比较

国别	车组	最大轨长(m)	装载层数	装轨量（根）	可铺线路（km）	装卸、收轨作业方式	装轨整备时间(h)	钢轨锁定方式	机械化作业程度	说明
美国	中央焊轨厂	440	5	40	8.8	纵装纵卸	17	螺旋扣件	机电及人工	
	圣菲焊轨厂	243	6	54	6.5	纵装纵卸	17	螺旋扣件	机电及人工	
日本		200	2	20	2	横向吊装纵卸纵收		螺旋扣件	人工	
前苏联		800	1	14	5.6	横向吊装纵卸纵收		端部夹具	人工	
德国	LSE101	150	4	32	2.4	横向吊装侧卸纵收		座架锁定	机电及人工	有机械手
	ROBEL	180	3	30	2.7	横向吊装侧卸纵收		座架锁定	机电及人工	有机械手
英国	RDS288	288	3	32	4.6	横向吊装侧卸纵收		座架锁定	机电及人工	有机械手

第一节 北美长钢轨运输

一、美国长钢轨运输概况

美国自 20 世纪 50 年代便开始了连续焊接钢轨的使用，已建立起了一套关于长钢轨装、运、卸的完整系统。美国有多家铁路货运公司，这些公司都有各自的专用长轨运输车，最长装运 440 m 长钢轨。目前，美国的铁路正线里程约为 22 万 km，由于一般不修建新线路，因此长钢轨多用于替换原有线路上的旧轨。长钢轨专用车的作业一般是把新轨运到工地，然后将替换下来的旧轨装车，运回至焊轨厂处理。

二、美国长钢轨运输专用列车的组成

附图 1 为美国 BNSF 公司的长钢轨专用列车，是在平车的基础上加装一些支撑钢轨的支撑框架，将普通平车改造成为钢轨运输车，使其具有运输长钢轨的功能。它由 33 辆车组成，包括钢轨装载车、焊轨车、装卸车、乘务车等，每列可装载 54 根焊接长钢轨。其中，钢轨装载车包含端部装载车、锁定车和中部装载车，下面作以简要介绍。

附图 1　美国长轨运输车列

(一)端部装载车

端部装载车不同于中部装载车，其支撑结构更加坚固，具体有箱型结构，如附图 2 所示，也有框架结构，如附图 3 所示。通常情况下，最多可以装载 5 层钢轨，支撑框架上的滚轮将钢轨层与层、轨与轨之间分开，使钢轨相互独立，保证在车辆通过曲线时钢轨互不影响。

附图 2　箱型支撑结构的端部装载车

附图 3　框架支撑结构的端部装载车

（二）钢轨锁定车

钢轨锁定车位于列车中部，其锁定框架位于该车中部，具有将钢轨与列车固定的作用。在运输过程中，通过压板及螺柱将钢轨固定在锁定车上，成为一个整体。为便于固定操作及检查固定情况，在整个框架上部设有操作平台，如附图 4 所示。

附图 4　钢轨锁定车的上半部

(三)中部装载车

中部装载车是构成整列钢轨运输车中的主要部分,如附图5所示。与端部装载车及钢轨锁定车相比,其支撑框架的结构更加简单,如附图6所示。通常情况下,该车最多可以装载5层钢轨,隔梁将各层钢轨分开并承受该层钢轨的重量,滚轮同样使每根钢轨在运输过程中可以保持相对独立。

附图5　中部装载车

附图6　中部装载车的支撑框架

(四)带吊臂的取放轨车

带吊臂的钢轨取放车是解决钢轨装卸问题的辅助作业车辆,主要由可旋转的起重臂、上部导向框架、下部导向框架组成,如附图7～附图9所示。液压系统控制导向框架的位置,将钢轨放置到地面或钢轨装载车上,以实现取放钢轨的功能。

(五)焊　轨　车

为在施工现场将长钢轨焊接成更长的钢轨,在长钢轨专列中加入了焊轨车,也是一种辅助作业车,如附图10所示。焊轨车自身带有发电设备,可提供焊轨所需要的电力。采用闪光焊焊接,焊接电流可达到6万～7万A。焊接后可对焊接接头进行焊头清理、平整打磨、质检探伤等一系列处理。

附图 7 带吊臂的钢轨取放车

附图 8 钢轨取放车的上部导向框架

附图 9 钢轨取放车的下部导向框架

三、加拿大长钢轨运输专用车

加拿大有 2 家主要铁路公司，即 CP、CN。由于加拿大与美国属于同一自由贸易区，美国与加拿大的铁路公司已相互进入对方境内从事运输服务，使得加拿大铁路与美国铁路完全相同，在钢轨运输方式上也完全一样。加拿大的长钢

附图 10　焊轨车

轨运输列车结构，如附图 11 所示。

附图 11　加拿大长钢轨运输专用车

第二节　欧洲长钢轨运输

一、欧洲钢轨运输简况

欧洲的铁路行业拥有很长的历史，是世界上最发达也是最繁忙的铁路网之一。虽然整个欧洲铁路网由诸多国家的铁路公司组成，但随着欧洲铁路一体化目标的逐渐推进，不仅实现了整个欧洲铁路的客货联运，很多标准也在逐步统一。欧洲大部分国家既采用长钢轨运输专用车，又采用普通平车连挂运输长钢轨，特别是对于从钢厂到焊轨厂的钢轨运输，主要是采用多辆普通平车连挂，再配以合适的装载加固装置。由于普通平车长钢轨运输车组没有配备装卸车设备，在钢厂、焊轨厂装卸钢轨时，需要有多台起重机同步作业。在现场卸轨时，钢轨从列车端部逐根抽出，将钢轨卸到道床中央或两侧。

二、奥地利钢轨运输介绍

国际铁路联盟(UIC)是一个总部位于法国巴黎的国际性组织，其主要制定有关欧洲，特别是西欧的铁路运输标准。国际铁联根据钢轨长度的不同，制定了相应的钢轨运输方案。当钢轨长度不大于 36 m 时，其装载层数不得大于 4 层；当钢轨长度大于 36 m 时，其装载层数不得大于 3 层。钢轨层与层之间需用间隔木或隔梁将钢轨隔开，钢轨装载后，钢轨端部与车端须保持 1.5～3 m 的安全距离。

欧洲大多数国家结合本国国情及线路特点，比照国际铁联的普通平车运输方案，制定了相应的钢轨运输方案。在这些方案中，尤其以奥地利的钢轨运输方案最具代表性，下面对其进行介绍。

(一)奥地利 120 m 长定尺钢轨运输

奥地利的 120 m 长钢轨运输列车采用 6 辆普通平车编组，其中端车长 22.37 m，中部车辆长 20 m，整列车组长 124.74 m，可装载 2 层共 20 根 120 m 长钢轨。列车通过曲线时，平车两端的空间为钢轨伸缩留出了安全距离。锁定座架位于列车中部，采用整体下压式加固，在锁定车两端分别放置支撑垫木，形成三点支撑结构，如附图 12 所示。除安放有锁定座架的车辆外，其余车辆的两端各布置一个滑动座架，中部固定一根支撑垫木，同样形成三点支撑结构，端车如附图 13 所示，中部车如附图 14 所示。钢轨层与层之间采用横档隔梁分层，用钢带对两层钢轨进行整体捆绑，座架上部用铁链拉紧。

附图 12　奥地利 120 m 长钢轨运输列车锁定车

(二)奥地利 60 m 定尺钢轨运输

奥地利 60 m 长定尺钢轨运输，采用 3 辆普通平车编组，可装载 3 层共 36 根 60 m 长钢轨。4 个滑动座架位于端车两端，锁定座架位于中部列车的中间，采用整体下压式加固，支撑的 6 根垫木分别位于两个端车中部和中部车两端，如

附图 13　奥地利 120 m 长钢轨运输列车端车

附图 14　奥地利 120 m 长钢轨运输列车中部车

附图 15　奥地利 60 m 长钢轨运输列车

附图 15 所示。钢轨层与层之间采用横档隔梁分层，用钢带对 3 层钢轨进行整体捆绑。当上层钢轨不能满载时，钢轨对称装载在最外侧，用横垫木顶在两根钢轨之间固定，具体如附图 16 所示。

（三）奥地利 25 m 定尺钢轨运输

奥地利 25 m 长定尺钢轨运输，采用 22.4 m 长普通平车装载，可装载 4 层共 40 根钢轨，如附图 17 所示。由于钢轨长度大于车体长度，为保证运行安全，在运轨车两端各增加 1 辆游车保护。底层钢轨放置在 4 根支撑垫木上，钢轨用隔木分层，每层钢轨先用钢带捆扎，再用钢带整体捆扎，最后捆绑

附图 16　奥地利 60 m 长钢轨运输列车顶层不满载情况

在车体侧面的加固环上，使钢轨与平车成为一体。为使钢轨不发生横向位移并保证与侧立柱的距离，垫木及隔木被加工成凹形来放置和固定钢轨，如附图 18 所示。

附图 17　奥地利 25 m 长钢轨运输列车

附图 18　奥地利 25 m 长钢轨运输列车垫木及隔木

三、德国长钢轨运输

由于德国铁路线路普遍较好，运输的钢轨长度较短，故德国长轨专用运输车的结构比较简单，可装运 180 m 长钢轨 4 层共 32 根。钢轨采用分层装载，锁紧装置位于列车中部，列车结构如附图 19 所示。该车配有专门的卸收轨装置，可将钢轨卸至道心，如附图 20 所示。

附图 19　德国长轨运输车列

附图 20　德国长钢轨列车卸轨

第三节　其他国家长钢轨运输

一、日本及韩国钢轨运输

日本主要使用 25 m 定尺钢轨，焊接钢轨长度为 150 m 或 200 m。25 m 钢轨运输车由 2 辆 97 型动车组成，钢轨装载方式采用正反扣装，每组运输车可装载 46 根 25 m 长钢轨。

长钢轨运输车由 5 辆拖车、6 辆动车组成，该列车采用两层装载方式，最多可装载 16 根 200 m 长钢轨。

韩国长钢轨运输是自修建首尔至釜山的高速铁路开始的。韩国的长轨运输车可装运 3 层共 30 根 300 m 长钢轨，由于配有特殊的装载装置，使列车能通过 150 m 的小半径曲线，并可完成钢轨的装卸，如附图 21 所示。

附图 21　韩国长钢轨运输列车

二、新西兰钢轨运输

新西兰的长钢轨运输列车，是在普通平车上加装钢垫木和隔梁构成，可装运 4 层钢轨，如附图 22 所示。钢垫木装卡在车体两侧，钢轨在每辆平车上由 3 根钢垫木支撑，钢轨层与层之间由钢隔梁隔开。由于钢隔梁两侧的止动挡不仅对钢轨横向限位，而且与下层钢隔梁的止动挡配合，限制钢隔梁纵向移动，在运输过程中用铁索将钢轨与车体加固，如附图 23 所示。

附图 22　新西兰长钢轨运输列车

附图 23　新西兰长钢轨运输装载加固装置

参考文献

1. 佟立本．铁道概论[M]．北京:中国铁道出版社,2006.
2. 卢祖文．客运专线铁路钢轨[M]．北京:中国铁道出版社,2005.
3. 张阳明,洪瑚．漫话线路[M]．北京:中国铁道出版社,2009.
4. 周清跃,张银花．钢轨的材质性能及相关工艺[M]．北京:中国铁道出版社,2005.
5. 于春华．简谈我国铁路钢轨[J]．铁道知识,2006,(3):28-29.
6. 周清跃,张银花,陈朝阳．大力发展长定尺钢轨,满足客运专线建设需要[J]．中国铁路,2005,(08):29-31,45.
7. 杨树仁主编．阔大货物装载加固实例[M]．北京:中国铁道出版社,1989.
8. 张长青．两支承式 25 m 重轨专用货物转向架评述[J]．铁道货运,1998,(3):41-44.
9. 卢祖文．高速铁路钢轨材质选择[J]．中国铁路,2004,(10):35-38.
10. 周清跃,周镇国,张银花．客运专线钢轨技术标准的制定[J]．中国铁路,2006,(3):29-31.
11. 吴育俭,郭维鸿,刘东岭．铁路货运技术[M]．北京:中国铁道出版社,2003.
12. 中华人民共和国铁道部．铁路货物装载加固规则[M]．北京:中国铁道出版社,2006.
13. 聂建国,陈必磊,肖建春．力法在索-桁结构静力分析中的应用[J]．应用力学学报,2003,20(3):111-117.
14. 徐灏主编．机械设计手册(第 1 卷)[M]．北京:机械工业出版社,1992.
15. 刘进媛．200 米长钢轨在运输中侧向力的计算[J]．北方交通大学学报,1985,9(2):139-146.
16. 单辉祖．材料力学(Ⅱ)(第二版)[M]．北京:高等教育出版社,2004:104-106.
17. 战金龙．我国铁路应推广使用长定尺钢轨[J]．中国铁路,2006,(3):42-44.
18. 周清跃,张银花,陈朝阳．大力发展长定尺钢轨满足客运专线建设需要[J]．中国铁路,2005,(8):29-31.
19. 中国铁道科学研究院．100 m 长定尺(60kg/m)钢轨普通平车装载加固改进方案和新方案试验报告[R]．北京:中国铁道科学研究院研究报告,2006.
20. 中国铁道科学研究院．100 m 长钢轨换长 1.5 普通平车运输装载加固方案研究报告[R]．北京:中国铁道科学研究院研究报告,2009.
21. 中国铁道科学研究院．100 m 长钢轨换长 1.3 普通平车运输装载加固方案优化研究报告[R]．北京:中国铁道科学研究院研究报告,2009.
22. 中国铁道科学研究院．100 m 长钢轨普通平车运输矩形装载加固方案研究报告[R]．北京:中国铁道科学研究院研究报告,2009.
23. 中华人民共和国铁道部．《铁路货物装载加固规则》附件 1-铁路货物装载加固定型方案(中册)[M]．北京:中国铁道出版社,406-412.

24. 中华人民共和国铁道部.《铁路货物装载加固规则》附件5-常用装载加固材料与装置[M]. 北京:中国铁道出版社,54-60.
25. 罗春风,徐诚,张世广.25 m钢轨专用转向架[P]. 中国:CN2212536,1995.
26. 甄治平.T11A型4层500 m长钢轨车组(上)[J]. 铁道车辆,1991,(11):1-6.
27. 甄治平.T11A型4层500 m长钢轨车组(下)[J]. 铁道车辆,1991,(11):10-14.
28. 孙英俊,陈永明,鄢郁烈.T11BK型长钢轨列车组[J]. 铁道车辆.2006,(11):11-14
29. 本田早苗,荒井实.装卸机械设计[M]. 北京:中国铁道出版社,1982.
30. 尹建丽.新型多根钢轨吊具的性能及其应用[J]. 铁道货运,2008,(8),39-40.
31. 闫俊慧,柏俊山,曹天浩.无线并车吊运百米钢轨新型桥式起重机[J]. 起重运输机械,2009,(8):12-16.
32. 李洪涛.货车动力学性能仿真及脱轨原因分析[D]. 大连:大连铁道学院硕士学位论文,2003.
33. 严隽耄主编.车辆工程(第二版)[M]. 北京:中国铁道出版社,2003.
34. 倪纯双,贺启庸,洪嘉振.铁路车辆多体动力学综述[J]. 中国铁道科学,1996,17(4):1-11.
35. 刘晓敏.典型轨道谱的仿真分析研究[D]. 长春:吉林大学硕士学位论文,2009.
36. 詹文章.汽车独立悬架多体系统动力学仿真及转向轮高速摆振研究[D]. 长春:吉林大学博士学位论文,2000.
37. 马玉坤.基于ADAMS的高速客车PW200和货物运输安全性的动力学仿真[D]. 重庆:重庆交通学院硕士学位论文,2004.
38. Boss N, Gugliotta A, SomàA. Simulation of a freight bogie with friction damper [C]. 5th ADAMS/Rail users' conference. The Netherlands, Harlem, 2000.
39. 中国铁道科学研究院.50 m长道岔轨普通平车运输装载加固方案及100 m长钢轨普通平车运输矩形装载加固方案试验报告[R]. 北京:中国铁道科学研究院研究报告,2009.
40. 王建军.浅谈起重设备的安全管理[J]. 黑龙江科技信息,2009,(20):8.
41. 特种设备安全监察条例及其配套规定[M]. 北京:中国法制出版社,2003.
42. 中华人民共和国铁道部.《铁路货物装载加固规则》附件6-铁路货物装载加固试运方案及试运材料[M]. 北京:中国铁道出版社,2010.